教育部人文社会科学重点研究基地
吉林大学中国国有经济研究中心
中国工业经济学会
吉林大学经济学院

国有经济评论

Review of Public Sector Economics

2009年9月 第1卷 第1辑　　Vol. 1, No. 1 September 2009

主编　徐传谌

经济科学出版社

图书在版编目（CIP）数据

国有经济评论.2009年9月.第1卷.第1辑/徐传谌
主编.—北京：经济科学出版社，2009.9
ISBN 978-7-5058-8644-5

Ⅰ.国…　Ⅱ.徐…　Ⅲ.国有经济-研究-中国
Ⅳ.F121.21

中国版本图书馆 CIP 数据核字（2009）第 179550 号

责任编辑：吕　萍　李晓杰
责任校对：王凡娥
版式设计：代小卫
技术编辑：邱　天

国有经济评论

2009年9月　第1卷　第1辑
主编　徐传谌
经济科学出版社出版、发行　新华书店经销
社址：北京市海淀区阜成路甲 28 号　邮编：100142
总编部电话：88191217　发行部电话：88191540
网址：www.esp.com.cn
电子邮件：esp@esp.com.cn
汉德鼎印刷厂印刷
德利装订厂装订
787×1092　16 开　11 印张　240000 字
2009年9月第1版　2009年9月第1次印刷
ISBN 978-7-5058-8644-5　定价：20.00 元

主 编 的 话

　　《国有经济评论》（Review of Public Sector Economics）是由吉林大学中国国有经济研究中心主办、中国工业经济学会和吉林大学经济学院协办，由经济科学出版社公开发行的学术文集，发表国内外学者在国有经济基础理论、国有企业改革与发展、国有资产或资源研究、国有金融银行业发展和中外国有经济比较等研究内容，下设"国有经济基础理论"、"国有企业改革与发展"、"国有金融理论"、"产业经济"、"公共财政"和"中外国有企业比较"，以及"文献综述"和"书评"等部分，涵盖产业经济学、新制度经济学、公共财政和公共选择经济学等研究领域，旨在通过这个平台，广泛动员国内外学者和研究人员，共同关注国有经济问题，开展全面细致的研究，力求运用规范的经济学语言讲述我们自己的故事。

　　吉林大学中国国有经济研究中心是教育部人文社科重点研究基地，是目前国内唯一一所以研究国有经济为主要内容的重点研究基地，有产业经济学、制度经济学和政治经济学三个博士点，理论经济学博士后流动站。

　　中国工业经济学会是经中华人民共和国民政部批准注册登记、挂靠中国社会科学院工业经济研究所的全国性社团法人，是中国工业经济研究方面重要的学术团体。

　　《国有经济评论》将努力发挥中国国有经济研究中心作为教育部人文社会重点研究基地的平台作用，力争成为国有经济理论与应用研究及相关学科的全国性学术交流平台，为构建中国特色社会主义市场经济理论贡献我们自己的力量。

　　在我国社会主义市场经济体制逐渐完善的过程中，迫切需要经济理论指导，《国有经济评论》正是在结合我国基本国情的基础上，在发表国内国有经济理论学者优秀研究成果的同时，还将介绍和评论国外一流国有经济研究学者的前沿性工作，借此推动中国国有经济理论与应用研究的现代化和国际化进程，鼓励学者投身于国有经济理论研究，最终创立起具有中国特色的国有经济理论体系，支持国有经济改革、完善和发展，为中国特色社会主义市场经济理论再添研究和交流平台。

　　为了更好地与国际接轨，追踪经济学前沿，我们列出历届诺贝尔经济学奖得主及其研究领域，并在每期介绍一届获奖者对经济学的贡献。我们愿意与学者们共同努力，使《国有经济评论》茁壮成长起来。

《国有经济评论》　主　编

中国国有经济研究中心　主　任

国有经济评论

第 1 卷　第 1 辑　　　　　　　　　　　　　　　2009 年 9 月

目　　录

Review of Public Sector Economics

Vol. 1, No. 1 ··· *September* 2009

CONTENTS

SURVEYS

BOOK REVIEWS

OUTLINE OF NOBEL LAUREATES

第 1 卷第 1 辑　　　　　　　国有经济评论　　　　　　　　Vol. 1　No. 1
2009 年 9 月　　　Review of Public Sector Economics　　September, 2009

〔基础理论〕

关于国有企业与公营企业的争论辨析

钱　津[*]

（中国社会科学院经济研究所　北京　100836）

内容摘要： 国有企业是社会主义公有制企业，非社会主义国家不存在国有企业，只有公营企业。用公营企业充当国有企业，混淆公营与国有，以取消国有企业的存在，这对于中国共产党坚持社会主义、坚持马克思主义是最大的现实问题。明确区分国有企业与公营企业，并明确地将目前处于非竞争性领域的国有企业制度演化为规范的具有国家一般性质要求的公营企业，对于坚持中国特色社会主义的国有企业改革和建设现代规范的市场经济，具有重要的理论意义和现实意义。

关键词： 国有企业　公营企业　市场经济　制度演化

一、问 题 提 出

中国改革开放 30 年来，迄今为止，最重要的改革仍然是坚持国有企业改革。1999 年召开的十五届四中全会，通过了《中共中央关于国有企业改革和发展若干重大问题的决定》，对中国的国有企业改革具有重要指导作用。就中国坚持马克思主义和社会主义来讲，坚持国有企业改革，就是坚持马克思主义，就是坚持社会主义。改革开放 30 年之后，对于坚持马克思主义和社会主义，已经不再是一种定义式的讨论，也就是说，不仅仅是理论上的探讨，而是一个很现实的问题，这就是必须坚持国有企业的生存与发展。如果不能保持国有企业的存在，那中国就没有社会主义了，而没有了社会主义，在中国也就没有了对马克思主义的坚持了。所以，先不要讲发展，没有坚持就没有发展，最重要的是坚持马克思主义和社会主义。在中国现阶段，坚持社会主义的表现实际上是很具体的，就表现在坚持国有企业上面。因为除了存在国有企业，在经济的其他方面，中国与世界各国是一样的，只有国有企业不一样，国有企业是中国特色社会主义的标志，是中国共产党执政的经济基

---

　* 钱津（1951～　　），男，浙江金华人，中国社会科学院经济研究所研究员，经济学博士，主要从事经济学基础理论、经济思想史和企业经营与管理研究。

础。从这个意义上讲，国有企业是中国共产党执政需要保持的企业，这与政府所有制的公营企业是不同的。在世界各国都有公营企业，在中国也应该存在公营企业，但是，作为社会主义国家，中国还必须要存在国有企业，国有企业是社会主义公有制性质的企业，表现的是社会主义的特性，这与表现国家一般性的公营企业是不同的，所以，绝对不能混淆国有企业与公营企业的区别，不能以向公营企业的改变取代国有企业改革。这是坚持马克思主义的大事，是坚持社会主义的大事。眼下，用公营企业充当国有企业，混淆公营与国有，以取消国有企业的存在，这对中国共产党坚持社会主义、坚持马克思主义是最危险的重大现实问题。而不坚持国有企业改革的理论研究，则不可能抗击用公营企业充当国有企业的逆流，不可能坚持国有企业改革的社会主义实践，不可能坚持国有企业的存在与发展。在目前的国有企业中，可以有一部分制度演化为公营企业，还可以有一些转化为民营企业，但最重要的是坚持社会主义公有制性质的国有企业的保留和发展，是代表社会主义经济成分存在的国有企业对市场经济的适应和融合。正是由于存在国有企业，中国的市场经济才可称之为社会主义市场经济，中国的现阶段才可以说是处于社会主义的初级阶段。若没有国有企业，将国有企业也都改成公营企业，那中国就只有市场经济，不再有社会主义，也不会再是社会主义的初级阶段。

将国有企业混淆为公营企业，从理论上，已对改革实践造成了直接的阻碍。国有企业改革是社会主义制度的自我完善和发展，是坚持和发展社会主义公有制经济的核心要求，将其与非公有制的公营企业设立混淆，使国有企业改革完全成为制度演化，是无论如何也走不通社会主义改革之路的，而且，也无法规范地发挥公营企业在市场经济条件下的作用。事实上，很长一段时间以来，中国经济界关于国有企业改革的讨论，在很大程度上已转成为对公营企业的研究，普遍认为中国的改革应借鉴发达市场经济国家的经验，这对坚持国有企业改革产生了十分不利的影响。认为国有企业可以从一般竞争性行业中退出已成为被广泛接受的看法，集中反映了改革走向的问题。同其他国家一样，中国也需要设立公营企业，但公营企业不是国有企业，在经济成分的划分上，这是一定要清楚的。任何人都不能只凭主观臆断混淆这两种不同性质的企业。

二、国有企业是社会主义公有制性质的

国有企业是社会主义公有制性质的，是社会主义国家制度建立的经济基础，是有别于资本主义经济原则而创立的社会主义经济成分，因此，国有企业只存在于社会主义国家，不可能存在于非社会主义国家。

在世界各个国家或地区，即所有的社会主义国家和非社会主义国家或地区，普遍存在的是公营企业，又称政府企业或公共企业、公企业。公营企业具有国家一般性质，表现国家经济管理的共性。欧洲共同体在 1980 年的法规指南中明确地对各

个国家都存在的公营企业，即政府企业界定为：政府当局可以凭借它对企业的所有权、控股权或管理条例，对其施加直接或间接支配性影响的企业，而政府包括中央政府和地方政府（王开国，1995）。

在非社会主义国家，不存在国有企业，只存在公营企业；而在社会主义国家，既存在国有企业，又存在公营企业。非社会主义国家不存在国有企业，是因为国有企业属于公有制经济成分，是社会主义性质的企业，与其国家制度格格不入。社会主义国家存在公营企业，是因为社会主义国家除了具有社会主义制度特性之外，也具有国家一般性，即也具有国家一般管理要求的共性，所以，社会主义国家也可以同非社会主义国家一样存在表现国家经济管理共性要求的公营企业。只是，相比之下，必须明确，不能因为社会主义国家可以存在与非社会主义国家一样性质的公营企业，就将社会主义国家特性表现的国有企业也混同于公营企业。在企业性质的问题上不做区分，即在国有企业与公营企业的性质上搞趋同，相比社会主义制度与非社会主义制度上搞趋同，实质是一样的，都是在混淆社会主义与非社会主义的基本区别。

在现代，世界上没有哪一个非社会主义国家愿意发展社会主义性质的国有企业，即使是在社会主义国家，国有企业改革也面临着重重困难。任何人不能认为非社会主义国家的公营企业是社会主义性质的，同样，任何人也不能认为社会主义国家的国有企业是非社会主义性质的。张连城（2005）指出，应该说，认为一切市场经济国家都普遍存在国有企业的表述是不准确的。准确地讲，是一切市场经济国家都普遍存在公营企业。

公营企业不可与国有企业相提并论，鱼目混珠。在人类社会发展的现阶段，由于有国家的存在，因此公营企业是普遍存在的。而社会主义国家是现阶段国家中的极少数，是新的社会制度的探索，并且是由于创立了国有企业才存在的，是国有企业的性质决定了社会主义国家的性质。公营企业是起不到这种决定作用的，不能要求公营企业也起到决定社会主义制度存在的作用，不能以公营企业代替国有企业起这种决定作用。公营企业可以存在于社会主义国家之中，但社会主义国家的性质却不由公营企业的存在而决定，凡是社会主义制度的国家，一定要以公有制经济为基础，即一定要以公有制性质的国有企业的存在为基础。在这一点上，容不得丝毫的偏差，如果不能分辨两种不同性质企业的区别，那就无法坚持社会主义性质的国有企业改革。

国有企业作为一种经济基础的存在，只能反映社会主义国家的特性，即国有企业表现的是其他非社会主义性质企业不具有的特殊性质。因此，无论何时，国有企业都只能存在于社会主义国家。中国目前处于社会主义初级阶段，具有社会主义国家的基本性质特征，所以，中国设立的国有企业是社会主义性质的，是决定社会主义制度存在的，不能将中国的国有企业等同于其他国家的公营企业，即不能将其他国家的公营企业称之为国有企业，简单地改变其他国家公营企业的称谓是不解决任何问题的，只能是搞乱中国的国有企业改革。现在的情况已经是这样了，几乎所有的研究都不再区分中国的国有企业与其他国家的公营企业，甚至是异口同声地将其他国家的公营企业也称之为国有企业，以此将两种不同性质的企业在名称上统一起来。这实际上是一种自欺欺人的做法，是不讲基本逻辑的带有很大欺骗性的愚蠢表现。这样做的目的是什么，暂且不说，犯如此明显的低级错误，只说明理论研究的逻辑要求在这方面已没有任何存在的空间了。

三、国有企业的经营范围与特征

按照改革的设定目的，国有企业的经营范围应主要在竞争性领域。改革后的国有企业应是市场经济中独立的商品生产者或经营者，应参与市场竞争，并要在市场竞争中保持生存能力。因而，在经营范围上，国有企业与公营企业也是截然不同的。在目前各个市场经济国家，设立的公营企业规模与数量可能有很大的差异，但在经营范围大的方面是基本一致的，都主要是在非竞争性领域，很少或只有例外情况是涉及竞争性领域。在非社会主义国家，由于没有国有企业，只有公营企业，基本上公营企业只限于在非竞争性领域经营，在竞争性领域经营的都是民营企业，公营企业与民营企业的经济范围分界是比较清楚的，至于在特定的条件下，民营企业也进入非竞争性领域经营，那不是主流，至少在基本的经营领域的区分上可以略而不论。而在社会主义国家，既存在国有企业，又有公营企业，国有企业应主要在竞争性领域经营，公营企业应主要在非竞争性领域经营，可能存在少量的经营范围交叉的情况，但这种跨领域的交叉经营情况也不是主流，也可以略而不计，只明确竞争性领域存在的是国有企业，非竞争性领域存在的是公营企业。

国有企业存在于竞争性领域，就是说可以设立在各个竞争性行业，凡是民营企业可以经营的行业，国有企业也可以经营，在这方面，国有企业就是一般的竞争性经营企业。如果是在纯粹的社会主义社会，那可能是国有企业要占领一切经济领域，至少也要占领全部的竞争性经营领域。但现实不存在那样纯粹的社会主义状态，在已有社会主义实践的国家，都是处于刚刚探索社会主义建设的起始阶段，或是说都像中国一样是处于社会主义初级阶段，必须要允许民营经济存在，在竞争性领域的各个方面都要让民营企业经营，国有企业只应是有选择地设立在少数重要的竞争性行业。

政企不分是公营企业的基本特征。政企分开是国有企业的改革要求。在政府与企业的关系问题上，国有企业与公营企业也是有完全不同的表现。政企分开是国有企业成为独立的商品生产者或经营者的必然要求，政府不能干预企业经营，指的就是改革后的国有企业不受政府的干预。在改革之前，国有企业的经营是非市场化的，与政府的关系是紧密不可分的，被称之为父子般的关系，而这种关系随着改革的推进是要逐步消失。问题在于，改革之前的国有企业，包含着公营企业在内，是经济成分混淆的遗留，而作为公营企业，是不需要进行政企分开的。在世界上，各个国家公营企业的经营都是政企不分的，即企业都要听从政府的安排，政府始终控制企业，企业基本上没有独立经营自主权，企业的主要负责人是由政府任命的，比如美国的公营企业负责人是由总统直接任命的。改革后的国有企业不再保持与政府的紧密不分的关系，成为具有相对独立经营权的企业，这与公营企业是分道扬镳的。在对这一关系的认定上，不可将对公营企业政企不分的要求加在国有企业之上，也不可将对国有企业政企分开的要求用于公营企业，更不可以用公营企业政企不分的模式去改革国有企业欲求达到政企分开的目的。

国有企业与公营企业相比，所有权大不相同。国有企业的所有权是归全民所有，由国家代表全民掌握，由中央政府或地方政府代表国家运作所有权，即所有权不论以何种形式存在和以何种方式运作，都不归属于任何一级政府，都始终保持在全民手中，全民掌握的所有权具有集合性，其成员不享有整体拥有的权力，其权力是不可分割的。而公营企业的所有权，按市场经济通行的谁投资归谁所有的原则，要归各级政府所有，即中央政府投资建设的公营企业要归中央政府所有，地方政府投资建设的公营企业要归地方政府所有，是哪一地方政府的投资就归哪一地方政府所有，所以，公营企业的所有权是分散在各级各地政府手中掌握的，这与国有企业的所有权具有的统一集合性是完全不同的（钱津，2000）。

严格地讲，国有企业归全民所有，是讲企业使用的资产统归全民所有，国有企业使用的资产是国有资产，是全民所有性质的资产，非国有资产不为国有企业使用。这是一条原则，也是国有企业设立的意义体现。在市场经济体制下与在传统体制下，这方面的原则都是同样的，不会有改变。改革国有企业不是改变国有企业，其经营机制是需要改革的，但其基本性质以及决定其基本性质的原则是不会改变的，若改变了那就不是国有企业。国有企业改革不能是最终改没了国有企业。在资产的使用上，国有企业的原则规定是不能改变的，必须始终使用全民所有性质的国有资产。如果一个企业既使用国有资产，又使用其他来源的资产，那就肯定不是国有企业，而只能是国有企业与其他产权所有者合办的企业。这是由国有企业所有权的性质决定的，是容不得变通的基本原则，尽管在社会主义经济实践中，情况很复杂，但这种单纯使用国有资产的原则并不复杂，只要真实地确认是国有企业，那企业拥有的资产就只能是国有资产。

公营企业使用的资产主要是公营资产，公营资产不是国有资产，国有资产是全民所有的资产，公营资产是政府所有的资产，不论哪一级政府所有的资产都统称为公营资产。在国有企业与公营企业的区分中，重要的问题之一就是不能将公营资产误为国有资产。在社会主义国家，对于国有资产与公营资产一定要划分清楚，国有资产属于全民所有，名义上为国家拥有，而公营资产实际上是属于各级政府的，政府也代表人民，但在国有资产的产权界定上，只能明确是归全民所有，不能将此权限等同于归各级政府所有的产权。

国有资产的来源与公营资产的来源是有区别的。国有资产是新型的资产，是社会通过一定的手段积累的属于全体人民的资产，其中存在对剥夺者剥夺的资产，也包括全体人民劳动积累的资产。而公营资产只是各级政府财政资金的投入，包括财政信用资金的投入，是财政资金的积累。虽然财政资金也是属于人民的，但具体的财政资金在各级政府手中代表着不同的利益要求，这与国有资产统归全民所有的利益关系是不同的。更重要的是，财政资金一旦转化为公营资产之后，同样有市场收益的要求，这也是与国有资产绝不相同的。由于各级政府的财政状况不同，所以即使是在同一个国家的同一时期，各地的公营企业规模也可能是很不同的。财政若没有支付能力，没有用于投资的费用，那公营企业就没有设立的可能。如果财政设立了公营企业，又没有能力继续进行投资，那公营企业也不可能进一步地扩大。公营企业的这种运营机制与国有企业的原始积累和发展资金的来源是不同性质的。

四、设立国有企业的目的是要消灭剥削制度

国有企业与公营企业的根本区别，在于各自的设立目的不同，即这两类企业是根据不同的目的而设立的。设立国有企业是为了消灭剥削制度，建立新的社会制度。而设立公营企业的目的是行使政府的社会经济管理职能，对国民经济进行一定程度上的直接干预。在世界上，各个国家设立公营企业都是出于政府直接干预经济目的，社会需要有政府这样的干预，依此才能有效地保障市场经济秩序。这样一种出于维护市场秩序的投资办企业目的，显然是与要进行社会制度性的变革不可同日而语的。国有企业作为社会主义公有制经济的一种表现形式和制度性存在，肩负着改变社会的使命。国有企业的设立，最直接的目的就是要消灭人剥削人的经济制度，从而创造出一个新的社会，一个从根本上不同于资本主义社会的、劳动人民当家作主的新社会。

在现代，社会主义的实践刚刚开始，社会主义经济的实现形式存在着不完全性，即不能表现出完全的社会主义性质要求，存在着一定程度上的变通和曲折，只是，不完全性的存在并不改变社会主义公有制企业的设立目的，因为这是根本性的要求，是不允许变通或更改的。如果取消了国有企业的这种设立目的，那就是取消了社会主义的原则要求，就是不再进行社会主义经济实践的表示。在今天，不论怎样进行社会主义经济体制的改革，也不能改变国有企业的设立目的，若改变了这一点，国有企业的改革就违背了根本的宗旨，就不是改革而是改变了，就是取消国有企业的存在了。在这一根本性问题上是不容混淆的。如果由于国有企业的改革困难重重而非要将国有企业改革引上等同公营企业设立目的之路，那当然是有助于公营企业发展的，但是，那样改的结果必然是，只剩下公营企业的存在作用，而不再存在或是说就没有国有企业的作用了，没有国有企业的存在了。

至于公营企业的设立目的，既在各个国家都一样，也在理论界没有争议。问题只在于，一定要分清公营企业与国有企业的设立目的的不同，不要用公营企业

的设立目的取代国有企业的设立目的，也不要用国有企业的设立目的取代公营企业的设立目的，要明确公营企业与国有企业是两类性质不同的企业，各有各的设立目的，各自的设立目的决定各自的社会存在。现在，重要的事情并不仅仅在于要坚持国有企业的设立目的，而是同样要更清楚和更强调公营企业的设立目的，不要用国有企业的设立目的去影响公营企业的设立目的，一定要保持公营企业设立目的的独立性和确定性，也一定要在区分公营企业的设立目的上做出明确的宣传和解释。

国有企业完全不同于公营企业，国有企业是社会主义性质的企业，国有企业改革不是要改变自身的性质，而是要改革自身的经营方式和提高自身的生存能力。坚持国有企业改革就是坚持社会主义方向的改革，国有企业改革的成功将是社会主义经济体制改革进程中最重要的里程碑。无论是从改革的目的出发，还是从国有企业既定的设立目的出发，都不能将国有企业理解为公营企业，都不能将国有企业的改革引向抹煞国有企业存在的改变之路。在政治经济学的理论体系中，在国外的任何地方，都没有人将政府设立的企业视为社会主义性质的国有企业。世界早已存在的共识是，公营企业的性质是国家资本主义。所以，中国的国有企业的改革不能再继续已蔓延了很久的思想混乱，将国家资本主义的企业实现形式等同于社会主义公有制企业的改革实现形式。任何人都应清楚，推进国有企业改革，只能走社会主义的改革之路，不能走国家资本主义的改变之路。

五、国有企业向公营企业的制度演化

目前，国有企业需要有相当一部分转变为公营企业。面对这种趋势，明确区分国有企业与公营企业更为必要。在过去较长的时期，中国是将公营企业也称为国有企业，不给公营企业独立存在的地位，即不承认存在公营企业这种经济成分，用国有企业取代公营企业。而今，在改革的进程中，实际上采取的许多措施是有悖国有企业改革宗旨的，实质上是反过来用公营企业取代国有企业，只是在名称上还称为国有企业。这是在混淆国有企业与公营企业的前提下造成的改革和制度演化的障碍。将公营企业从国有企业中分离出来，使其成为一种独立的经济成分，这是有利于国有企业改革的，也是有利于中国市场经济建设的。只是必须明确，从国有企业转变为公营企业，是一种制度演化，而不是国有经济体制的改革方向。

中国需要有公营企业，但中国的社会主义经济改革却不涉及公营企业，只是要进行国有企业的改革。只要明确国有企业是社会主义公有制性质的，那么就是说从非社会主义国家找不到中国国有企业改革的借鉴模式。无论是哪一个非社会主义国家进行的政府投资企业的改革模式，都只能是对中国的公营企业设立起借鉴作用，都不可能用在中国的国有企业改革之上。如果中国能够从其他社会主义国家借鉴国有企业改革经验，那是十分有利的，而若中国无法从其他社会主义国家取得这种经验，那就只能是自己创造这方面的经验，而不能再有依赖他国经验的想法。明确国有企业只存在于社会主义国家是一个基本点，在逻辑上对这一问题是不容争辩的。

实现部分国有企业的制度演化，在中国既要设立国有企业，又要设立公营企业，是中国坚持社会主义改革的需要，也是中国经济建设与国际社会接轨的要求。在市场经济国家，各级政府均设立公营企业，这是作为现代政府的一项经济职能兑现的。中国建设市场经济，不再延续传统的体制，也需要贯彻这种政府干预经济的特定职能，即也需要明确设立公营企业的目的，以发挥政府有效地维护市场秩序的作用。中国要走市场经济之路，就是要走与世界各个国家和地区一样的共同发展道路。在这方面，即在共性方面，是不需要有中国特色的，各个国家的惯例，就是中国要跟随和实现的。公营企业在世界各国是普遍的存在，在中国也是不可缺少的。

国有企业制度与公营企业制度的并存，是两种不同性质的企业制度的并存。国有企业制度是社会主义性质的企业制度，公营企业制度是国家资本主义的企业制度。在中国，存在国家资本主义企业制度，是由社会主义初级阶段的客观存在决定的。在这一特定阶段，中国已是作为社会主义制度的国家存在的，但又是处于社会主义发展的初级阶段。更准确地讲，在 21 世纪初，中国是社会主义初级阶段的初级阶段。初级阶段的界定表明，中国现在存在的社会主义性质的经济成分还是不完全的，还是较少存在，如果性质是完全的，又几乎全是社会主义经济成分，那就不是初级阶段了，而是到了社会主义最后完成阶段。显然，由于历史的制约，生产力的落后，中国目前还远没有达到社会主义最后的完成阶段，而只是处于初级阶段。因此，在初级阶段内，不会全部是社会主义经济成分存在，甚至只能是有少量的社会主义经济成分存在，而大量的经济成分是非社会主义性质的，这其中当然要包括相当一部分国家资本主义经济成分的存在。

有关国家安全的生产部门，自然垄断行业以及提供重要的公共产品与服务的产业，应是中国设立公营企业的主要领域。这就是说，目前处于这些领域的国有企业应逐步制度演化为公营企业。这样的演化结果可使中国与世界上其他市场经济国家保持设立公营企业的相同性，即中国应在公营企业的设立方面与世界各国保持一致。设立公营企业，对于国家不是不讲效率，只是不单纯强调公营企业的效率，而是要使整个国民经济的运行更有效率。世界上各个国家设立的公营企业并不完全相同，有的国家在竞争性领域也设立了公营企业，有的国家在非竞争性领域也允许民营企业经营，同时各个国家的公营企业占国民经济的比重也不同，对于这些情况要具体地分析。从主流趋势看，在竞争性领域设立公营企业已成为历史，除个别国家追求赢利之外，大多数国家都已将公营企业退出竞争性领域，只在非竞争性领域设立公营企业。而民营企业能否进入非竞争性领域，主要是看一个国家的市场发育程度和法治程度。如果一个国家的市场发育健康完善且法治程度较高，那么将本该由公营企业承担的任务交由民营企业做也未必不可以。

国有企业的制度演化表现为：一部分处于非竞争性领域的国有企业制度演化为中央公营企业，即直接由中央政府控制的公营企业；还有一部分处于非竞争性领域的国有企业要制度演化为地方公营企业，即由各地各级政府直接控制的企业。这些演化后的企业都改变了原先的国有企业性质，而成为最先明确职责和发挥作用的公营企业。相比而言，制度演化为中央公营企业的应比较少，制度演化为地方公营企业的应比较多。这是因为地方公营企业分散在各地，承担的干预经济的任务量大，并且直接服务于各地民众。中央公营企业的数量是有限的，大型垄断企业集团是其主要的存在形式。目前，世界各国的发展趋势是，中央公营企业的数量相对减少，而地方公营企业的数量相对增多。只要直接为民众服务的责任在地方政府，那么相应地方政府就有责任设立公营企业以满足社会需求。中国改革之中，有些地方政府将国有企业全部卖掉，不管是竞争性领域的企业，还是非竞争性领域的企业，这种做法无论是从改革的角度看，还是从制度演变的角度看，都是不妥的。从改革讲，地方政府无权处置国有企业。从制度演化讲，地方政府有设立公营企业干预经济的职能，不能放弃职能，将政府该做的事推向社会。

中国目前的国有企业只是有一部分需要制度演化为公营企业，不能将这种演化扩大到全部的国有企业，不能以此取代国有企业的改革。改革与演化是两种不同的要求。改革要求社会主义制度实现自我完善和发展，国有企业成为适应市场经济环境要求的独立的商品生产者或经营者。演化要求将处于非竞争性领域的企业分流出来，单独作为一种经济成分存在，即作为公营企业存在。在复杂的现阶段，中国既需要国有企业，需要进行国有企业改革，又需要设立公营企业，需要将原处于非竞争性领域的国有企业逐一改变性质使其成为名副其实的公营企业。以制度演化取代改革意味着放弃社会主义发展之路，以改革的名义阻止制度演化必然影响中国社会经济的发展，违背中国建设市场经济的原则。改革的关键就在于要说明中国既要坚持国有企业改革，坚持以国有企业的改革完善巩固社会主义的经济基础，又要自觉地、主动地而不是盲目地被动地进行制度演化，明确地将目前非竞争性领域政府控制的企业改制为公营企业，制定出特殊的法律规制这些享有政府庇护特权的公营企业。充分而不是有保留地发挥制度演化的作用，明确而规范地设立公营企业于非竞争性领域，以此区别国有企业改革，使国有企业与公营企业能够分别走上不同的生存与发展之路，是中国社会主义经济体制改革经历了 30 年之后，必须认真研究和解决的根本性问题。

参 考 文 献

1. 王开国：《国有资产管理实务全书》，宇航出版社 1995 年版。

2. 张连城：《论国有企业的性质、制度性矛盾与法人地位》，载《首都经济贸易大学学报》2004 年第 1 期。

3. 钱津：《国有资产双层经营体制》，经济管理出版社 1993 年版。

4. 钱津：《国有资产的市场化经营》，经济科学出版社 1998 年版。

5. 钱津：《理性出击：中国企业改革分析》，社会科学文献出版社 1999 年版。

6. 钱津：《特殊法人：公营企业研究》，社会科学文献出版社 2000 年版。

7. 钱津：《劳动论》，社会科学文献出版社 2005 年版。

The Controversy over the State-Owned and Public Enterprises

Qian Jin

(China Institute of Social Science, Beijing China 100836)

Abstract: The state owned enterprise exist in the socialist nations while the public enterpsrise exist in the nonsocialist nations. We need the differentiate the state firm and public firm, avoiding the disappearance of the state owned enterprises. Hence in the socialist nations we need regard the nonconpetitional firm as public firm, and it is important fo our market economy.

Key Words: State-Owned Enterprise　Public Enterprise　Market Economy　Institutional Evolution

JEL Classification: F276　F224

第 1 卷第 1 辑　　　　　　　国有经济评论　　　　　　　　　　Vol. 1　No. 1
2009 年 9 月　　　　　Review of Public Sector Economics　　　September, 2009

可耗尽资源经济学[*]

哈罗德·霍特林

一、矿产资源的特殊问题

当我们关注世界上不断减少的矿产、森林以及其他可耗尽资源[①]时，就有必要对这些资源的开发进行管理。由于认为这些资源产品如此廉价，对后代人利益影响甚小，因此人们往往肆意开采这些资源；同时，也正是因为人们对资源的过度开采和消费，导致了自然保护运动的兴起。一般来说，为了阻止破坏性地开采不可再生资源，或长期也很难再生的资源，可以禁止在特定时间和特定区域的资源开采，或者要求用过时的、低效率的生产方式限制产量。事实上，许多法规禁止在特定的管辖区域内砍伐树木、开采石油和矿藏，禁止在特定季节内捕捞鱼类，并且禁止使用某些高捕获率的捕鱼手段。在纯粹的经济活动中，如追求利润的采矿和捕鱼，税收制度比那些低效率的禁止规定显得更为有效。然而，由于人们的漠不关心，以及既得利益者的反对，大部分资源开采的收益并没有流向国库。

保护主义者始终认为资源开采速度过快，相比之下，公众对垄断的影响则没有足够的反应，后者在开发不可再生资源直接相关行业的迅速发展对资源开采的影响是惊人的。如果"限制贸易的合并"向消费者勒索高价并且降低产量，那还能够说它们的产品太便宜并且卖得太快了吗？

可耗尽资源的开采速度不可能因公众利益而放慢。因为每一个既定的生产率都无疑会导致资源耗尽。但是，如果假设不给后代人留下资源，并且认可存在一个现期生产的最优速度，那么垄断和部分垄断将使生产始终低于最优速度，并向消费者索取高价。保护运动（只要目的在于无条件地禁止开发可耗尽资源，而不是基于提高效率的征税或者改革）也可能被某些人操纵，而这些人为了自己的利益维持

---

[*]　本文是国家社会科学基金项目"资源枯竭型地区经济转型政策研究"（批准号 09ALY003）的阶段性成果。

哈罗德·霍特林（Harold Hotelling, 1895～1973），美国数理统计学家和经济学家，是英国皇家统计学会荣誉会员、美国经济学会杰出会员（1965）、经济计量学会会长（1936）、美国数理统计学会会长（1941），1972 年当选美国国家科学研究院院士。《可耗尽资源经济学》（the Economics of Exhaustible Resources）于 1931 年发表在《政治经济学杂志》（Journal of Political Economy）上，被公认为是资源经济学的开山之作。

译者：赵新宇（吉林大学中国国有经济研究中心）、王岚和黄嘉仪（吉林大学经济学院）。

[①]　资源经济学把自然资源分成两大类来研究，一类是可再生资源（renewable resource）；另一类是可耗尽资源（exhaustible resource），也称为不可再生资源（non-renewable resource）——译者注。

高价而不考虑后代人的利益。另一方面，石油行业中某些技术会导致资源的大量浪费和昂贵的竞争性钻探，可以通过推迟开采等控制手段来减少损失。为保护本国资源，美国政府已经撤销了一些含油地区的进入权，并且着手对加利福尼亚州的一些石油公司提起诉讼，指控它们合谋通过缩减产量来维持不正当的高价。尽管这些措施的意图看起来有些矛盾，但是其目的是针对两个不同现象，这是一个进退两难的公共政策。

除了这些问题，可耗尽资源经济学提出了一系列需要深入思考的问题。虽然静态均衡分析在经济理论中已经得到充分应用，但是，由于物理条件的限制，这些方法在无法维持稳定生产率的行业中显然是行不通的。以收入来计算矿产的收益应该是多少，资本的回报又是多少？已经探明储量的矿产的价值是什么？没有探明储量的估价是什么？如果矿产所有者生产过快，他将会降低价格，也许降至零。如果矿产所有者生产过慢，其利润尽管更大，但是可能比息票率还低。他的折衷点在哪里？为何最有效的生产率愈来愈无法实施？是在有限的时间内完成开采，使矿山产量最终接近零更为有利可图；还是缓慢开采，这样不但可以保持一个不断下降的开采速度，而且矿产储量不会接近零。假设矿产是公众所有的，应该如何为了最大的共同利益开采，以及如何客观地比较一个追求利润的企业家的方案？当资源枯竭时，工人和相关产业将面临怎样的困境？政府怎样以管制或者税收的方式，引导矿产主采取与公共利益更加协调的生产计划。如何制定煤炭和石油的进口税？在这样的动态系统中，古典经济理论中的垄断，双寡垄断和完全竞争会有什么变化？

可耗尽资源的问题特别容易和无限问题纠缠在一起。不仅要考虑时间的无限性，而且随着供给的减少，必需品的价格有可能没有上限而不断上涨。如果我们没有无价的资产，我们必须选择经验形式的成本和需求曲线，采取措施来避免会导致这些情况的假设（这些假设在静态问题中十分常见）。

这个领域的研究一般也包括不可再生资源，例如森林、鱼群，甚至可以扩展到短期农作物方面，但本文只将不可再生资源作为研究范围。举一个比较形象的例子，当人们占据一片完全覆盖森林的土地，一部分林木在砍伐之后可以再生，另一部分在消费之后无法再生。前者服从静态理论的原则，而后者则属于可耗尽资源经济学的范畴。如果不是开采过快造成了诸多问题，野生动物也是能够自我补充的。

研究可耗尽资源问题不可避免地要应用积分变量，甚至包括在这一数学领域的最新研究。然而在下文中，通过借助于一些容易理解的假设，常用的方法足以阐述资源经济学的某些原理。考虑到现实中问题的复杂性，这些将在后面通过例子总结出来。我们假设可耗尽资源的供给者总是期望预期收益的现值最大化。用 γ 表示利率，因此 $\exp(-\gamma t)$ 表示的是现有资产在 t 时刻的收益水平，并假设利率保持不变。当然，利率可变的情况会有明显不同的结果（Hotelling，1925）。

二、自 由 竞 争

因为矿产所有者对获得每单位产品的价格是现在的价格 p_0，还是 t 期后的价格 $p_0\exp(\gamma t)$ 并不关心，因此，可以假设价格 p 有一个关于时间的函数形式 $p = p_0\exp(\gamma t)$。这是完全自由竞争的特征，而不适用于垄断的情况，垄断的需求函数形式肯定会受到生产率的影响。于是，每一单位矿产在任何时候都被认为具有相等价值，虽然它们进入到市场上的成本不同。它们按照易于获取的难度顺序被开采和利用，最易获得的最先开采。事实上，利息率和矿产所有者的急躁程度也影响开采顺序。在这里，p 是支付完开采成本和上市成本之后的净价格——我们始终应该坚持的一个惯例。

$$p = p_0\exp(\gamma t) \tag{1}$$

方程（1）决定了自由竞争下不同时期的相对价格。当 $t = 0$ 时，价格中的绝对水平或者 p_0 的值取决于产品的需求和总供给。假定后者为 a，并且将 $q = f(p, t)$ 作为 t 时刻、价格为 p 时的获得数量，我们得到方程：

$$\int_0^T q\,\mathrm{d}t = \int_0^T f(p_0\exp(\gamma t), t)\,\mathrm{d}t = a \tag{2}$$

上限 T 为最终枯竭的时间。因为 q 将会变成零，所以我们得到方程

$$f(p_0\exp(\gamma t), T) = 0 \tag{3}$$

从而解出 T。

这些解的性质取决于给定 q 条件下的函数 $f(p, t)$。与通常假定相一致，我们假设它是一个关于 p，且由时间决定的递减函数，如果是这样的简单形式，那方程就会有唯一解。

例如，假设需求函数与时间不相关，形如 $q = 5 - p$，当 $0 \leqslant p \leqslant 5$ 时；$q = 0$，当 $p \geqslant 5$ 时。

当 q 减小到 0 时，p 增加到任何人可能支付的最高价值 5。因此，在 T 时刻，$p_0\exp(\gamma T) = 5$。未知的 p_0 与 T 之间的关系式（2）就变成了

$$a = \int_0^T (5 - p_0\exp(\gamma t))\,\mathrm{d}t = 5T - p_0(\exp(\gamma t) - 1)/\gamma$$

消去 p_0，可以得到 $a/5 = T + (\exp(-\gamma T) - 1)/\gamma$，即 $\exp(-\gamma T) = 1 + \gamma(a/5 - T)$。现在，如果我们把上式划分为两个关于 T 的函数，令 $y_1 = \exp(-\gamma T)$，$y_2 = 1 + \gamma(a/5 - T)$，我们得到一条穿过 y 轴且斜率为 $-\gamma$ 的递减指数曲线和一条同样斜率的直线。直线与 y 轴的交点高于曲线，因为当 $T = 0$ 时，$y_1 < y_2$。因此，有且仅有一个正值 T，使得 $y_1 = y_2$。这个 T 值给出了一个完全耗尽的时刻，它是有限的。

如果需求曲线是固定的，（资源）耗尽的时间将会是有限还是无限的问题就转到是否存在有限或无限的 p 值使 q 成为零值。对于需求函数 $q = \exp(-bp)$，b 为常

量，开采会以一个逐渐减小的速度持续下去。如果 $q = \alpha - \beta p$，那（资源）会在有限时间内耗尽。一般来说，相对于更快生产率，当生产率变得很小时，价格就会被预期得更高，开采的时间也会延长。

三、社会价值最大化与国家干预

在自由竞争条件下的静态环境中，某些对最大化问题观点倾向于将其称为"资源的社会价值"，而不是"总效用"。一定时期的资源社会价值数量可以定义为：

$$u(q) = \int_0^q p(q) \, dq \qquad (4)$$

其中，被积函数是递减的，其上限受制于市场和消费。如果未来的偏好随着利率 γ 递减，现值可以表示为：

$$V = \int_0^T u[q(t)] \exp(-\gamma t) \, dt$$

因为 $\int_0^T q \, dt$ 是固定的，使 V 实现最大的生产数量 $q(t)$ 的增加会导致被积函数同比例地增加。这里

$$\frac{d}{dq} u[q(t)] \exp(-\gamma t)$$

根据（4）式，它等于 $p \exp(-\gamma t)$，且是常量。若这一常量为 p_0，就有 $p = p_0 \exp(\gamma t)$，即等式（1），它是在自由竞争条件下得到的。由于需求曲线向下倾斜，其二阶导数是负值，因此能够得到正的最大值。

上面的结论不是说明自由竞争对于开采自然资源是更为合理的。它显示了自然保护运动的本质与理想条件下的竞争是相互背离的。然而，在与我们的假设条件存在差异的农业中，也存在各种十分浪费的开发模式，并可能影响到公共利益。我们假设所有的信息是完全的。巨大的浪费随着突发、意外的矿物发现而上升，这导致了为得到有价值资源的疯狂采掘，而这种浪费的社会影响极大。

这也引发了油田输油管周围"附属油井"的出现。每个所有者必须快速地钻井以得到宝贵的石油，不然他的邻居就会得到所有的石油。这样，一夜之间就会出现大片的钻塔，每个钻塔都要花费 50000 美元（1931 年价格）；然而，少量钻塔和低速开采将是更经济的。于是，由于不留储量的快速开采，大量的天然气和石油资源被浪费了（Stocking, 1928）。

意外的矿产发现为政府实施税收等控制手段提供了额外的理由。矿产发现导致利润突发性地增长，把这些巨额利润留在私人手中不是一个好的公共政策。当然，采矿者可能会说这些利润是他付出努力和承担风险的回报，但是土地所有者能仅仅因为发现他的邻居通过采矿和钻井得到了矿产就发现了自己土地的价值吗？

一般来说，市场利率 γ 会被厂商用于自己的计算中，但是它应该用在社会价值和最佳公共政策的决定中吗？用 $\int_0^q pdq$ 可以测度一定时期的社会价值，而数量较小的 pq 则可看成是相同矿产资源所有者得到的最大利润，这暗示着类似的积分可用于不同时间偏好情况下的利率。然而，利率划分的两种情况之间的区别受到多种因素的影响，它与特定日用品和工业无关，与各种矿产或石油的产量没有明显的相关性。所以，在处理与可耗尽资源相关的公共政策时，市场利率造成的误差很小。当然，这种利率变化将会被预测，特别是在考虑遥不可及的未来情况下。如果我们展望遥远的未来，那时地球上的所有资源都将枯竭，人类社会将极度贫困，因此可以将利率预测得非常高。但是，一种或者几种资源的枯竭将不会导致这种情况的发生。

未来的贴现率 u 可能受到置疑，因为未来的满足程度和现在的满足程度从伦理上讲是平等的。对这一问题的回答是资本具有生产能力，未来的满足因为时间的久远而不能度量，现值 V 和 u 只是具体数量而不是满足的标志。在某种意义上，V 和 u 测量的是与商品总产量相关的矿藏的社会价值，而不是严格地测量它所能带来的效用和幸福感。因为效用和幸福感依赖于财富的分配，如果矿藏的收益首先惠及穷人，那么它的效用会比变成奢侈品后带来的效用要大得多。铂矿用于电和化学方面，比将铂矿当作珠宝交易的原料具有更为广泛的用途。然而，我们必须离开财富分配来处理其他问题，也许可以对收入和继承税进行分级，并考虑不同生产率对商品总价值的影响。正是由于这个原因，我们才关注 V。

拉姆齐（Ramsey，1928）很好地处理了个人应将多少收入储蓄起来这个常见问题。

当然，公众对货币金属的关注是有特殊原因的。不仅黄金生产导致价格不稳定，而且如果忽视其在工艺品中的运用，从社会的角度看，矿产的开发、提炼和运输的费用被浪费了。

在自由竞争下，我们对 V 的理论最大值演绎出自由放任政策提出警告，还有另外一个原因：即使存在竞争，实际情况可能远远偏离我们之前假定的理想状态。具有一定规模的厂商可以轻松地通过影响市场利率影响价格。这就存在某种垄断因素，它倾向于不合理地减少产量和提升价格。这将在最后一节进行讨论。垄断问题当然也涉及到非采掘业，但由于要处理可耗尽资源，所以本文仅将研究领域限定在采掘业。

四、垄　断

通常关于垄断价格的理论必然涉及曲线 $y = pq$ 的最高点，y 根据 p 或者 q 的特点确定，每个变量都会对另一变量有减弱作用（见图 1）。

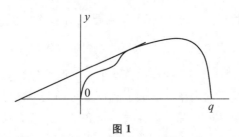

图 1

注：$y = pq$。正切是按逆时针旋转的。矿产价值是和从切线与 q 轴的交点到 0 点的距离成比例的。

现在，我们考虑选择 q 作为 t 的函数，且服从下面的条件

$$\int_0^\infty q\,\mathrm{d}t = a \tag{5}$$

因此，现值最大化可表示为：

$$J = \int_0^\infty qp(q)\exp(-\gamma t)\,\mathrm{d}t \tag{6}$$

这是矿产所有者的利润。p 是 q 的连续函数，且一阶导数连续，我们也不限制 q 是 t 的连续函数。积分上限也可视为 ∞，即使开采只在有限的时间 T 内发生，当 $t > T$ 时，$q = 0$。

这也可能被视为变量积分的一个问题；尽管科学的方法适用于它，但是由于积分符号不包含导数，因此一些定义将排除在我们研究的问题之外。然而，这个问题还可以简单地求解：

$$qp(q)\exp(-\gamma t) - \lambda q \tag{7}$$

其中，λ 是拉格朗日乘数，将最大化每个 t 值。这样我们得到：

$$\exp(-\gamma t)\frac{\mathrm{d}}{\mathrm{d}q}(pq) - \lambda = 0 \tag{8}$$

以及

$$\exp(-\gamma t)\frac{\mathrm{d}^2}{\mathrm{d}q^2}(pq) < 0 \tag{9}$$

显然等式（8）还可以表示为：

$$y' = \frac{\mathrm{d}}{\mathrm{d}q}(pq) = p + q\frac{\mathrm{d}p}{\mathrm{d}q} = \lambda\exp(\gamma t) \tag{10}$$

与竞争情况的对比，后者多出了 $q\mathrm{d}p/\mathrm{d}q$ 一项。

常量 λ 由等式（8）和（10）中的 q 决定，而 q 作为 λ 和 t 的函数可以替换到等式（5）中。当从 0 到 T 进行积分时，就能根据 T 得到 λ，并且得到矿产的初始产量 a，这个初始产量假设是已知的。这个附加的等式要求令 $q = 0$，$t = T$ 时算出 T。

一般地，如果当 q 接近 0 时，p 的表达式中包含有限的价值 K，那么 $q\mathrm{d}p/\mathrm{d}q$ 仍然是有限的，等式（8）或者等式（10）就能写成：

$$\frac{\mathrm{d}(pq)}{\mathrm{d}q} = K\exp(\gamma(t - T))$$

那么，需求函数就会是

$$p = (1 - \exp(-Kp))/q = K - K^2 q/2! + K^3 q^2/3! - \cdots$$

其中，K 是一个正的常量。对于每个 q 的正值，由此式得到的 p 都是正数，p 的导数为负。当 q 趋向于 0 时，p 趋向于 K。我们可以得到：

$$y = pq = 1 - \exp(-Kp)$$

$$y' = K\exp(-Kp) = \lambda \exp(\gamma t)$$

由此可得：

$$q = (\log K/\lambda - \gamma t)/K$$

这个表达式在 t 小于枯竭时刻 T 时成立。当 $t = T$ 时，q 一定是零。因此，令 $t = T$，代入 $q = 0$，我们有：

$$\log K/\lambda = \gamma T$$

根据（5）式，得到

$$a = \int_0^T (\log K/\lambda - \gamma t)\, \mathrm{d}t/K = \gamma \int_0^T (T - t)\, \mathrm{d}t/K = \gamma T^2/2K$$

那么

$$T = \sqrt{2Ka/\gamma}$$

$$\log K/\lambda = \sqrt{2K\gamma a}$$

最后得到

$$q = \gamma(\sqrt{2Ka/\gamma} - t)/K$$

五、图形研究：间断解

图 1 对等式（10）的解释是生产率是切线与横坐标的交点，并且切线是逆时针旋转的。切线斜率是随着复利的增加而同比例变化。

可耗尽资源也可以用其他图形来表示。画一条关于 q 的函数 $y' = \mathrm{d}(pq)/\mathrm{d}q$ 曲线（见图 2），我们通过水平线 RS 的长度得到最有利可图的开采率，RS 像复利一样不断增加。

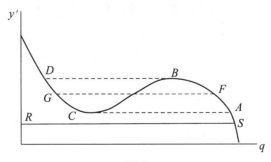

图 2

注：RS 上升的速度不断增加。它的长度是生产率，且是不断减少的。

这些已画出的曲线的波动表明这种方式得到的结果是不明确的。例如，如果需求曲线是

$$p = b - (q - 1)^3 \tag{11}$$

这种波动将会上升，等式（11）的导数为 $- 3(q - 1)^2$，是负值。b 是一个常量，得到

$$y' = b - (4q - 1)(q - 1)^2$$

当 RS 上升至 AC 的位置时，点 S 的横坐标代表的生产率可能明显地沿着曲线继续移动到 B 并且之后飞跃到 D；或者从 A 跃到 C 然后上升到 D；或者它可能停留在弧 AB 上位于点 A 和点 B 之间。似乎还存在另一种可能，也就是从 A 飞跃至 C，上移到 B，然后跃至 D。但是，这意味着在一段时期内增加产量。这不会像贯穿同一价值体系的逆序的 q 那么有利可图，虽然总利润是相等的，但是如果在初期开始快速生产，就可以更快地获得平均利润。这样，我们让你可以认为 q 是不断减少的，尽管在这个例子中是不连续的。

在这个例子中 q 的价值在哪一次变动中形成将在第十部分讨论；第十部分将阐述如果垄断者从 AB 上的确定点 F 移动到 CD 之间的点 G 时，最大利润是如何得到的。

六、垄断矿藏的价值

为了找到现值：

$$\mathcal{J}_{t_1}^{t_2} = \int_{t_1}^{t_2} pq \exp(-\gamma t)\, \mathrm{d}t$$

利润是在任意时期 t_1 到 t_2 内实现，在此期间最大价值 q 是 t 的连续函数，分部积分得到：

$$\mathcal{J}_{t_1}^{t_2} = -\frac{pq \exp(-\gamma t)}{\gamma} \bigg|_{t_1}^{t_2} + \frac{1}{\gamma} \int_{t_1}^{t_2} pq \exp(-\gamma t)\, \mathrm{d}t$$

当我们代入

$$y = pq \tag{12}$$

并且利用等式（10），后面的定积分通过直接积分变成简单的形式。根据等式（10）从第一项中消去 $\exp(-\gamma t)$，得到：

$$\mathcal{J}_{t_1}^{t_2} = -\frac{\lambda}{\gamma}\left(q - \frac{y}{y'}\right)\bigg|_{t_1}^{t_2} \tag{13}$$

通过对等式（12）求导，可以得到：

$$qy' = y + q^2 \frac{\mathrm{d}p}{\mathrm{d}q}$$

这样，等式（13）就可以写成：

$$\mathcal{J}_{t_1}^{t_2} = \frac{\lambda q^2}{\gamma y'} \frac{\mathrm{d}p}{\mathrm{d}q}\bigg|_{t_1}^{t_2} \tag{14}$$

等式（13）和（14）提供了十分便利的计算贴现利润的方式。它们的有效性将在后文第十部分阐述，那里将采用 q 是间断的例子。

根据图 1，等式（13）中的 $q - y/y'$ 是曲线上横坐标和次切距间的差距。因此，这个点到左边原点的距离与曲线的切点到 q 轴的距离相等。

当 $t = 0$ 时，矿藏的价值用符号 $\jmath_0^T$ 表示。它是垄断利润曲线上从原点到初始切线与 x 轴负半轴焦点的距离的 λ/γ 倍。

七、垄断下的生产延迟

尽管需求曲线有连续的导数，生产率仍受到不连续性的影响，这些间断将永远发生在实际生产中而不会终止。最终 q 将以一种持续的方式趋向零。这就意味着图 2 曲线中的最高点是 $q = 0$ 时的点。为了证明这一点，我们运用 p 关于 q 的单调递减函数，即 $y'(q) = p(q) + qp'(q)$，q 是正的，小于 $p(q)$，同时也小于 $p(0)$。因此，曲线在右半坐标轴能达到关于 y' 轴的最高点。

垄断开采的期限是有限还是无限取决于当 q 趋向于 0 时 y' 的值是否有限。这种情况和竞争条件下的情况没有什么不同，也就是说，这种情况下在有限的时间内，当 q 趋近于 0 时，p 的值是有限的。这两种情况都认为除非当 $qp'(q)$ 变成无限时，p 仍然是有限的，需求曲线和 p 轴相交并且正切时将高于 p。在这种情况下，生产时期在竞争的条件下是有限的，但是在垄断的条件下就是无限的。当然也有例外，事实上在对一般财产的供给和需求曲线的研究中提出的频率曲线理论，从而暗示了可能性的存在，本文则不讨论是哪一个区间的问题。

这样的研究表明需求曲线和 p 轴的高度相关是能够预见的，因此可耗尽资源的垄断开采不可能比竞争性开采持续的时间更长，带来或者可能获得更大的社会价值。这仅仅是垄断阻碍生产趋势的一部分。

八、累积生产对价格的影响

矿产所有者获得的每单位产量的净价格 p，不仅依赖于现期的生产率而且依赖于已经开采的总产量。积累产量影响成本和需求。开采成本随着矿藏地理位置深度的增加而增加；一些耐用资源，例如金子和钻石，随着它们的累积影响着市场。考虑到这种影响，变量的积分是不可避免的。下面涉及的关于这个学科的公式，将包括以前处理过的特殊情况。

设 x 是开采量，$q = dx/dt$ 是现期的生产率，a 是最初的矿藏储量。p 是 x 的函数，同时也是 q 和 t 的函数。当 $t = 0$ 时，贴现利润也是该时刻矿藏的价值，表示为：

$$\int_0^\infty p(x,\ q,\ t)\,q\exp(-\gamma t)\,\mathrm{d}t$$

如果资源枯竭出现在有限的期间 T 时，我们可以假设 $t > T$ 时，$q = 0$，这样 T 就变成了上限。我们令：

$$p(x,\ q,\ t) = pq\exp(-\gamma t)$$

那么矿产所有者（假设他是拥有专营权的）肯定会调整他的产量，这样：

$$\frac{\partial f}{\partial x} - \frac{\mathrm{d}}{\mathrm{d}t}\,\frac{\partial f}{\partial q} = 0$$

如果 f 中不包含 x，第一项为零，垄断情形可得。

一般来说，x 的二阶微分方程，因为 $q = \mathrm{d}x/\mathrm{d}t$，所以需要两个界定条件。一个是 $t = 0$ 时 $x = 0$。另一个在曲线末端，其中 x 作为 t 的函数可以是直线 $x = a$ 上的任意一点，或者 $x = a$ 是这条曲线的渐近线。借助贴现利润最大化可以解决这种不确定性。这样得到"横截条件"：

$$f - q\,\frac{\partial f}{\partial q} = 0$$

也就是

$$q^2\,\frac{\partial p}{\partial q} = 0$$

这与 q 增加时 p 减少的命题相似，这条曲线正切或者渐进于直线 $x = a$。最终 q 不断下降至 0。

假设 q，x 和 t 都会线性地影响净价格，形如 $p = \alpha - \beta q - cx + gt$。初始的 α，β 和 c 为正，g 为负。人口增长以及在竞争性可耗尽商品对消费者不断提高的售价，将导致 g 是负值。另一方面，技术进步可能会导致逐步引进这些商品的新替代品，从而也导致 g 是负的。互补性商品的枯竭也会使 g 是负值。

根据线性需求函数，微分方程也具有线性形式

$$2\beta\,\frac{\mathrm{d}^2 x}{\mathrm{d}t^2} - 2\beta\gamma\,\frac{\mathrm{d}x}{\mathrm{d}t} - c\gamma x = -g\gamma t + g - \alpha\gamma$$

因为 β，c 和 γ 都是正的，辅助方程的根为符号相反的实数。令 m 表示正根，$-n$ 表示负根。因为 $m - n = \gamma$，且 m 大于 n。方程的解是：

$$x = A\exp(mt) + B\exp(-nt) + gt/c - 2\beta g/c^2 - g/c\gamma + \alpha/c$$

从而

$$q = Am\exp(mt) - Bn^{-nt} + g/c$$

当 $t = 0$[①] 时，$x = 0$，故 $A + B - 2\beta g/c^2 - g/c\gamma + \alpha/c = 0$。因为，在最后资源枯竭的 T 时刻 $x = a$，$q = 0$，

$$A\exp(mT) + B\exp(-nT) + gT/c - 2\beta g/c^2 - g/c\gamma + \alpha/c - a = 0$$

$$Am\exp(mT) - Bn\exp(-nT) + g/c = 0$$

---

① 原文为 $l = 0$，疑为印刷错误——译者注。

通过行列式的系数为零，并且各项中不含 A 和 B 的方法消除等式中的 A 和 B。将第一列乘以 $\exp(-mT)$，第二列乘以 $\exp(nT)$，得到：

$$\Delta = \begin{vmatrix} \exp(-mT) & \exp(nT) & -2\beta g/c^2 - g/c\gamma + \alpha/c \\ 1 & 1 & gT/c - 2\beta g/c^2 - g/c\gamma + \alpha/c - a \\ m & -n & g/c \end{vmatrix} = 0$$

扩展并使用关系式 $m - n = \gamma$，以及 $mn = c\gamma/2\beta$，我们得到 Δ，及其关于 T 导数 Δ'

$$\Delta = (\exp(-mT) - \exp(nT))g/c + (n\exp(-mT)$$
$$+ m\exp(nT))(gT/c - 2\beta g/c^2 - g/c\gamma + \alpha/c - a)$$
$$+ (m + n)(2\beta g/c^2 + g/c\gamma - \alpha/\gamma)$$
$$\Delta' = (\exp(nT) - \exp(-mT))[T - 1/\gamma + (\alpha - ac)/g]g\gamma/2\gamma$$

后一表达式是用到牛顿法寻找 T。显然，对于唯一的 T 值，导数改变了符号；如果 g 为正，Δ 就是最小值；g 为负，Δ 就是最大值。

我们可以测度时间与利率 γ 是一致的。如果资金值以季度复利 4% 增长，这一时期将大约 25 年零 1 个月。我们考虑这样一个例子，那就是在价格长期上升的趋势中消费者愿意支付水平：令 $\alpha = 100$，$\beta = 1$，$c = 4$，$g = 16$ 以及 $a = 10$。每一单位得到的净值就是 $p = 100 - q - 4x + 16t$。替代常量的值，将 $m = 2$，$n = 1$ 代入行列式中，得到：

$$\Delta = \begin{vmatrix} \exp(-2T) & \exp(T) & 19 \\ 1 & 1 & 4T + 9 \\ 2 & -1 & 4 \end{vmatrix}$$
$$= (8T + 14)\exp(T) + (4T + 13)\exp(-2T) - 57$$
$$\Delta' = (\exp(T) - \exp(-2T))(8T + 22)$$

显然，$T = 0$ 时 $\Delta < 0$，$T = \infty$ 时 $\Delta = +\infty$，当 T 是正数时 $\Delta' > 0$。$\Delta = 0$ 有唯一的正根。

对于测算值 $T = 1$，有 $\Delta = 5.10$，$\Delta' = 77.5$，近似得到 $-\Delta/\Delta' = -0.07$。选取 $T = 0.93$ 作为第二个近似值，$\Delta = -0.06$，$\Delta' = 70.0$，从而得到 $-\Delta/\Delta' = 0.001$。

因此，最有利可图的开采将在 0.931 时间单位，或者大约 23 年零 4 个月的时间内耗尽矿藏，鉴于存在未来可以无限地获得更高价格的预期，矿藏也许将会以更快的速度枯竭，速度为 16 个时间单位增加量。

为了无限期地开采矿藏，就必须无期限地提高价格，同时价格的最终增长速度至少不低于复利的增长速度。

由于 $\exp(2T) = 6.4366$，$\exp(-T) = 0.3942$，确定 A 和 B 的最后两个等式就变成：

$$6.4366A + 0.3942B + 12.724 = 0$$
$$12.8732A - 0.3942B + 4 = 0$$

则 $A = -0.866$，$B = -18.13$；那么，

$$x = -0.866\exp(2t) - 18.13\exp(-t) + 4t + 19 \qquad (15)$$

作为检验，我们发现当 $t = 0$ 时，$x = 0$。

等式（15）对 t 求导得到 $q = -1.732\exp(2t) + 18.13\exp(-t) + 4$，显示了生产率如何从开始的 20.40 逐渐下降到 0。将 q 的表达式代入之前假定的 p 的表达式中，得到：

$$p = 100 - q - 4x + 16t = 20 + 5.196\exp(2t) + 54.39\exp(-t)$$

可以看出，p 从开始的 79.60 下降到枯竭时的 74.90，原因在于矿藏所处地层越深开采的难度越大。购买者支付价格是不断提升，而非不断降低的，也就是说

$$p + 4x = 100 - q + 16t = 96 + 1.732\exp(2t) - 18.13\exp(-t) + 16t$$

这个式子表明 p 从 79.60 增加到 114.90。

九、最 优 过 程

与具有完全信息、自利的矿产所有者所接受的进程表（我们在第三部分经常考虑的因素）相比，考察矿藏开采过程将是具有社会意义的。不再使用利润率 pq，我们需要处理每个时间单位的社会收益

$$u = \int_0^q p(x, q, t)\, \mathrm{d}q$$

其中，x 和 t 是常量。把市场利息率作为未来偏好的适当折现率，令 $F = u\exp(-\gamma t)$，并寻找什么样的曲线将使社会总贴现值 $V = \int_0^t F \mathrm{d}t$ 最大化。特征方程为：

$$\frac{\partial F}{\partial x} - \frac{\mathrm{d}}{\mathrm{d}t}\frac{\partial F}{\partial q} = 0$$

变为：

$$\frac{\partial p}{\partial q}\frac{\mathrm{d}^2 x}{\mathrm{d}t^2} + \frac{\partial p}{\partial x}\frac{\mathrm{d}x}{\mathrm{d}t} - \gamma p = \frac{\partial u}{\partial x} - \frac{\partial p}{\partial t}$$

初始条件是 $t = 0$ 时 $x = 0$。曲线的另一个端点在直线 $x - a = 0$ 上移动，a 是初始矿藏储量。横截条件是：

$$F - q\frac{\partial F}{\partial q} = 0$$

转换为 $u - pq = 0$。这个式子只有在 $q = 0$ 时才成立，否则我们会得到等式：

$$p = \frac{1}{q}\int_0^q p \mathrm{d}q$$

显示出最终价格是与 q 的较低值一致的平均潜在价格。因为假设 p 是随着 q 的增加而减少的，因此上述情况是不可能的。即使 $\partial p / \partial q$ 在孤立点为零，如果导数在其他项是负的，这个等式就不可能存在。因此，资源枯竭时 $q = 0$。

与第八部分一样，如果我们假设线性需求曲线 $p = \alpha - \beta q - cx + gt$，特征方程变

为：

$$\beta \frac{\mathrm{d}^2 x}{\mathrm{d}t^2} - \beta\gamma \frac{\mathrm{d}x}{\mathrm{d}t} - c\gamma t = -g\gamma t + g - \alpha\gamma$$

这和垄断对应方程唯一不同的是 $\beta/2$ 替换了这里的 β。从某种意义上来说，这意味着在垄断者的控制下，随着作用于生产率的供给量两倍增加，价格或者边际效用下降，与公共福利的处理有些类似。

在其他条件不变的情况下，第八部分的分析适用于这个例子。因为 m 和 n 的值依赖于 β，因此它们是变化的。如果社会价值而不是垄断利润要达到最大值，那么最终枯竭的时间 T 将缩短。根据前面给出的数值例子，垄断条件下 T 为 0.931 个时间单位。把社会价值最大化作为目标重新进行计算，得到最优值是 0.6741 个时间单位。

因为常量有不同的数值，即使需求函数是线性的，数学计算也不是那么简单。例如，方程 $\Delta = 0$ 有两个正根而不是一个。如果假设改变 g 的符号，数值解都会改变，由于不断发现替代资源，时间推移会直接导致价格下降。在这些例子中，有必要在我们的研究中对两种可能的发展曲线进行进一步检验，以便判定哪种曲线能产生更多的垄断利润或者是更多的社会贴现值。

十、间断问题的处理

即使生产率 q 像第五部分例子一样存在间断，$\int f \mathrm{d}t$ 达到最大值就要求

$$\frac{\partial f}{\partial q}, \quad f - q\frac{\partial f}{\partial q}$$

每一值是连续的（Caratheodory，1904）。不管 f 代表贴现垄断利润还是总贴现效用，这都将是正确的。

等式（8）就可以写成

$$\frac{\partial f}{\partial q} = \lambda$$

这表明只要等式左边是连续的，λ 的值不管在间断前还是在间断后都是一样的。

当 p 仅是 q 的函数时，这两个连续量可以用第四部分的记法，即 $y'\exp(-\gamma t)$ 和 $(y - qy')\exp(-\gamma t)$，其中 y' 和 $y - qy'$ 也是连续的。等式（13）中出现的表达式 $\lambda(q - y/y')$ 也是连续的。因此，等式（13）和（14）属于不同的时间间隔，但是可以简单处理得到相同形式的表达式。因此，在这个例子中，矿藏未来贴现利润的现值就不同于 $\lambda(q - y/y')/\gamma$ 在现期和在枯竭时刻的值。

我们现在可以回答第五部分最后提出的问题，当需求函数为 $p = b - (q-1)^3$ 时，间断点的位置存在于最有利可图的生产计划中。因为

$$f = pq\exp(-\gamma t) = [bq - q(q-1)^3]\exp(-\gamma t)$$

两个量 $b - (4q - 1)(q - 1)^2$ 和 $3q^2(q - 1)^2$ 是连续的。如果 q_1 代表突然跳跃以前的生产率，q_2 代表跳跃之后的初始生产率，这就意味着：

$$(4q_1 - 1)(q_1 - 1)^2 = (4q_2 - 1)(q_2 - 1)^2 \tag{16}$$

$$q_1^2(q_2 - 1)^2 = q_2^2(q_2 - 1)^2 \tag{17}$$

唯一可能的解是：

$$q_1 = (3 + \sqrt{3})/4 = 1.1830, \quad q_1 = (3 - \sqrt{3})/4 = 0.31699$$

十一、最大值检验

上面的等式（16）和（17）对于寻找最大化利润或社会价值的生产计划是必要不充分条件，同样一阶导数为零也是这样。我们必须考虑更加可靠的检验。

出现在可耗尽资源问题中的积分将不一定成为曲线最常见形式的最大值，而仅仅是所谓的"特殊弱"变化的最大值。经济环境的性质看上去似乎排除了所有的变动，这些变动使得时间向后推移，生产率提高，同一时间保持两个不同的生产率，或者以无限快的速度改变生产。生产突然的增长一般涉及到特殊成本，这些特殊成本仅在意想不到的情况下被承担，而且在长期计划中将被避免。同样，突然下降会造成严重的社会损失，比如说失业，即使是一个自利的垄断者也会尽力去防止失业。本文将会在下一部分进一步讨论。在一些特殊情况中，这些"强烈"变动可能会呈现出某种经济意义，这确实是可能的。但是，这种情况将涉及到与经济理论中通常提到的不同力量。

经过前面的分析，需要进行 Legendre 检验和 Jacobi 检验（Forsyth，1927）。为了总贴现效用或者社会价值（第九部分）有一个最大值，Legendre 检验要求：

$$\frac{\partial^2 u}{\partial q^2} = \frac{\partial p}{\partial q} < 0$$

这个条件总是在异常情况中被省略了。为了使所选的曲线产生一个真正的垄断者利润的最大值，Legendre 检验要求

$$\frac{\partial^2(pq)}{\partial q^2} = 2\frac{\partial p}{\partial q} + q\frac{\partial^2 p}{\partial q^2} < 0$$

这意味着图 1 中的曲线，在切线不断变化时，相交的点上都是在向上凸起部分的。如果存在凹的部分，使生产进度不连续的话，则对其不加以考虑。

当特征方程的解以 $x = \varphi(t, A, B)$ 这种形式找到，A 和 B 为任意常量时，Jacobi 检验要求

$$\frac{\partial \varphi / \partial A}{\partial \varphi / \partial B}$$

在 t 取不同值时，也不应该取相同的值。以第八部分为例，这个数量被简单表示成 $\exp((m + n)t)$，显然它通过了检验。它的解代表一个真实的，而不是虚假的

垄断者的利润最大值。同样地，生产计划通过同样的需求函数使得总贴现效用最大化。然而，每种情况都必须被单独检验，因为在一些例子中检验有可能表现出一个看上去最大但还可以改进的最大值。

十二、生产稳定的需要

给定 p 的需求函数不仅涉及到生产率 q，而且涉及到 q 的变动率 q'。这种情况会因此而引起的二元性，卢斯（Roos，1927a；1928）和埃文斯（Evans，1930），他们坚持单位时间内卖出的商品数量取决于价格的变动率，就像取决于价格本身一样。如果 p 是一个 x，q，q' 和 t 的函数，垄断者利润的最大值，或者社会价值的最大值只能够在开采过程满足一个四阶微分方程的情况下获得。

更一般地，我们假设 p 和其变动率 p'，通过 $\varphi(p, p', x, q, q', t) = 0$ 的关系式与 x，q，q' 和 t 相联系。这是一个拉格朗日问题，可以用已知方法来解决（Bliss）。进一步，一般化地假设价格、数量和它们的导数受制于需求函数的性质，这个需求函数也会涉及到既往价格和消费比率的一个或几个积分（Roos，1927b）。

资金投资于开发矿藏和与矿藏相关的产业，是生产稳定的一个来源。而"资本"这一术语，可能包含了把工人从其他地方和职业召集过来的成本，这个成本是同时针对雇佣者和工人而言的。这些工人转向其他职业是因为产量下降，这本应该被认为是社会成本的一部分。这是否会进入矿主的成本很有可能取决于工人是否在一开始就拥有充分信息和讨价还价能力，来坚持对他们转变（职业）的成本进行补偿。

固定资本投资在生产计划中起着决定性作用，这个问题可能通过引入新变量 x，x_1，x_2… 来解决，这些变量代表着所涉及的各种类型的资本投资。只要这些变量是连续的，问题就变成用常用方法来使关于 x，x_1，x_2，… 的一个积分和它们的微分最大化。联立方程

$$\frac{\partial f}{\partial x_i} - \frac{\mathrm{d}}{\mathrm{d}t} \frac{\partial f}{\partial x_i'} = 0 \quad (i = 0, 1, 2, \cdots; \; x_0 = x; \; x_i' = \mathrm{d}x_i/\mathrm{d}t)$$

对于求最大值是必要的。采矿设备折旧引起了对这种情况的思考。

在上文中考虑的情况得出的都是矿藏生产率下降的解。通过考虑固定投资和最初生产加速成本的影响，我们可以得到生产曲线，该曲线从 0 持续上升至最大值 a，然后随着资源枯竭到来，开始缓慢地下降。这种特定的生产曲线建立在统计数据上，并从冶炼型产业（如石油生产）得到的（Van Orstrand，1925）。

十三、资本增值税和开采税

对一种矿藏价格征收的额外税收，除了使矿主的部分收入转移到政府国库之

外，没有其他的效果。一个预期征收的税的每年税率为 α，并且持续可支付，这与提高利率至 α，在矿产价格和生产计划上有着同样效果。下面我们给出证明。

在 t 时刻，矿物收益 pq 必须扣除税收 $\alpha J(t)$。因此，T 时刻价值就变成

$$J(\tau) = \int_\tau^T [pq - \alpha J(t)] \exp(-\gamma(t - \tau)) dt$$

这个积分方程通过微分简化成一个微分方程：

$$J'(\tau) = -pq + \alpha J(\tau) + \gamma J(\tau)$$

通用方法可求方程解。积分中的常量可以通过条件 $J(T) = 0$ 求出。我们有：

$$J(\tau) = \int_\tau^T pq\exp(-(\alpha + \gamma)(t - \tau)) dt$$

因此 α 仅增加至 γ。

另一种特殊的税收称为"开采税"。[①] 这种税收涉及每单位开采矿物，并有助于保护自然资源。关于非耗尽商品的一般垄断理论指出，这种税收是一种垄断者和消费者之间的分割，与直线的需求函数情况相当。然而，对于可耗尽资源的供给而言，分割比例将会不同，它是随时间变化而变化的，并且供给保持不变。事实上，税收额将最终导致一个实际上比没有税收时更低的价格。

考虑直线需求函数：$p = \alpha - \beta q$，为简单起见，生产没有成本。在支付每单位开采物的税收 v 之后，净利润率将是：$(p - v)q = (\alpha - v)q - \beta q^2$。与第四部分中一样，其导数像复利一样上升：$\alpha - v - 2\beta q = \lambda \exp(\gamma T)$。因为最终 $q = 0$，并且 $t = T$，我们得到 $\alpha - v = \lambda \exp(\gamma T)$，从中消掉 λ 解出 q，$q = [1 - \exp(\gamma(t - T))](\alpha - v)/2\beta\gamma$。

资源枯竭时刻 T 通过下面方程与资源初始量相联系

$$a = \int_0^T q dt = (\gamma T + \exp(-\gamma T) - 1)(\alpha - v)/2\beta\gamma$$

由此，

$$dT = \frac{2\beta a dv}{(\alpha - v)^2 (1 - \exp(-\gamma T))}$$

这显示小额税收可能导致资源开采时间增加多少。在 t 时刻，对生产率影响是：

$$dq = \frac{\partial q}{\partial v} dv + \frac{\partial q}{\partial T} dT$$

$$= dv\{-1 + \exp(\gamma(t - T))[1 + 2\beta\gamma a/(\alpha - v)(1 - \exp(-\gamma T))]\}/2\beta$$

由需求函数形式得出结论，t 时刻价格上升为：

---

① 一种从价税。两年一次的《明尼苏达州的税收委员会报告》（1928）中有关于这种税收的大量信息和讨论。这个报告第 11 页指出，从 1927 年起，阿拉巴马州已经开始征收开采税，一吨煤 2.5 美分，一吨铁矿石 4.5 美分，对石矿产品征 3% 的税；阿肯色州对除煤矿和木材以外的所有自然资源的总值征收 2.5% 的税，煤矿为 1%，木材每 1000 板尺 7 美分。明尼达苏州对提取的铁矿石价值减去开采中的劳动力和原材料成本后征收 6%，并且在征收一般财产税时，也对矿场估计一个高于其他财产的比例。这些税收并不完全是基于对自然资源的保护，同时也是为了对州外的人征税，或者说是保护本州的自然遗产。因为美国 2/3 的铁矿石都是明尼苏达州生产的，其外部影响无疑实现了。墨西哥的石油税也是出于同样目的。明尼达苏州委员会相信，矿石勘探最终会因为高额税收而终止。

$$dp = \beta dq = dv \left\{ \frac{1}{2} - \exp(\gamma(t-T)) \left[\frac{1}{2} + \beta \gamma a / (\alpha - v)(1 - \exp(-\gamma T)) \right] \right\}$$

如果 α 很大，T 也会很大；对适当的 t 值，大括号里的表达式将无限趋近于 $1/2$，简化成垄断者有无限供给的情况。然而，dp 总是小于 $\frac{1}{2}dv$，并且当资源耗尽时，会下降并成为负数。最后，当 $t = T$ 时，买方付税条款的价格将比没有税收的最终价格低 $\beta \gamma av / (\alpha - v)(1 - \exp(-\gamma T))$，价格变得如此之高使得很少商品将会被买走。

对垄断者征税将导致他降低价格，这使人想起埃奇沃斯在对头等列车票征税上的自相矛盾，对头等车票的征税使得垄断者（和未加管制）最大利润的方针变成，除了他自己纳税之外，头等车票和三等车票都降价（Edgeworth，1897）。然而，矿藏是另外一种情形，不能通过在不同时间开采作为不同商品，从而使二者勉强相似。确实，在我们现在研究的矿产经济学的简单情况中，不同时间的需求是不相关的，市场上现在和将来的供给既不是相互补充的，也不是相互竞争的。另一方面，一种特殊类型的关联需求是埃奇沃斯现象的一个很重要的特征。

在开采税的作用下，价格最终降低和矿产生命延长，这并不是线性需求函数所独有的，任意一个斜率有限且递减的需求函数都有着相似特性。这个观点并不建立在减少税收的基础上。

这个结论在一般意义上是正确的，它得出在线性情况下，税收发生率的区分相对于不可耗尽的供给来说，对消费者更为有利。至少，它是由大量需求曲线检验得出来的。然而，这个结论看起来很难得到证明。

既然开采税推迟了资源枯竭，垄断者减少了相当大一部分的生产数量，并且最终导致了价格的真实下降，它看起来似乎是一个好税制。在当我们认为垄断者的财产缺乏公平性时，开采税会首先被想到。而且，也没有其他可行的办法可以像开采税一样可以从他财产中拿走相当大一部分。然而，在这种税制下，社会总财富可能会减少而不是增加。在第三部分中，购买者愿意支付价格 p 去购买低于市场总量的产品，考虑到这里价格 p 的积分 u，以及利息贴现率 u 的时间积分 U，我们从上面讨论的线性需求中得出：

$$u = \int_0^q (\alpha - \beta q) dq = \alpha q - \frac{1}{2} \beta q^2$$

如果考虑与消费者相关的社会福利部分，我们应该减去他们付给垄断者的那一部分 pq，这个本应从总量中减去并使政府受益的税收。但是，这些福利总和是 u，u 只有在影响到生产率 q 时，才会受到税收的影响。

简单起见，如果我们用 $\gamma = 1$ 这样一个单位来衡量时间，先前决定的生产率在本部分就变成：

$$q = (1 - \exp(t-T))(\alpha - v)/2\beta$$

将这个 q 代入表达式 u，以及 U，我们得到

$$U = \int_0^T u\exp(-t)\,\mathrm{d}t$$
$$= (\alpha - v)\left[4\alpha(1 - \exp(-T) - T\exp(-T)) - (\alpha - v)(1 - 2T\exp(-T)\right.$$
$$\left. - \exp(-2T))\right]/8\beta$$

对 U 求导，为了检验小额税收的效果，令 $v = 0$。结果简化为：

$$\frac{\partial U}{\partial v} = -(1 - \exp(-T))^2 \alpha/4\beta$$

$$\frac{\partial U}{\partial T} = \left[(T+1)\exp(-T) - \exp(-2T)\right]\alpha^2/4\beta$$

从矿产最初数量 $a = (T + \exp(-T) - 1)/2\beta$，我们得出和本部分前面一样的结果

$$\frac{\mathrm{d}T}{\mathrm{d}v} = \frac{2\beta a}{\alpha^2(1 - \exp(-\gamma T))}$$

此时 $v = 0$。把我们先前得出的 a 值代入，简化后得到：

$$\frac{\mathrm{d}U}{\mathrm{d}v} = \frac{\partial U}{\partial v} + \frac{\partial U}{\partial T}\frac{\mathrm{d}T}{\mathrm{d}v} = -\frac{\alpha}{4\beta}\frac{\exp(T) + \exp(-T) - 2 - T^2}{\exp(T) - 1}$$

最后一个分数的分子在 T 的作用下，可能会在一个 T 的正向系数的幂次序列扩大。因此，$\mathrm{d}U/\mathrm{d}v$ 是负的。

因此，对垄断资源征收的小额税收会减少总社会价值，至少当需求函数是线性时是这样的。对一般意义上的需求函数是否适用仍是一个尚待解决的问题。

我们假定税收 v 始终是固定的，且完全可预见的。因为一个不可预见的税制将会有不可预见的结果，我们可以勉强建立一个这种税收的一般理论。然而，任何纳税额以一种完全事先确定的方式去随时间改变，结果将是可预知的。在这里，存在一个有趣的问题，那就是确定税项 v 的计划，这个计划可能涉及到生产率 q 和累积产量 x，以及时间，由此当垄断者选择他的产量计划来使利润最大化时，社会价值 U 将比采用任何其他税收计划所得要大。这会在变化的微积分中，引出一个拉格朗日类型的问题，其中一个端点是变化的。令 $q = \mathrm{d}x/\mathrm{d}t$，并且

$$J = \int_0^T f(x,\ q,\ v,\ t)\ \mathrm{d}t, U = \int_0^T F(x,\ q,\ t)\ \mathrm{d}t$$

问题就是选择 v，v 要受微分关系式约束，从而使 U 达到最大值。一般来说，一个更大的 U 值是肯定能靠公有制运作才能达到，至少在理论上是这样的。

十四、矿山收入与消耗

我们不关心矿山收入额以外决定的所得税。对资源枯竭补贴的问题更让人费解。如果从土地上取走的矿藏价值属于从收入中扣除的，那么只有矿藏销售收入的矿业公司就可以完全逃避缴纳所得税。这个谬误事实可通过考察在 t 时刻矿山价值来检验：

$$J(t) = \int_0^T pq\exp(-\gamma(\tau - t))\,\mathrm{d}\tau$$

在这个积分中，不管采用怎样的生产计划，不管这个结果是来自竞争，还是来自于垄断利润最大化的渴望，还是来自其他条件，p 和 q 的值与比 t 时刻略迟的时刻 τ 有关。净收入来自于矿产销售回报（生产和销售的成本已经照常去除），减去矿山价值的减少部分。因此，从 J 的表达式（确切地说应该是 γJ）看出，它等于每单位时间 $pq + \mathrm{d}J/\mathrm{d}t$。换句话说，任何特殊的生产计划使矿山价值称为固定数，在考虑枯竭因素时，收入恰好等于那时投资的利息。

但是，矿山价值的下降率在逻辑上由枯竭和收入扣除来决定，这不是所得税的管理实践，至少在美国不是。1913 年 3 月 1 日，这种税正式开征，如果财产是在那天之前获得的，就被认为是一个基础，并与那些已经开采出来的矿产所区别。由此产生的"枯竭单位"是一个货币数量，乘以一年内开采资源的吨数、磅数或者盎司数，从而得到一年的枯竭量。总的枯竭补偿肯定不会超过原始的财产价值。

这两种计算枯竭方法的不同来自于估价的不确定性，对价格、需求、产量、成本、利息率预期的不确定性，以及剩余资源数量的不确定性。如果理论方法得到应用的话，矿山破产时的产出收入等于投资利息。这看上去反常，因为从理论上讲，所得税法规定：财产价值的增加，直至变卖财产，都不在征税范围内。可以预见，在空闲的一年中，财产价值其实一直是在增加的，因为在年初确定价值的时候，这个空闲的年份就被考虑进去了。

美国联邦所得税法 1918 年修正案规定，作为枯竭计算的定价基础，在特定环境下，可能不仅仅被认为是财产获得时或在 1913 年的价值，还被认为是在后来矿产储量发现时所取得的更高价值。在实质上，这个条款存在增加枯竭补贴，减少税收支付的效果。矿产发现时突然增加的价值很可能被认为是应税收入，但除非财产被立即出售，否则法律是不会这么认为的。法令的制定者似乎根据其语言，已经把增加的价值作为为勘探付出的努力和风险的一个奖励，这将意味着它是收入的一个种类，一个合理的立场。然而，这项修正的目的在于把这个增值作为预先存在的资本价值，它将通过矿产出售返还给所有者。这项修正案似乎是不一致的，并且对那些特别受影响的所有者过于大度了。

十五、双寡垄断市场

介于垄断和完全竞争之间，并与真实的经济世界更密切相关，就是少数竞争卖者的情况。在以前的文章中（Hotelling, 1929），讨论的是静止情况，特别提到一个容易被忽视的因素，即与买方群相关的每一个卖方的存在性，这些买者和他交易时有着一种特殊的优势，尽管其他地方价格有可能比这低。同一市场存在着多种价格的情况是可能的，并且有一种准稳定性，这种准稳定性给价格设置了一个较低的限制，如同大家熟知的垄断价格上限。

关于涉及少量企业家之间竞争的资源枯竭问题，可以在第一个例子，通过贴现利润相关积分的共同平稳值进行研究。我们不必局限在每个竞争者的单一矿产上，因为那时是为了垄断处理方便而那样做的。假设存在 m 个竞争者，并且用编号 i 来表示矿山 n_i，它们的生产率和最初储量可以用 q_{i1}，$\cdots$，q_{in_i} 和 a_{i1}，$\cdots$，a_{in_i} 来表示。需求函数在每个竞争者拥有的矿山之间以及不同公司的矿山之间是相互关联的。所以，代表贴现利润的 m 个积分 J_i 将会涉及所有 q_{ij} 的被积函数 f_i，以及累积产量 $x_{ij} = \int_0^t q_{ij}\, \mathrm{d}t$。如果第 i 个所有者希望使他的利润最大化，假定其他人的生产率是固定的，他将调整他的 n_i 的生产率，这样就得到

$$\frac{\partial f_i}{\partial x_{ij}} - \frac{\mathrm{d}}{\mathrm{d}t}\,\frac{\partial f_i}{\partial q_{ij}} = 0 \qquad (j = 1,\ 2,\ \cdots,\ n_i)$$

由静态情况类推，我们将设想其他竞争者在得知他的策略后也照样做了，改变他们的计划，遵循和上面类似的方程。当第 i 个所有者了解到改变的计划，他将反过来再调整。每个矿井的固定生产计划，最后唯一可能的均衡将由这种微分方程的集合解来决定，这些解恰好和矿井数量一样多，也与要决定的变量一样多。所有这些是对取之不竭的资源情况的一个直接概括。应该指出，这些解通常会夸大生产率，而低估竞争性矿山的价格。

这个简单例子的结果有可能受到置疑，并且当资源数量有限时，能够用来支持这些解的理由存在不足。少量卖者问题的主要困难在于，每个人都在修正自己的行为，使其与他认为其他人将做的事情相一致时，可能、也可能不考虑对他们的价格和他自己的预期行为所造成的影响。这里有一个"均衡点"，这样两个卖者均不能在他人价格不变时，通过改变他的价格来使其利润率增加。然而，当一个卖者适当提高他的价格，从而做出某种直接的牺牲，其他人将会发现他最有利的做法在于提高他自己的价格；于是，如果最初的提升不是太大的话，两家都会获得比位于"均衡"时更大的利润。但是，价格降至低于均衡的趋向不那么重要，这在上面提到的文章中有解释。

因为存在一个可耗尽的供给，因而销售额暂时减少的损失也会更小，卖方就会特别倾向于通过提高价格至理论水平之上，寄希望于他的竞争者也会提高他们的价格的尝试。因为他在等待他们这么做的时候，交易会遭受损失，在这种情况下，他不仅可以从期望使他原先的销售在将来接近一个更高的价格中获得安慰，当枯竭即将到来并且即使是理论价格也升至更高时，他一直对存货进行保存，他也可以从这个事实中得到安慰。这样，一个一般条件可能会被预期为，比相应的典型方程的解给出的价格更高，生产率更低。

对于互补品，如铁和煤，在某些方面情况正好相反。埃斯沃奇在其《关于政治经济学》一文中指出，两种互补商品被分别垄断时，对消费者来说，比两种都在同一垄断者控制下的情况更糟糕。这对要保持的均衡解作出了假设。对均衡做出

的试探性背离是为了影响其他群体，这种背离可能是这两者中的任何一个方向，或者根据需求函数的性质和其他条件，使得向以共同利益最大化为特征的低价和大额销售靠近更有利可图，或者一方努力提高价格来迫使他的竞争对手降低价格来保持销售额。当互补商品供给枯竭时，同样的不确定性就出现了。

双寡垄断由于涉及变分计算而比较困难，卢斯（Roos，1925，1927b）对此曾有论述，他发现双方各自利益获得了真正的最大值。然而，与静态情况一样，当另外一个人考虑固定时，每个人的利润都是一个最大值，因为一个竞争者的行为会影响到另外一个的行为，这个事实并没有对最后的稳定均衡做出保证。这个变分计算被卢斯和埃文斯（Roos & Evans，1930）用来处理成本和需求函数，这两个函数涉及到价格变动率和价格。我们用这种函数是为了避免确定性和简单，但是，如果他们将来被证明在矿产经济学中的重要性，上面的论述可以很容易得到延伸。他们二人并不关心对枯竭资源，并且假设在任何时间所有的竞争者都在同一价格销售。

枯竭资源除了会引起枯竭和更高价格之外，也涉及到时间，即枯竭资源会带来信息的增加，这既包括自然时间和资源条件，也包括伴随着开采和销售的经济现象。在涉及交易的论述中，比如坚果和苹果的交易，以及在对双寡垄断的论述中，时间因素经常被用来显示一个逐步走向均衡的过程，或者是一个打破均衡的过程。时间因素同样在很大程度上影响着不可再生资源开采，并与这种商品特有的长期趋向纠缠在一起。枯竭资源销售中还存在双寡垄断、讨价还价、诈骗和恐吓都会使分析变得非常错综复杂。

打破美国太平洋海岸汽油价格的周期价格战是一个很有趣的现象。在那里，几个大公司支配着石油交易。然而，在加州南部的油田，许多小公司降价出售汽油。大部分便宜的汽油不是从石油中提炼的，而是由天然气过滤得到的，而且可能会有点劣质；然而，它仍然是一种受欢迎的汽车燃料。汽油消费者的流动性使得以价格变动来逐步转变卖者对卖者需求的影响降低到了最小值。通常，加州南部以外的价格都通过五六个主要公司之间的协定保持稳定，根据与油田之间的距离，在几个大区域内部都保持固定。但是，每一两年都会发生价格战，在价格战中，价格一天天下降到一个极其低的水平，有时候几乎降低到相当于赠送汽油，当然也就低于成本。有时候，价格从一个正常价每加仑 20 到 23 美分降低到每加仑 6 或 7 美分，其中还包含了 3 美分的税。经过几星期肆意享受和最大可能的储存，和平来了，原来的高价也恢复了。有趣的事情是这些通常在加州南部开始的竞争传播得很缓慢。南部公司之间彼此竞争激烈，几周以后便是加州北部，而在俄勒冈和华盛顿的一些实例中却保持着完整的价格。这些价格战给竞争带来了不稳定性，当价格随着地点和时间变动时，会使可耗尽资源贸易更为复杂化。

参 考 文 献

1. Bliss，G. A.，*The Problem of Lagrange in the Calculus of Variations*，Unpublished.

2. Caratheodory，C.，1904：*Uber die Diskontinuirlicben Losungen in der Variation-*

srechnung, Thesis, University of Gottingen.

    3. Edgeworth, 1897: Economic Journal. , Vol. 8, No 231.

    4. Evans, G. , C. 1924: The Dynamics of Monopoly. American mathematical Monthly 31.

    5. Evans, G. C. , 1930: *Mathematical Introduction to Economics.* New York: McGraw-Hill.

    6. Forsyth, A. R. , Calculus of Variations, pp. 17 – 28. Cambridge University Press.

    7. Hotelling. H. , 1925: A General Mathematical Theory of Depreciation. *Journal of American statistics Association.*

    8. Hotelling, H. , 1929: Stability in Competition. *Economic Journal.* Vol. 39, No. 41.

    9. Ramsey, F. P. , 1928: A Mathematical Theory of Saving. *Economic Journal.* Vol. 38, No. 543.

    10. Roos, C. F. , 1925: A Mathematical Theory of Competition. *American Journal of Mathematics.* 47, 163.

    11. Roos, C. F. , 1927a: A Dynamical Theory of Economics. Journal of *Poliicalt Economy.* Vol. 35, No. 632.

    12. Roos, C. F. , 1927b. Generalized Lagrange Problems in the Calculus of Variations. Transanctions of American Mathematics Sociaty. Vol. 30, No. 360.

    13. Roos, C. F. , 1928: A Mathemational Theory of Depreciation and Replacement. *American Journal of Mathematics.* Vol. 50, No. 147.

    14. Stocking, G. W. , 1928: *The Oil Industry and the Competitive System.* New York: Houghton Mifflin.

    15. Van Orstrand, C. E. , 1925: On the Empirical Representation of Certain Production Curves. *Journal of Washington Academy of Science.* Vol. 15, No. 19.

第 1 卷第 1 辑　　　　　　　国有经济评论　　　　　　　Vol. 1　No. 1
2009 年 9 月　　　　Review of Public Sector Economics　　　September, 2009

二元产权交易研究[*]

年志远

（吉林大学中国国有经济研究中心　吉林　长春 130012）

内容摘要：二元产权是指物质资本产权与人力资本产权。企业是二元产权初次交易的契约。二元产权初次交易的特点是交易权利不平等、交易风险不对称和交易结果不公平；物质资本产权初次交易的权能是占有权、使用权和处置权，人力资本产权初次交易的权能是法权使用权、收益权和法权处置权；二元产权初次交易的成本主要有信息成本、过程成本和交易后成本。为了满足企业的生存和发展需要，二元产权还将在企业内不断再交易。二元产权再交易虽然增加了企业的生产经营成本，但却提高了企业的效率。二元产权再交易的目的是实现人力资本的高效率。二元产权再交易的对象是人力资本收益权。二元产权再交易的特点是交易权利逐渐平等、交易风险逐渐对称和交易结果逐渐公平。二元产权再交易的成本主要有再交易前成本、再交易中成本和再交易后成本。

关键词：二元产权　初次交易　再交易

一、引　　言

二元产权是指物质资本产权与人力资本产权，二元产权交易是指物质资本产权与人力资本产权交易。二元产权交易研究，首要应确定二元产权各自的权能结构。关于二元产权各自的权能结构，理论界观点不一，分歧也较大。年志远（2004）提出的观点是：物质资本产权由所有权（狭义）、占有权、使用权、收益权和处置权等权能构成，人力资本产权由所有权（狭义）、占有权、实际使用权、法权使用权、收益权、实际处置权和法权处置权等权能构成。据此，我们展开进一步的研究。

企业是物质资本与人力资本的交易契约。周其仁（1996）进一步指出，企业是物质资本产权与人力资本产权的初次交易契约，或简称为企业是二元产权初次交易的契约。企业成立后，二元产权还将进行再交易，以不断提高物质资本和人力资本的效率，满足企业的生存和发展需要。

* 本文是国家社会科学基金项目"基于二元产权经济学的劳资关系研究"（批准号 09BJL026）的阶段性成果。

年志远（1956～　　　），男，吉林大学中国国有经济研究中心教授，经济学博士，博士生导师，从事制度经济学研究。

二、二元产权交易特性

物质资本产权既可以进行完整的产权交易，也可以进行不完整的产权交易（或残缺产权交易）。完整的产权交易是指物质资本产权全部权能的交易和转移，不完整的产权交易是指物质资本产权部分权能的交易和转移。如果物质资本产权进行完整的产权交易，交易完成后，物质资本所有者将获得货币或其他财富，不再拥有物质资本产权。物质资本产权连同物质资本一同让渡转移，物质资本不再归属于原所有者，而归属于物质资本产权购买者；如果物质资本产权进行不完整的产权交易，交易完成后，物质资本的占有权、使用权和处置权等权能将让渡转移，物质资本与所有者完全分离。卖者获得货币或其他财富，暂时让渡物质资本及部分权能；买者付出货币或其他财富，暂时获得物质资本及部分权能。

同物质资本产权交易一样，人力资本产权也既可以进行完整的产权交易，也可以进行不完整的产权交易。在奴隶社会，奴隶主拥有奴隶，进而也拥有奴隶完整的人力资本产权。由于奴隶主可以任意买卖奴隶，所以奴隶的人力资本产权是可以完整交易的。交易结束后，卖者获得货币或其他财富，不再拥有人力资本产权，人力资本产权连同人力资本载体一同让渡转移，人力资本与所有者完全分离；在现代社会，人力资本产权交易不能进行完整的产权交易，只能进行不完整的产权交易，因为人力资本所有权（狭义）、占有权、实际使用权和实际处置权等权能只能依附于载体（人的身体）才能存在，不能脱离载体存在。如果强迫这四种权能交易，则载体将会失去人身自由，这是法律所不允许的。所以，参与交易让渡的只能是人力资本法权使用权、收益权和法权处置权等权能，并且不能发生人力资本转移。人力资本始终由人力资本载体控制。

由于物质资本可以与所有者分离，所以无论是完整的物质资本产权交易，还是不完整的物质资本产权交易，产权购买者的风险都较小，因为交易结束后多是一手交钱一手交货。由于人力资本不能与所有者（或载体）分离，所以无论是完整的人力资本产权交易，还是不完整的人力资本产权交易，产权购买者的风险都较大，因为在交易结束后，虽然在形式上人力资本法权使用权、收益权和法权处置权等权能已经归属于交易客体，即买方所有，但由于人力资本的占有权、实际使用权和实际处置权等权能仍然由卖方控制着，所以，有可能不被"兑现"。

三、二元产权初次交易

（一）二元产权初次交易的特点

第一，交易权力不平等。二元产权初次交易权力是不平等的。物质资本产权主体处于交易的主导地位，人力资本产权主体处于交易的从属地位。这种主从地位格局，使物质资本产权主体在交易中决定是否成交、成交价格及人力资本收益权归属。造成物质资本产权主体和人力资本产权主体权力差别的根本原因，是资本初始价值信号强弱不同。物质资本价值是显现的，初始价值信号明晰强烈，而人力资本价值则是隐藏的，初始价值信号模糊微弱。二元产权初次交易的结果，是建立企业（非高新技术企业，以下同）。

企业的建立，标志着物质资本产权主体已经控制人力资本产权主体。如果物质资本产权主体没有控制人力资本产权主体，则交易就难以达成，契约也难以签订，企业自然也就难以建立了。从非高新技术企业的生产经营管理来说，物质资本产权主体控制人力资本产权主体是比较有利的，它可以强化物质资本所有者的权威，保护物质资本所有者的利益，实现企业的既定目标。由于人力资本产权受控于物质资本产权，人力资本所有者受物质资本所有者支配，所以，其收益权也就自然被完全剥夺了。这就是为什么目前人力资本所有者难以分享到企业剩余索取权的重要原因之一。

物质资本产权对人力资本产权有两种主导形式：一是直接主导，即物质所有者直接聘任或解聘经营者，或者直接聘任或解聘生产者；二是间接主导，即物质所有者通过董事会聘任或解聘经营者，或由经营者聘任或解聘生产者。正是由于物质资本产权对人力资本产权的主导，才使企业治理结构呈现出动态性。这种动态性是企业能够生存和发展的根本保证。对于物质资本产权的主导，人力资本产权具有一定的反作用，"内部人控制"现象即是这种反作用的表现形式之一。

第二，交易风险不对称。二元产权初次交易风险是不对称的，物质资本产权交易风险大，人力资本产权交易风险小。人力资本实际使用权天然由载体控制的客观事实表明，即使二元产权初次交易实现了，人力资本的真实供给仍然存在着很大的不确定性，即人力资本产权交易主体能否履约的风险性。如果人力资本所有者不能履约，则物质资本所有者就会有较大的损失；即使人力资本所有者能够履约，但由于人力资本使用权的无形性和人力资本价值的难以测量性，其履约程度也是难以控制的。因此，仍然存在履约率的风险。另外，由于人力资本产权交易后并不能真正实现交易的权能与载体相分离，所以，成交的权能仍然由其载体"保管"，如果承载者没有"保管"好，出现"意外事故"，使权能受损，则物质资本所有者就将承担此风险。这些都表明，物质资本所有者承担的风险较大。人力资本所有者承担的风险主要是价值被贬等风险。人力资本所有者承担的风险较小。

第三，交易结果不公平。在二元产权初次交易中，由于物质资本所有者处于交易的主导地位，人力资本所有者处于交易的从属地位，所以，物质资本所有者将不公平地占有人力资本收益权。人力资本所有者应该享有的人力资本收益权被剥夺。之所以出现这样不公平的交易结果，除了有物质资本所有者处于交易的主导地位外，还有其他客观现实原因，比如，现行的法律法规没有对人力资本产权及归属进行安排，更没有提及人力资本收益权的安排。所以，在现实的二元产权初次交易中，物质资本所有者自然不会主动认可人力资本收益权及其归属，更不会主动地给人力资本所有者落实人力资本收益权。人力资本所有者应该享有的人力资本收益权被剥夺，极大地影响了人力资本所有者的积极性，限制了其人力资本的支出，降低了物质资本和人力资本的效率，浪费了社会资源，影响了企业的发展和社会经济的发展。

（二）二元产权初次交易的权能

二元产权不能进行完整的产权交易，因为完整的二元产权交易，将使物质资本所有者失去物质资本及收益权，将使人力资本所有者失去自由，所以，两者只能是以各自的若干项权能进行交易。

第一，物质资本产权初次交易的权能。物质资本产权之所以要与人力资本产权进行交易，是因为物质资本所有者期望通过交易，实现物质资本的保值和增值。一般而言，物质资本产权与人力资本产权进行交易时，要让渡物质资本的占有权，以便于人力资本作用于物质资本，使物质资本价值增值；物质资本的占有权通过交易让渡了，物质资本的使用权也就自然而然地让渡了，因为人力资本只有实际"使用"物质资本，物质资本的价值才会实现保值和增值；物质资本的使用权交易让渡了，也就交易让渡了物质资本的处置权，因为对物质资本使用的本身就是对物质资本的处置；物质资本所有权（狭义）是物质资本所有者拥有物质资本的法律凭证，不会通过交易让渡，否则，就会失去自己的物质资本；物质资本的收益权是物质资本产权交易的目的和出发点，失去了收益权，物质资本产权与人力资本产权交易就失去了意义。因此，二元产权初次交易，是物质资本所有者保留了所有权（狭义）和收益权，而把其余三项权能，即占有权、使用权和处置权等权能用于交易。初次交易的结果，是企业（如股份有限公司）诞生，占有权、使用权和处置权等权能归属于企业拥有，转化为企业经营权。

第二，人力资本产权初次交易的权能。黄乾（2000）指出，人力资本不能独立存在，只能存在于承载者的身体之中，所以，在现代社会，人力资本承载者是人力资本唯一的所有者和占有者，拥有人力资本所有权（狭义）和占有权。否则，人力资本承载者将失去人身自由。因此，在人力资本产权初次交易时，人力资本所有权（狭义）和占有权不能作为交易对象。人力资本承载者拥有人力资本所有权（狭义）和占有权，也就自然成为人力资本的唯一实际使用者，拥有人力资本实际使用权。所以，在人力资本产权交易时，人力资本实际使用权也不能作为交易对象。人力资本所有者享有的所有权（狭义）、占有权和实际使用权又派生出人力资本实际处置权，同样道理，人力资本实际处置权也不能作为交易对象。

下面，我们分析人力资本收益权、法权使用权和法权处置权能否作为交易对象。人力资本是投资的产物，这种资本投入企业后，理应获得投资回报，分享企业剩余，即享有收益权，所以，人力资本收益权是不应该作为交易对象让渡的。但是，在现阶段，受多种因素的影响和制约，在二元产权初次交易时，人力资本收益权却被物质资本所有者不公正地占有，使人力资本收益权成为交易让渡的对象；在二元产权初次交易中，人力资本法权使用权是主要的交易让渡对象。物质资本所有者之所以愿意同人力资本所有者交易的目的，就是为了获取依法支配人力资本承载者把人力资本付诸于实际使用的权力，即获取人力资本法权使用权。人力资本法权使用权是一种间接和法权上的权力，而不是具体、真实、实际使用人力资本的权力。使用这种权力是有条件的，即应遵守双方签订的合约和各项法律法规。物质资本所有者通过运用人力资本法权使用权，支配人力资本实际使用权，获得投资或交易收益。由于人力资本法权使用权只能通过人力资本实际使用权来实现，所以，人力资本实际使用权的所有者是人力资本效能发挥的决定因素。只有建立人力资本产权制度，以制度安排确认人力资本所有者拥有人力资本收益权，才能激励人力资本所有者不断提高人力资本的效能；物质资本所有者拥有了人力资本法权使用权，也就获得了人力资本法权处置权，所以，人力资本法权处置权也是可以交易的。人力资本法权处置权是法律赋予物质资本所有者依法支配人力资本承载者实际处置人力资本的权力，它也是一种支配权力，即依法支配人力资本实际处置权，或依法支配人力资本承载者处置人力资本的权力；同时，它又是一种间接和法权上的权力，而不是具体、真实、实际处置人力资本的权力。

（三）二元产权初次交易的成本

二元产权初次交易要消耗一定的资源，需要支付交易成本。交易成本主要由以下几部分构成。

第一，初次交易信息成本。初次交易信息成本包括三部分。一是搜寻成本。二元产权初次交易，需要有交易对象，但是，在现实中，由于交易双方存在着信息不对称，即双方都不知道交易对象是谁、在哪里，所以，交易双方都需要寻找对方。这就会发生一定的人财物等的消耗。二是调查了解成本。交易双方寻找到了各自的初次交易对象后，还会采取各种可能的措施去搜集对方的相关信息，并对对方的相关信息进行分析，以判断信息真伪及是否达到既定的标准或目标。三是决策成本。如果初次交易中是多方博弈，还需要对各博弈方进行综合比较分析，做出决策。如果决策失误，还要进行再决策，增加决策成本。

第二，初次交易过程成本。初次交易过程成本包括两部分：一是初次交易中发生的成本。主要包括谈判成本、协议成本、执行成本以及其他辅助保障成本等。二是初次交易偏离了一致性后所产生的不适应成本、双方矫正事后不一致性所产生的讨价还价成本、与规制结构有关的设立与运行成本以及实现可信承诺的保证成本。

第三，初次交易后成本。二元产权初次交易完成后，还会产生初次交易后成本，即威廉姆森所说的事后交易成本。事后交易成本是指契约签订后，为了解决契约本身存在的问题而改变条款或退出契约所支付的成本。卢现祥（2004）认为，它主要包括：一是当交易偏离了所要求的准则时所引起的不适应成本。比如，物质资本所有者要求企业经营者大幅度提高企业的经济效益，但是，经营者做不到；或者经营者要求物质资本所有者扩大授权，但物质资本所有者不同意。这些都会产生不适应成本。二是双方纠正事后偏离准则的行为而支付的努力成本和争论成本。比如，物质资本所有者找出各种理由，不允许经营者分享企业剩余；但是，经营者也找出各种理由强调应该分享企业剩余。于是，产生了讨价还价成本。三是建立和运作管理机构而产生的成本。为了解决契约纠纷，必须建立相应的管理机构，这必然要支付成本。另外，管理机构的运行和交易纠纷的解决，也需要支付成本。四是安全的、保证生效的抵押成本，即确保各种约定得以兑现所支付的成本。比如，交易契约的公证费即是此类成本。

四、二元产权再交易

二元产权初次交易，目的是建立企业。二元产权再交易，目的是实现资本的高效率，特别是实现人力资本的高效率。前者是前提性交易，后者是效率性交易。二元产权再交易是在企业内部进行的，这违背了科斯企业内部不存在交易的观点。科斯认为，企业内市场交易已经被取消，已由企业权威（企业家）来支配企业资源。但是，刘凡和刘允斌（2002）认为，在现实的企业运行中，企业内部二元产权交易并没有结束。在企业生产经营管理活动中，二元产权还将进行再交易，以满足企业的生存和发展需要。二元产权再交易不是再进行一次交易，而是根据企业的实际需要，不断地进行交易，直至企业的生命结束。

二元产权再交易是在两个层面上进行的：一个是在物质资本所有者与人力资本所有者之间进行的，比如，物质资本所有者与企业经营者之间的交易；另一个是在物质资本所有者的代理人——企业经营者与生产者（含一般管理者、技术人员和一线工人）之间进行的交易，比如，企业经营者与一线生产者之间的交易。

从人力资本角度来看，人力资本的价值是不断变化的，企业对人力资本的要求也是不断变化的，当人力资本的价值被低估或价值提高了，原来的交易结果对人力资本所有者就不合理，这时，人力资本所有者就会要求物质资本所有者再交易，以实现自身应有的价值；相反，如果人力资本的价值被高估或价值不能满足企业的需要，则物质资本所有者也会要求人力资本所有者再交易，以降低人力资本的价格。二元产权再交易是绝对的，二元产权交易成本是不断递增的。二元产权交易成本的不断上升看起来是增加了企业的生产经营管理成本，但却大大提高了企业生产经营管理的效率，增强了企业的盈利能力，有利于企业的发展。

（一）二元产权再交易的特点

第一，交易权力逐渐平等。二元产权初次交易时，交易权力是不平等的。物质资本所有者或其代理人处于交易的主导地位，人力资本所有者处于交易的从属地位。在企业的生产经营管理中，人力资本价值的逐渐显现和增加，使人力资本所有者的谈判力不断提升，交易权力也不断增强。所以，在二元产权再交易中，物质资本所有者或其代理人将承认人力资本所有者交易权力的增强。二元产权再交易的过程，既是人力资本所有者的交易权力不断增强的过程，也是交易权力趋向于平等的过程。在后续的生产经营管理中，人力资本的价值还会进一步显现和增加。当人力资本的价值显现和增加达到一定程度，二元产权还将进行再交易。再交易的结果，是双方的交易权力进一步趋向平等。如此下去，在某一个时间，双方的交易权力达到平等。

第二，交易风险逐渐对称。二元产权初次交易，交易风险是不对称的，前者风险大，后者风险小。二元产权再交易将使交易风险逐渐对称。首先，人力资本所有者不履约风险消除。二元产权再交易，是在企业内部进行的。企业的成立，表明人力资本所有者已经履约了，不履约风险已经消除。其次，人力资本价值风险降低。在企业生产经营管理过程中，人力资本的价值状况已经经过"实践检验"，从而使二元产权再交易有了实践依据，交易价格趋向于合理，降低了物质资本所有者面临的人力资本价值风险。最后，物质资本所有者与人力资本所有者已构成风险共同体，交易风险对称。在企业建立之前，人力资本所有者已经拥有某种专用性人力资本。进入企业之后，还会增加新的专用性人力资本，如团队精神、团队协作能力、团队人际关系或某些特定的知识和信息优势，等等。这种专用性人力资本如果退出企业，就将消失，难以发挥作用，使人力资本所有者受损。这种专用性人力资本客观上构成了人力资本所有者退出企业的障碍。当然，这种专用性人力资本退出企业，也会给企业造成较大的损失。所以，企业也不会轻易退出与人力资本的合作。这种专用性人力资本产生了"捆绑"效应。专用性人力资本越强，产生的"捆绑"效应也越强，退出给双方造成的损失也就越大。因此，二元产权再交易时，如果遇到一定的障碍，理性的双方都会退让一步，达成交易，避免两败俱伤，以实现共赢。总之，在二元产权再交易中，交易风险将逐渐对称。

第三，交易结果逐渐公平。二元产权初次交易的结果，是人力资本所有者应该享有的人力资本收益权，被物质资本所有者不公平地占有。人力资本所有者的收益权被剥夺，直接影响物质资本和人力资本的效率。为了提高物质资本和人力资本的效率，物质资本所有者和人力资本所有者都有意愿进行二元产权再交易。在二元产权再交易中，物质资本所有者将把一部分人力资本收益权归还给人力资本所有者。人力资本所有者享有了一部分人力资本收益权，就可以分享相应的企业剩余，从而调动人力资本所有者的积极性，提高物质资本和人力资本的使用效率。二元产权再交易的过程，也是二元产权交易结果不断公平的过程。随着企业生产经营管理效率的提高，二元产权还将进行再交易。再交易的结果，是人力资本所有者享有的人力资本收益权比例进一步提高，可以分享的企业剩余进一步增加，交易结果进一步趋向公平。如此下去，总会有一个时间，二元产权交易结果达到公平。

（二）二元产权再交易的权能

在企业运行中，核心是发挥资本的效率。那么，如何发挥资本的效率呢？物质资本是一种"死的"资本，在企业内部，配置物质资本只需要行政权威的命令即可以，不需要进行再次交易。而且，张建琦（2000）认为，物质资本又是"不会跑"的资本，一旦配置完毕就将服务到"生命"结束。物质资本效率的发挥主要取决于配置效率和使用效率。配置效率取决于行政权威，使用效率取决于普通人力资本所有者。一般而言，行政权威即是企业经营者，也即是高级人力资本所有者，因此，物质资本效率的发挥主要取决于人力资本的效率。人力资本是一种"活的"资本，其效率取决于人力资本收益权的归属。二元产权初次交易的结果，是物质资本所有者独占人力资本收益权，独享企业剩余。人力资本所有者失去人力资本收益权，不享有企业剩余。这种利益分配格局会引起人力资本所有者不满，因为交易双方都是独立的产权主体，都拿出了自己的一部分产权权能进行交易，所以，双方都有权分享企业剩余，享有企业剩余索取权。由于人力资本收益权或企业剩余索取权被剥夺，所以，在企业内部，人力资本所有者自然会要求再交易，以争取重新获得人力资本收益权或企业剩余索取权。

在企业中，物质资本所有者是通过人力资本所有者把"事情"办好，因此他必须充分调动人力资本所有者的积极性。为了调动人力资本所有者的积极性，充分发挥物质资本和人力资本的效率，物质资本所有者会同意人力资本所有者的要求，即与人力资本所有者进行再交易。通过不断的再交易，使人力资本收益权逐步回归给人力资本所有者，使其享有一部分企业剩余索取权，分享到一部分企业剩余，激发其提高物质资本和自身资本的效率。随着企业生产经营管理的进行，再交易将不断进行，人力资本所有者分享的企业剩余份额也将不断增加，人力资本所有者的积极性也会进一步提高，物质资本和人力资本的效率也会不断提高，直至人力资本所有者的积极性达到极限，即双方能够比较公平地分配企业剩余为止。当然，对于不同存量的人力资本，人力资本收益权的权利也应不同。这符合激励相容原理。要提高人力资本的效率，物质资本产权就必须与人力资本产权进行再交易。

二元产权再交易是绝对的，二元产权交易成本是不断递增的。人力资本的使用过程，也是人力资本产权的不断再交易过程。只要有人力资本使用，就会有人力资本产权的再交易，直至人力资本退出使用为止。再交易的次数受初次交易契约影响，初次交易契约的质量和期限，决定再交易的次数和周期。

（三）二元产权再交易的成本

二元产权再交易，也将产生交易成本。二元产权再交易成本主要由以下几部分构成：

第一，再交易前成本。再交易前成本是指二元产权初次交易后，到二元产权再次交易前所发生的成本。二元产权再交易前成本主要是搜集信息成本。二元产权再交易，需要交易双方在原来掌握的信息基础上，进一步深入广泛搜集、掌握与再交易密切相关的信息，以作为再交易的参考和依据。这些都需要消耗一定的人财物。

第二，再交易中成本。再交易中成本是指从二元产权再次交易开始，到二元产权再次交易结束所发生的成本。主要包括：一是讨价还价成本。交易双方依据搜集的信息，进行讨价还价，达成意向协议。在讨价还价过程中，双方都要付出一定的人财物消耗。二是制定契约成本。双方达成意向协议之后，就要共同起草制定交易契约。交易契约应包含交易双方的名称、交易事项、权利和义务、违约的责任、契约有效期和交易时间，等等。制定契约也要消耗必要的人财物，也要支付交易成本。三是维护再交易秩序成本。在再交易过程中，特别是在再交易谈判和再交易契约制定中，再交易双方难免发生争执和冲突，这时就需要有关部门调解和协调，进而发生成本。四是执行契约成本。签订契约以后，交易并没有结束。因为尽管签订了契约，但是如果签订的契约不能得到执行，则交易的目的还是没有实现。所以，必须采取有力措施执行契约。执行契约也需要支付成本。

第三，再交易后成本。再交易后成本是指二元产权再次交易完成以后所发生的成本。二元产权再交易完成后，还会产生再交易后成本。再交易后成本同初次交易后成本。

五、结　　论

总之，从二元产权角度再次深化企业理论研究，通过二元产权初次交易的特点是交易权利不平等、交易风险不对称和交易结果不公平，再次看到再交易所面临的障碍。其中，二元产权初次交易和再交易的成本主要有信息成本、过程成本和交易后成本。因此，如何降低初次交易和再交易方面的成本，则成为满足企业的生存和发展需要的必要条件，同时，这会使二元产权再交易权利逐渐平等、交易风险逐渐对称和交易结果逐渐公平，从而提高企业效率，最终刺激经济增长。

参 考 文 献

1. 年志远：《变异所有权与债权——也谈人力资本投资者的权利》，载《天津社会科学》2004 年第 2 期。

2. 周其仁：《市场里的企业：一个人力资本与非人力资本的特别合约》，载《经济研究》1996 年第 6 期。

3. 黄乾：《人力资本产权的概念、结构与特征》，载《经济学家》2000 年第 5 期。

4. 卢现祥：《新制度经济学》，武汉大学出版社 2004 年版。

5. 刘凡、刘允斌：《产权经济学》，湖北人民出版社 2002 年版。

6. 张建琦：《人力资本交易与国有企业的契约关系》，载《中山大学学报（社科版）》2000 年第 2 期。

7. 年志远：《论人力资本产权流动》，载《四川大学学报（哲社版)》2002 年第 5 期。

8. 牛德生：《关于企业所有权安排理论的观点述评》，载《经济学动态》1999 年第 4 期。

A Research on the Transaction of Dual Property Rights

Nian Zhiyuan

（China Center for Public Sector Economic Research，

Jilin University，Changchun Jilin　China　130012）

Abstract：The dual proeprty right is concerned with the integration of the physical and human capital rightn. Because the firm is defined as a contract of the primary transaction，hence the unequal，risk and the unfair outcome result. The primary transaction accompanies a lot of information，process and posttransaction cost，and leads to the asymmetries of appropriation，use and disposal. In order to raise the effeciency of the firm we not only the primary tansaction effeciency，but also the secont trasaction efficiency，so the transaction gradually to satisfy the equal and fair goal. At the same time the second transaction of the property right yet need be cost，mainly transaction cost.

Key Words：Dual Property Right　Primary Transaction　Second Transaction

JEL Classification：F270　F276

第 1 卷第 1 辑　　　　　　国有经济评论　　　　　　　Vol. 1　No. 1
2009 年 9 月　　　　Review of Public Sector Economics　　　September, 2009

〔国企改革〕

国有企业改制政策效果的实证分析[*]

——基于双重差分模型的估计

李　楠　乔　榛

（香港科技大学社会科学部　中国　香港九龙
黑龙江大学经济与工商管理学院　黑龙江　哈尔滨　120011）

内容摘要： 自 20 世纪末中国国有企业改革进入攻坚阶段，为此出台了一系列包括"抓大放小"、战略重组等改革政策。这些改革政策的效果如何？已经成为经济界重点讨论的命题。本文利用 1999～2006 年中国工业行业数据，通过构建双重差分模型，对国有企业改革绩效进行评估。结果发现，国有企业绩效虽仍有别于其他所有制类型的企业，但是在其经济绩效方面自 2003 年前后发生明显好转，国有企业绩效已经与非国有经济中经济绩效较好的三资企业无差异。这表明，自 1999 年以来通过抓大放小、兼并重组等一系列改革措施，国有企业整体得到改善，绩效获得了明显提高。

关键词： 国企改革　政策效果　双重差分

一、引　言

1978 年改革开放后，国有企业沿着一条渐进式的道路，先后实施了放权让利、利改税、承包制、建立现代企业制度的改革，而这些阶段性改革都离不开政府政策的推动。特别是到了 1998 年，面对国有企业经济总量不断下降，利润率持续减少，国有企业经营十分困难的局面，中央加大了国有企业改革政策强度。1999 年 9 月十五届四次会议通过的《中共中央关于国有企业改革和发展若干重大问题的决定》，围绕着国有企业战略改组、完善现代企业制度、抓大放小、减员增效、加快国有企业技

---

　* 本文感谢香港科技大学陈涛先生以及上海市社会科学院李俊先生对本研究提供的修改意见与技术支持，同时感谢黑龙江大学经济与工商管理学院的贾海霞、王璐明、李伟和孙菲菲等同学为本研究数据搜集与整理提供的帮助。
　李楠（1980～　　），男，黑龙江密山市人，香港科技大学社会科学部博士候选人，主要从事中国经济史研究。
　乔榛（1969～　　），男，内蒙古乌兰查布市人，黑龙江大学经济与工商管理学院教授，经济学博士，主要从事政治经济学研究。

进步与产业升级等问题提出了一系列新的政策。这些旨在搞活整个国有经济、提高国有企业绩效的政策效果如何？引起经济学界的关注并形成了一系列的研究成果，但是，在这些研究成果中可以看到的是有着不同观点的争论。[①]

现有大量实证研究文献对此次改革的绩效评价主要集中在国有企业改制或者民营化是否可以提高企业自身效率，以及不同所有制企业绩效有何差异等问题上。[②] 尽管这些研究对国有企业改制与企业绩效关系的研究是较为系统和翔实的，并且给出了较为信服的证据，但是这些研究仅仅强调了国有企业通过改制或者民营化以后绩效得到了提高，或者是改制后的国有企业同其他未进行民营化的国有企业相比绩效有了显著的变化，并不能回答国有企业改制政策对当下我国现存的国有经济绩效产生什么影响，国企改革政策是否是导致企业绩效变化的原因。而且特别应该注意，上述这些研究结论虽然不无道理，但夸大了产权改革对国有企业改革的作用，似乎认为只有改变企业所有制结构，才能使国有企业绩效发生较大的改观。[③] 另外，现有的研究均基于企业个体微观层面观察，忽略了行业或者部门绩效变化的情况，而对于我国国有经济整体发展来讲，行业部门的整体观察与微观个体观察相比可能更加重要。因此，基于现有研究的局限性与不足，我们采用 1999 年至 2006 年中国官方工业行业部门数据，对 1999 年以来国有企业改革政策效果进行评价，考察 1999 年以来国有企业改制政策对国有企业绩效变化的影响，并间接考察国有企业绩效变化的决定因素。

如何建立国有企业改制政策对国有企业绩效影响的因果关系的动态模型是比较困难的。因此，我们采用准实验（quasi-experiment）的双重差分（differences-in-differences）模型来对这一关系进行度量。由于我国国企改革政策仅仅对于国有企业产生影响，而对外商直接投资企业影响不大，因此，我们可以将国有企业作为国有企业改革政策影响的实验组（treatment group），而将外资企业作为参照组（control group）来进行研究，并且构造两者与时间变量的交互项来考察国有企业改制政策对国有经济行业部门的影响。通过构造双重差分模型并采用 1999～2006 年中国官方工业行业部门绩效数据分析，我们发现各行业部门中的国有经济成分的绩效水平，在 2003 年以前与外资企业之间存在较大的差异，但自 2003 年之后，随着国有

---

① 主要争议可以参见北京大学光华管理学院张维迎教授与香港中文大学郎咸平教授通过一系列媒体进行的争论，其中关于国有企业改革前者认为国有企业绩效较差必须进行改革而且只有通过国有企业民营化才可以提高企业的经济绩效，而郎咸平通过分析在香港上市的国有企业财务数据认为国有企业绩效并非不佳，目前的国有企业改制不仅将会造成国有资产流失而且民营化可能带来国有企业无效率。

② 如刘小玄（2000；2003；2004）、郝大明等分别利用 1995 年、2001 年全国工业普查数据以及 2001 年山东省第二次基本单位普查工业法人数据等横截面数据对国有企业改制与效率改进关系进行分析，分析得出国有企业绩效最低，而非国有企业绩效则不普遍较高，此外国有产权对企业有副作用，而非国有产权对企业绩效又有积极的贡献的结论。而基于面板数据的研究也基本上得到类似的结果，如胡一凡等（2005；2006a；2006b）、Song（2004）、刘小玄（2004；2005a；2005b）、陆挺和刘小玄（2005）等分别采用世界银行和中国社会科学院经济研究所企业调查数据对国有企业民营化效果以及产权结构、公司治理结构对企业绩效的分析，所有这些研究也发现民营企业绩效好于国有部门。

③ 只有通过企业民营化才能提高企业绩效的观点被称为国有企业改革唯产权论，其中梅杰森和奈特尔（Megginson & Netter，2001）、德简科夫和穆雷尔（Djankov & Murrel，2002）、余力和派瑞克（Shirley & Patrick，2000）以及严若森（2007）均有较好而全面的文献综述。

企业比重逐渐下降，企业规模不断扩大以及国有经济在一些特殊行业部门垄断地位的提升，国有经济绩效得到显著提升。

　　本文的基本结构如下：第一部分为引言；第二部分简要回顾改革开放以来我国国有企业改革的基本脉络，特别着重介绍 1999 年以来我国国有企业改革的相关方针政策及目标，并且对这一阶段我国国有企业改革的基本结果进行描述；第三部分给出模型估计方法以及数据来源，主要介绍模型构建思路及方法，并且给出度量指标；第四部分给出实证结果，讨论模型估计初步结果，并且考察 1999 年以来国有企业绩效的基本变化；第五部分将对导致这一变化的机制进行分析，着重考察国有企业抓大放小、民营化、企业规模变化以及垄断强度变化对国有企业绩效变化的影响；最后是总结。

二、国有企业改革的政策措施及企业绩效变化

（一）改革的背景及政策措施

　　国有企业改革一直是中国经济体制改革的中心环节。伴随着国有企业改革，一方面国有经济不断增强活力，另一方面非国有经济也取得日益扩大的发展空间。这种趋势成为中国经济持续快速增长的一个重要因素。国有企业改革主要是自上而下推进的，这意味着国有企业改革政策决定了国有企业改革的方向。因此，国有企业改革的具体举措反映的就是国有企业改革的政策。建立在这样一种逻辑关系上，国有企业改革政策的演进经历了三个阶段。

　　首先是以扩大企业经营自主权为目标的改革。这是针对国有企业在改革之前被统得过死、缺乏活力而实施的改革。整个过程从党的十一届三中全会开始到十四届三中全会结束，期间进行了放权让利、利改税和承包制改革。这个阶段的国有企业改革只是关注到改变国家与企业关系对于国企改革的重要意义，并且着力解决的是国有企业的经营活力问题，而怎样使国有企业成为市场主体还没有成为这个阶段国有企业改革的重要目标。

　　其次是以建立现代企业制度和国有经济的战略性调整为目标的改革。党的十四届三中全会明确了国有企业改革的方向是建立"产权清晰、权责明确、政企分开、管理科学"的现代企业制度。党的十五大又提出，要把国有企业改革同改组、改造、加强管理结合起来，要着眼于搞好整个国有经济，抓大放小，对国有企业实施战略性改组。党的十五届四中全会则进一步阐明了国有企业改革发展的基本方向、主要目标和指导方针，明确了国有经济布局战略性调整的方向。这一系列的改革政策把国有企业改革导向两个层面，一个是针对国有企业，属于大中型的国有企业自身，要建立现代企业制度，属于小型企业（包括一些中型企业）进行改组、联合、兼并、租赁、承包经营和股份合作制、出售等形式的改革。另一个是针对国有经济

范围，采取有进有退、有所为有所不为的方针，使国有经济控制的行业和领域集中在：涉及国家安全的行业、自然垄断的行业、提供重要公共产品和服务的行业以及支柱产业和高新技术产业中的重要骨干企业。其他行业和领域，国有经济可以有所收缩，通过引进其他所有制性质的经济，以提高竞争的程度，为国民经济注入更多的活力。

最后是以国有资产管理体制改革推动国有企业改革发展为目标的改革。这个阶段的改革从党的十六大开始。针对长期制约国有企业改革发展的体制性矛盾问题，党的十六大提出深化国有资产管理体制改革，建立中央政府和地方政府分别代表国家履行出资人职责，享受所有者权益，权利、义务和责任相统一，管资产和管人、管事相结合的国有资产管理体制。为了使这一体制顺利运行，国家出台了《企业国有资产监督管理暂行条例》等法规，法规明确了，在国有企业逐步实施企业负责人经营业绩考核，国有资产保值增值责任层层落实，进一步加强国有资产监管等任务。国有企业改革的这三个阶段，中心任务是使政企分开以及资产的国家所有权和企业经营权的分开。从这个意义上讲，国有企业改革真正进入深化阶段或攻坚阶段是 1997 年之后，这不仅是因为国有企业建立现代企业制度的改革在这个时间进入实施阶段，国有经济的战略性调整也明确了方向，而且还有一个重要的环境是东南亚金融危机为政府大力推动国有企业深化改革提供一个契机。基于这样的考虑，我们选择对 1999 年以后的国有企业改革政策的绩效加以实证分析。

（二）改革后国有企业绩效的变动

经过一系国有企业改革之后，国有企业在企业数量、增加值比重以及企业总产值上具有显著的变化。从规模以上不同注册类型的企业个数比重来看，国有及国有控股企业比重 37.8% 下降到 2006 年不足 10%，而国有及国有控股以外注册类型企业的比重则从 1999 年的 62.2% 上升到超过 90%，而同期"三资"企业比重则增长比较平稳，在此期间仅仅增加 3.6%，① 这一结果充分表明"国退民进"的改革方向。如表 1 所示，从工业增加值以及总产值来看，也表现出同样的变化状况。国有及国有控股企业虽然工业增加值及工业总产值从 1999 年到 2006 年的平均名义增长速度分别为 16.6% 和 17.1%，但是工业增加值和总产值的比重却在不断下降，分别从 1999 年的 48.9% 和 56.3% 下降到 2006 年的 31.2% 和 35.8%。也正因为如此，因此有些学者认为国有企业改革进入困境，公有制经济的地位受到动摇，并且批评该阶段一系列国有企业改制的政策和措施。

---

① 数据是根据历年《中国统计年鉴》计算得出。

表 1　　**不同注册类型企业增加值、总产值增长速度变化情况（1999～2006 年）**　　单位：%

年份	工业增加值增长变化				工业总产值增长变化			
	规模以上国有及非国有	国有及国有控股	除国有外注册类型	"三资"企业	规模以上国有及非国有	国有及国有控股	除国有外注册类型	"三资"企业
2000	17.80	14.0	21.50	23.80	17.8	13.6	23.20	25.60
2001	11.40	4.6	17.60	16.00	11.6	6.3	17.70	17.00
2002	16.10	8.0	22.50	19.20	16.5	8.8	24.70	20.30
2003	28.40	16.6	36.70	36.70	27.3	18.2	35.70	35.30
2004	38.40	28.4	44.50	40.00	36.0	22.1	47.20	38.20
2005	27.80	22.1	30.80	28.60	26.4	18.1	32.10	27.70
2006	25.80	18.1	29.70	25.30	26.20	19.9	29.90	24.80

资料来源：根据历年《中国统计年鉴》计算得出。

　　但是国有企业数量的下降以及国有及国有控股企业在增加值和总产值比重的下降不等于说现有国有企业绩效发生了恶化。因为改革的目标并非是集中在增加值、总产值比重或者是国有企业数量上，改革的核心目标则是企业的绩效。因此对企业绩效的检验和考察是一个关键问题。

　　由于考察企业绩效的方法较多，为了方便起见，我们仅仅考察国有及国有控股企业同代表最先进生产技术和管理经验的"三资"企业经济绩效进行一个比较。由于单一指标不能对绩效变化进行有效评估，因此这里我们分别采用工业增加值率、流动资产周转率、全员劳动生产率、产品销售率、劳均利润率以及主营业务收入六个正向指标和资产负债率一个负向指标来度量国有及国有控股企业绩效变化变化情况。我们主要利用 1999～2006 年中规模以上工业企业[①]行业数据对国有及国有控股企业与代表非国有经济的"三资"企业绩效进行 t 检验，以观察不同所有制部门在不同年份的绩效差异。其中，原假设 H_0 为国有及国有控股企业与"三资"企业绩效无差异；备择假设 H_1 为国有及国有控股企业与"三资"企业绩效存在较大差异，检验结果如表 2 所示。从全部行业部门看，除资产负债率、流动资产周转率指标外，其余指标 t 统计量均在 2003 年前后统计不显著，这表明国有及国有控股企业在 2003 年前后与"三资"企业绩效无差异，表明国有经济绩效大幅度提升，并在此形成一个转折。而资产负债率及流动资产周转率仍然有差异也在情理之中，由于中国国有企业改革仍处于开始阶段，负债率与资金使用率不可能马上得到改变。此外由于企业规模的不断扩张资产负债水平较高也是 t 统计量显著的一个原因。

　　此外，由于国有企业改革具有针对性，在行业和部门之间进行选择，因此为了

---

　　①　数据是根据历年《中国统计年鉴》计算得出。规模以上企业主要是指销售年收入在 500 万元人民币以上的企业。

表 2　　国有及国有控股行业部门与"三资"企业绩效差异统计 t 检验结果（全部行业部门）

年份	工业增加值率	资产负债率	流动资产周转率	全员劳动生产率	产品销售率	劳均利润率	劳均主营收入
1999	4. 363 *** (－)	2. 776 *** (－)	－8. 266 *** (－)	－4. 191 *** (－)	－0. 668 (＋)	－5. 203 *** (－)	－5. 086 *** (＋)
2000	3. 826 *** (－)	2. 711 *** (－)	－8. 802 *** (－)	－4. 284 *** (－)	－0. 837 (＋)	－3. 675 *** (－)	－4. 645 *** (＋)
2001	3. 502 *** (－)	4. 920 *** (－)	－8. 176 *** (－)	－1. 300 * (＋)	0. 86 (＋)	－1. 183 (＋)	－2. 154 ** (＋)
2002	3. 206 *** (－)	4. 780 *** (－)	－6. 950 *** (＋)	－1. 232 (＋)	0. 252 (＋)	－1. 149 (＋)	－1. 888 ** (＋)
2003	3. 747 *** (－)	3. 377 *** (－)	－4. 767 *** (＋)	－1. 058 (＋)	0. 925 (＋)	－1. 056 (＋)	－1. 282 (＋)
2004	N. A	3. 256 *** (－)	－3. 134 *** (－)	N. A	N. A	－1. 045 (＋)	－1. 272 (＋)
2005	1. 651 (＋)	2. 471 ** (－)	－3. 563 *** (－)	－1. 046 (＋)	－0. 867 (＋)	－1. 081 (＋)	－1. 47 (＋)
2006	0. 674 (＋)	3. 078 ** (－)	－3. 226 *** (－)	－1. 028 (＋)	0. 998 (＋)	－1. 108 (＋)	－1. 275 (＋)

　　注：原假设 H_0：国有及国有控股企业与"三资"企业绩效无差异，备择假设 H_1：国有及国有控股企业与"三资"企业绩效有差异。（－）表明拒绝原假设；（＋）表明不拒绝原假设。* 表示在 10% 水平下显著；** 表示在 5% 水平下显著；*** 表示在 1% 水平下显著。

表 3　　国有及国有控股行业部门与"三资"企业绩效差异（制造业部门）统计检验结果

年份	工业增加值率	资产负债率	流动资产周转率	全员劳动生产率	产品销售率	劳均利润率	劳均主营收入
1999	3. 551 *** (－)	6. 893 *** (－)	－8. 826 *** (－)	－4. 084 *** (－)	1. 13 (＋)	－5. 742 *** (－)	－6. 558 *** (－)
2000	4. 167 *** (－)	6. 649 *** (－)	－8. 862 *** (－)	－3. 539 *** (－)	1. 306 (＋)	－3. 621 *** (－)	－4. 655 *** (－)
2001	3. 141 *** (－)	6. 718 *** (－)	－9. 092 *** (－)	－2. 385 *** (－)	1. 191 (＋)	－4. 523 *** (－)	－3. 217 *** (－)
2002	1. 592 ** (－)	7. 018 *** (－)	－8. 114 *** (－)	－1. 580 ** (－)	2. 322 (＋)	－2. 718 ** (－)	－5. 028 *** (－)
2003	2. 445 ** (－)	3. 313 *** (－)	－4. 818 *** (＋)	－1. 136 (＋)	－0. 097 (＋)	－2. 675 *** (－)	－3. 523 *** (－)
2004	N. A	3. 349 *** (－)	－3. 038 *** (－)	N. A	N. A	－1. 703 * (－)	－2. 623 ** (－)
2005	1. 891 * (－)	4. 012 *** (－)	－4. 213 *** (－)	－0. 065 (＋)	－0. 43 (＋)	－0. 904 (＋)	－1. 415 (＋)
2006	1. 46 (＋)	4. 241 *** (－)	－3. 761 *** (－)	0. 228 (＋)	1. 057 (＋)	－0. 803 (＋)	－0. 535 (＋)

　　注：原假设 H_0：国有及国有控股企业与"三资"企业绩效无差异，备择假设 H_1：国有及国有控股企业与"三资"企业绩效有差异。（－）表明拒绝原假设；（＋）表明不拒绝原假设。* 表示在 10% 水平下显著；** 表示在 5% 水平下显著；*** 表示在 1% 水平下显著。

保证检验的稳定性，我们特别对竞争程度较为激烈的制造业部门进行单独分析，检验分析结果如表 3 所示。[①] 从表 3 可以看出，t 检验结果与表 2 基本相同，因此可以判断尽管改制过程存在选择偏差，但是通过检验结果发现这种偏差并不明显。以上仅仅通过 t 检验给出了较为初步的分析，并没有控制其他众多影响国有企业绩效的因素，因此我们需要提供更为翔实的证据来证明，国有及国有控股企业在此次国有企业改制过程中，绩效得到了显著提高、改革是较为成功的结论，接下来我们将通过构建双重差分模型作进一步的深入分析。

三、国企改革政策效果估计的方法及数据

（一）计量模型设定

在实证研究中，如何度量政策实施对经济体影响的因果动态检验是非常困难的。然而我们运用双重差分模型可以解决这一难题。如果政策的施行只对经济体中的一部分起作用，而对另一部分没有影响，我们就可以将其看作一个近似的科学实验，用来区分政策对不同经济体的影响，而两个群体之间的差异则表现出政策实施的效果。[②] 由于我国国有企业改革政策实施的对象主要为国有大中型企业，而非针对非国有经济部门。因此，中国国有企业改革过程也可以看成一个自然实验的过程，进而我们假设 y 是企业绩效的随机变量，而 $x=0$ 和 $x=1$ 分别表示国有部门（实验组）和非国有部门（参照组），那么在国有企业改革政策实施的过程中，只有作为实验组的国有企业受到影响，因此政策对于国有企业的影响应该为 $E(y \mid x=1)$，而没有受到国有企业改革政策影响非国有经济部门绩效影响为 $E(y \mid x=0)$，那么我们可以得到一个政策对不同经济体影响的因果关系，即国有企业改革政策对国有企业绩效影响的净效果为：

$$E(y \mid x=1) - E(y \mid x=0) \tag{1}$$

为了考察动态变化，这里引入时间变量。由于政策在不同时间也会产生一个差异，对照组与实验组都会随政策时间变化，因此我们也需要对他们政策前后进行比较，其中在受政策影响前的绩效为 $E(y \mid t=0)$，而政策影响后的绩效为 $E(y \mid t=1)$，政策在时间水平的影响为：

---

　　① 　重点考察制造业是因为在中国行业部门体系划分中，采掘业、水电煤气供给业中国有经济份额比重均在 40% 以上，处于绝对或相对垄断地位，而制造业中大部分部门则属于不同所有制竞争较为激烈的行业部门，因此我们在此着重考察制造业部门中国有企业与"三资"企业绩效的差异（刘小玄，2000；2008）。

　　② 　这种利用政策对两个群体影响差异来度量政策实施效果的方法被称为双重差分估计，主要被应用于政策评价、历史事件等对不经济体影响的因果关系动态检验中，关于政策评价研究参见卡德和克鲁格（Card & Kruger，1994）、杜弗罗（Duflo，2001）、李、张和朱（Li, Zhang & Zhu，2005）、周黎安和陈烨（2005）等的相关研究，而对于历史问题的应用参见陈和周（Chen & Zhou，2007）和李（Li，2008）等的研究。

$$E(y \mid t=1) - E(y \mid t=0) \tag{2}$$

但是我们更想知道在不同时间内，实验组和参照组的政策影响变化，那么可以得到在一个时间水平下，两组之间的政策净效应为：

$$[E(y \mid x=1) - E(y \mid x=0)] - [E(y \mid t=1) - E(y \mid t=0)] \tag{3}$$

这一政策净效应不仅度量了政策实施前后的效果，同时也度量出实验组与对照组之间的政策差异。

以上为本研究所采用作为主要实证研究策略的双重差分模型设计的基本思路，但是在具体应用中，我们需要对作为对照组的非国有部门进行详细考察，考察其是否独立于国有经济部门，即是否国有企业改革对非国有经济部门不产生直接的影响。然而我们并非那么幸运，因为开始自 1999 年的第三阶段国有企业改革的一个核心内容是"抓大放小"、国有企业改制，即有针对性、有选择地将一部分国有企业通过产权转让或者直接卖给私人，由国有转为民营企业。因此，从 1999 年以来，国有企业工业增加值从 48.9% 下降到 31.2%，工业总产值则从 56.3% 下降到 35.8%，而国有及国有控股企业数量占所有不同注册类型企业个数比重下降最快，从 37.8% 下降到不足 10%；而非公有经济在以上三个指标则呈现出相反的变化趋势，规模以上非国有企业数量比重超过 90%，工业增加值与总产值比重也分别达到 68.8% 和 64.2%，表现出"国退民进"的趋势（见图 1、图 2、图 3）。由此可知，非国有经济并非独立于国有部门，因此非国有经济部门并不是一个很好的对照组。

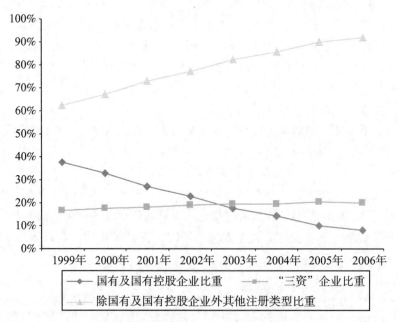

图 1　不同注册类型企业占全部规模以上企业个数比重变化（1999～2006 年）

资料来源：根据历年《中国统计年鉴》计算得出。

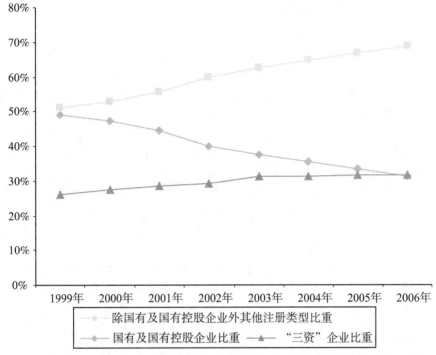

图 2　不同注册类型企业占全部规模以上企业增加值比重变化（1999～2006 年）
资料来源：根据历年《中国统计年鉴》计算得出。

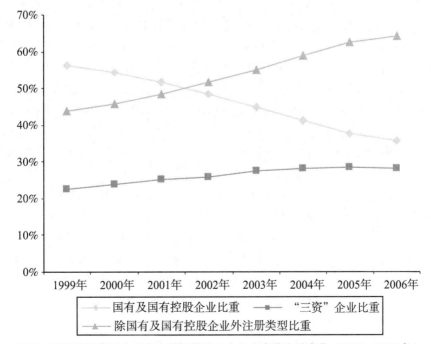

图 3　不同注册类型企业占全部规模以上企业总产值比重变化（1999～2006 年）
资料来源：根据历年《中国统计年鉴》计算得出。

但是我们同样可以发现，在推进国有企业改革的过程中，虽然国有企业和私有部门变化较为激烈，但是"三资"企业部门在此阶段变化较为平稳（如图 1、图 2、图 3 所示）。这种变化表明，虽然"三资"企业作为非公有经济的一部分，但是"三资"企业在国有企业改革过程中却作为一个与之独立的经济体存在，即"三资"企业不受国有企业改制政策的直接影响。此外"三资"企业在技术以及管理经验上往往优于其他非国有经济部门和国有经济部门，并且企业效率与其他注册类型所有制企业相比绩效较为突出（Zhang, Zhang & Zhao, 2001）。因此，"三资"企业较为适合充当我们检验国有企业改革绩效对照组的角色。

基于上面的基本思想，本研究的基本模型可以设定为：

$$y_{i,t} = \beta_0 + \beta_1 dummy_{group} + \beta_2 \sum_{t=1999}^{2006} time_t + \gamma \sum_{t=1999}^{2006} dummy_{group}$$
$$\times time_t + \sum \delta_i X_{i,t} + \varepsilon_{i,t} \tag{4}$$

其中，$y_{i,t}$ 为第 i 个部门在时间 t 的经济绩效；$dummy_{group}$ 则为组间虚拟变量，其中 $dummy_{group} = 1$ 为实验组，$dummy_{group} = 0$ 为参照组；$time$ 为时间虚拟变量；γ 为双重差分（difference-in-difference）统计量，这里度量的就是政策在参照组和实验组在不同时间的影响，用来度量国有企业改革政策的净效应影响；$\sum X$ 为一组与绩效相关可能影响经济绩效的控制变量，最后 $\varepsilon_{i,t}$ 为随机干扰项。

本研究所要考察的核心内容正是双重差分统计量表达出来的信息，如果该统计量为正且在一定统计水平下显著，则表明国有企业政策实施推动了国有部门经济绩效的提高；与之相反，如果该统计量为负，并且统计显著则表明国有部门经济绩效恶化，自 1999 年以来实施的一系列国有企业改革措施对国有部门经济绩效起到相反的作用；另外一种可能出现的情况则是该统计量在统计上不显著，这表明国有企业改革政策对国有经济部门绩效不起作用。接下来我们就将看到随着时间的变化，国有企业绩效水平如何随着国有企业改制的不断深化而发生变化。

（二）数据说明

在正式给出政策对绩效变化影响分析之前，对本研究所使用的数据来源以及主要变量进行介绍。本研究所使用的数据主要来自于 1999 年以来国家统计局出版的历年《中国统计年鉴》。在这些数据中主要包括了中国不同注册类型企业以及不同工业行业部门企业财务以及经济绩效指标。[①] 由于本研究主要考察从 1999 年至 2006 年中国政府推行的一系列有关国有企业改革措施是否对国有企业改革的绩效起到作用。因此选择什么指标反映企业绩效成为关键。在以往研究中，对企业绩效

---

① 尽管我们获得的数据包括覆盖 1999 年到 2006 年 7 年共 38 个行业部门的面板数据（panel data），但是由于我们仅仅停留在行业层面的观察，此外在国有企业改制期间，各个行业内部企业数量以及企业财务绩效指标变异性较大，因此，我们更应该将该数据视为一个跨时横截面数据的一个混合。

指标的选区主要采用企业利润率、全要素生产率、总资产收益率、绩效主观评价、销售收入、工业增加值等指标作为主要企业经济效率的度量指标。① 由于本研究所使用的数据观测层面为行业层面，因此行业内部企业经济绩效微观数据如总资产收益率和净资产收益率等不易获得。此外由于 2004 年数据中未包含工业增加值数据，故各行业工业增加值也不适合作为经济绩效的有效度量指标。因此，在本研究我们主要选择劳均营业收入作为主要行业经济绩效的度量指标，同时为了研究结果稳定性和一致性，这里我们采用劳均利润率作为行业绩效的另一个度量指标。

另外，由于企业绩效会受到一系列行业自身条件因素的影响，为了得出稳定的结果，我们需要对这些行业内部不同注册类型企业差异因素进行控制。在此我们主要控制的因素包括不同注册类型企业在不同行业部门的垄断程度、企业规模、技术水平以及不同注册类型企业在本行业企业数量比重等指标。其中关于垄断程度的度量我们主要通过构建行业垄断指数进行度量；企业规模则利用总资产规模构建企业规模指数度量；企业的技术水平则采用北京大学中国经济研究中心战略研究组（2002）开发的技术选择指数的方法构建不同注册类型企业在不同行业部门的技术选择指数，用其度量每个行业内部不同注册类型企业技术选择偏差。本研究主要变量统计描述如表 4 所示。

表4　　　　　　　　　　主要解释变量说明及统计描述

主要变量	变量说明	观察值	均值	标准差	最小值	最大值
劳均主营业务收入	劳均主营业务收入对数值	600	3.195	1.008	-3.059	7.932
劳均利润率	劳均利润率对数值	555	0.058	1.664	-6.925	7.474
注册类型	注册类型虚拟变量（1＝国有及国有控股企业；0＝港澳台及三资企业）	624	0.500	0.500	0	1
市场垄断程度指数	行业内不同注册类型企业平均拥有营业收入占全部企业平均拥有营业收入的比重	601	1.568	1.388	0.07	20.68
不同注册类型企业个数比重	同行业不同注册类型企业数量占同行业总企业数比重	601	0.229	0.207	0.002	0.988
企业规模指数	行业内不同注册类型行业平均拥有总资产额占全部企业平均拥有总资产额的比重	601	1.956	1.294	0.110	11.400
技术选择指数	技术选择指数对数值	600	-0.051	0.879	-6.259	4.235
按轻重工业划分虚拟变量	按轻重工业划分虚拟变量（1＝重工业）	624	0.487	0.500	0	1

① 如刘小玄（2000）、刘小玄、李利英（2005b）和郝大明（2006）利用技术效率作为企业效率的代理变量；而胡一凡（2005；2006）则采用工业增加值、利润、劳均利润以及销售收入多个指标作为绩效的度量指标。此外，陆挺、刘小玄（2005）在应用传统效率指标度量企业经济绩效的同时又添加绩效主观评价指标作为绩效的度量指标，为评价改制对企业绩效提供了一个新的视角。

续表

主要变量	变量说明	观察值	均值	标准差	最小值	最大值
按行业门类划分虚拟变量	按行业门类划分虚拟变量（1 = 制造业）	624	0.769	0.422	0	1
按行业门类划分虚拟变量	按行业门类划分虚拟变量（1 = 水电煤气能源供给业）	624	0.077	0.267	0	1

四、实证结果及分析

基于上一节的研究策略以及中国官方数据，我们采用近似于自然实验的双重差分模型就 1999 年以来一系列国有企业改革政策对工业行业中国有经济整体影响进行估计。估计的结果如表 5 所示。在表 5 中，模型 1 和模型 2 被解释变量为人均销售收入，我们首先采用 OLS 进行估计。从模型 1 中可以看到企业注册类型虚拟变量为 −1.091 且在 1% 概率水平下显著，这表明虽然我们通过国有企业改制等一系列改革措施，但是由于国有企业历史积累问题、内部管理以及委托代理等因素，效率仍然与"三资"企业相比具有一定的差距。然而我们观察企业注册类型虚拟变量与年度虚拟变量的交互项即双重差分解释变量时发现，所有系数为正并且自 2004 年以后，国有企业的人均销售收入显著提高并且在统计上显著（2005 年系数 = 0.665（se = 0.283）；2006 年系数 = 0.825（se = 0.283）），这表明自 2004 年以后，国有企业的人均销售收入有明显的提高，而且同"三资"企业的绩效形成了较大的差异，工业行业中的国有经济成分绩效显著提高，所有现象意味着 1999 年以来第三阶段国有企业改革对国有经济来说改革是有效的。但是遗憾的是在模型 1 中我们并没有控制可能影响模型估计结果的其他因素，因此接下来为了得到稳定的估计结果，我们控制了以下几个主要影响企业绩效的因素：

首先，是企业垄断程度，因为如果一个企业市场垄断地位越高，那么该企业对市场的控制力越强，其营业收入就可能会保持较高水平。

其次，企业的规模以及技术水平也是影响绩效的两个关键因素。一般而言，规模大的企业存在规模效应，企业的绩效会得到显著提高。同时我们也清楚地认识到，规模大的企业也会带来相应协调成本的增加，因此也会带来销售收入的减小，而对于技术水平而言，较高的技术水平往往会带来生产率的提高，生产率的提高进而增加企业绩效。

最后，不同行业部门也可能带来绩效上的差异和行业内部所有制结构的不同，通常情况重工业国有经济比重较大而轻工业较小，采掘业和水、电、煤气供给业中国有比重较高而制造业中国有企业比重较低。因此在模型 2 中我们分别控制各行业不同注册类型企业垄断程度、企业数量、平均企业规模、技术水平以及行业类型等因素，回归结果如模型 2 所示。从模型 2 中可以看到，注册类型虚拟变量仍然为负

表 5

国有企业改革整体效果参数估计及相关统计检验结果

	模型 1	模型 2	模型 3	模型 4	模型 5
双重差分估计量					
注册类型（1 = 国有及国有控股企业）	-1.091 (0.204)***	-0.476 (0.081)***	-1.562 (0.393)***	-1.345 (0.242)***	-0.866 (0.292)***
注册类型 × 年份虚拟 2000	0.053 (0.288)	0.108 (0.106)	0.087 (0.535)	0.358 (0.309)	0.386 (0.347)
注册类型 × 年份虚拟 2001	0.125 (0.287)	0.235 (0.106)**	0.191 (0.525)	0.306 (0.305)	0.456 (0.344)
注册类型 × 年份虚拟 2002	0.433 (0.288)	0.318 (0.106)***	0.217 (0.524)	0.398 (0.305)	0.287 (0.340)
注册类型 × 年份虚拟 2003	0.354 (0.283)	0.498 (0.106)***	0.295 (0.517)	0.961 (0.307)***	0.536 (0.332)*
注册类型 × 年份虚拟 2004	0.421 (0.284)	0.557 (0.107)***	0.559 (0.516)	1.309 (0.308)***	0.823 (0.328)**
注册类型 × 年份虚拟 2005	0.665 (0.283)***	0.732 (0.110)***	0.900 (0.518)**	1.704 (0.315)***	1.269 (0.330)***
注册类型 × 年份虚拟 2006	0.825 (0.283)***	0.856 (0.111)***	0.935 (0.519)**	1.712 (0.322)***	1.277 (0.333)***
年份虚拟 2000（1 = 2000 年）	0.189 (0.205)	0.160 (0.075)**	0.519 (0.351)	0.499 (0.203)**	0.366 (0.169)**
年份虚拟 2001（1 = 2001 年）	0.276 (0.204)	0.238 (0.075)***	0.674 (0.349)*	0.609 (0.202)***	0.403 (0.168)**
年份虚拟 2002（1 = 2002 年）	0.050 (0.204)	0.326 (0.075)***	0.543 (0.349)	0.954 (0.202)***	0.760 (0.167)***
年份虚拟 2003（1 = 2003 年）	0.426 (0.201)**	0.486 (0.075)***	0.952 (0.347)***	1.039 (0.203)***	0.944 (0.166)***
年份虚拟 2004（1 = 2004 年）	0.566 (0.201)***	0.700 (0.075)***	1.171 (0.345)***	1.313 (0.203)***	1.132 (0.165)***
年份虚拟 2005（1 = 2005 年）	0.642 (0.200)***	0.877 (0.077)***	1.291 (0.342)***	1.503 (0.207)***	1.212 (0.168)***
年份虚拟 2006（1 = 2006 年）	0.682 (0.200)***	1.005 (0.078)***	1.463 (0.345)***	1.791 (0.214)***	1.486 (0.172)***
控制变量					
技术选择指数		1.027 (0.018)***		1.521 (0.049)	1.498 (0.048)***
市场垄断程度指数		0.409 (0.029)***		0.502 (0.079)	0.383 (0.064)***
不同注册类型企业个数		-0.095 (0.078)		1.188 (0.219)	1.162 (0.200)***
企业规模指数		-0.606 (0.038)***		-0.697 (0.102)	-0.509 (0.082)***
按轻重工业划分虚拟变量（1 = 重工业）		-0.182 (0.032)***		-0.020 (0.087)	-0.148 (0.074)**

续表

	模型 1	模型 2	模型 3	模型 4	模型 5
按行业门类划分虚拟变量（1 = 制造业）		0.421（0.043）***		-0.372（0.118）	-0.632（0.097）***
按行业门类划分虚拟变量（1 = 水电煤气供给业）		-0.657（0.065）***		-1.796（0.184）	-1.938（0.144）***
截距项	3.198（0.144）***	2.852（0.063）***	-0.242（0.252）	-0.273（0.174）	0.131（0.149）
观测值	600	600	555	555	555
F - 统计量（Prof > F）	15.2（0.000）	248.83（0.000）	12.84（0.000）	75.7（0.000）	
Chi-square 统计量（Prof > Chi2）					(22) 783.93（0.000）
Adj. R-squared	0.262	0.901	0.243	0.747	
Pseudo R-square					0.523
Log likelihood					-357.53

注：模型 1～3 被解释变量为不同行业部门劳均营业收入的对数值；模型 4～5 被解释变量为劳均利润率的对数值；模型 1～5 估计方法为 OLS。

* 表示在 10% 水平下显著；** 表示在 5% 水平下显著；*** 表示在 1% 水平下显著。

而且统计上显著，但估计值从 -1.091 上升到 -0.476，而且标准误差也下降了 0.123。同时在添加以上控制变量进入模型后，双重差分解释变量也发生了变化，自 2001 年开始估计系数符号为正并且统计上均在 5% 概率水下平显著，这意味着自 2001 年开始各行业国有及国有控股企业绩效显著提高，并且在绩效上显著差异于技术水平普遍较高、管理经验普遍丰富的"三资"企业。这也进一步说明了党的十五届四中全会深化国有企业改革以来，国有企业改革政策效果逐步开始显现，国有企业绩效发生了巨大的变化，工业各行业中的国有经济整体绩效显著提高。

由于绩效这一概念具有一定模糊性，不能仅用单一的绩效衡量指标进行度量，因此为了得到的进一步科学稳定、一致的结果，接下来我们采用劳均利润水平替代劳均主营业务收入作为企业绩效的代理标量，同样采用模型 1 和模型 2 的估计方法，回归结果在模型 3 和模型 4 中给出。模型 3 的回归结果与模型 1 给出的度量估计结果基本一致，注册类型虚拟变量符号为负并且统计上显著，这表明国有部门在效率上确实仍然同"三资"企业存在较为明显的差异，而且双重差分解释变量估计系数表明 2004 年以后各行业国有经济部门绩效得到显著提升。而模型 4 得出的结果与模型 2 得到的结论稍微有些差异，这一次差异主要表现在双重差分变量系数从 2003 年开始显著而非 2001 年。虽然这里略有不同，但是不影响我们的基本判断，因为这种差异主要是被解释变量为劳均利润水平而非劳均主营业务收入所决定。由于利润指标往往不仅取决于产出而且取决于成本，因此会存在一定滞后。模型 3 和模型 4 进一步证明了我们前面的分析，发现统计结果稳定且一致。但是需要指出的是，由于企业利润率一部分行业在经济周期的影响下，可能出现负值，因此我们针对此情况对人均利润进行了相应的处理，如果贸然轻率地剔除那些利润率为负的行业部门，往往会导致我们的研究出现有偏的结果或者丧失观测样本。因此我们给出了 Tobit 模型估计结果，结果在模型 5 给出，回归结果发现仍然同模型 4 一致，这表明回归结果具有较强的稳健性。由此综合以上分析结果我们可以得到一个清晰的结论，即始于在国有企业改革的第三阶段，我国工业行业国有企业改革一系列政策对国有经济起到了较大的影响，尽管国有经济部门的总体绩效仍然较其他经济部门低，但是通过以上分析可以看到大致在 2003 年前后，我国工业各行业部门中的国有经济与非公有制经济中效率普遍较高的"三资"企业相比，经济绩效有了明显提高，并且在控制住其他影响企业个体差异的因素后这一结果也没有得到改变。

五、国企绩效变化的机制分析及检验

在上一部分的分析过程中，我们已经看到国有企业绩效在 2003 年前后有一个显著提高，但是这种显著的提高是如何实现的？是否如我们看到的是改革带来的结果呢？因此，我们带着这两个问题在这一部分对国有企业改革政策对企业绩效效果做进一步深入的分析。

在第三阶段即从 1999 年至目前的改革中，我国改革的主导策略是实行抓大放小、下岗分流、战略重组，以及完善现代企业制度等一系列措施。因此要回答上述两个问题，就需要对这些具体政策是否影响国有企业绩效做一分析，如果这些政策对企业绩效的提高起到促进作用，则表明目前工业经济部门国有经济绩效的显著提高是由于改革政策所带来的。相反，如果这些因素在统计上不显著，则意味着国有企业政策与企业绩效无关。由于战略重组、抓大放小等政策会对企业规模、市场垄断地位以及各个行业所有制结构产生较大影响。另外，从第四部分的分析我们也可以看到作为企业垄断程度、企业规模、不同注册类型企业比重等控制变量系数也非常显著。因此，在这里我们仍然采用双重差分模型对 1999 年至 2006 年我国不同注册类型行业企业规模、企业垄断程度以及不同注册类型企业数量比重进行分析，所不同的仅是我们将原被解释变量替换为不同注册类型企业规模指数、不同注册类型企业垄断程度指数以及不同注册类型企业占全部企业比重等变量，分析结果如表 6 所示。

在表 6 的模型 1 和模型 2 中，我们首先给出了政策对企业规模的影响，通过模型 1 我们可以看到，从 2003 年开始双重差分交互项估计系数为正并且统计上显著，这一结果可说明，通过战略重组、组建大的企业集团，国有经济实力得到加强，企业规模不断扩大，特别在 2003 年以来国有经济部门不仅与自身相比规模获得了扩大，同时与外资企业相比企业规模明显提高。此外，注册类型虚拟变量回归系数在统计上不显著，这表明在不同注册类型行业之间，企业规模无差异。最后为了获得较为稳定的估计结果，在模型 2 我们控制了不同行业的技术水平以及行业部门类型，从得到的结果看回归结果与模型 1 相比没有本质区别，结果比较稳健。

改革的主要措施之二就是要实施组建大的产业集团，加强企业之间的兼并重组，通过做大做强，达到市场上占有绝对优势的竞争和垄断地位。因此我们在模型 3 和模型 4 考察了不同注册类型企业垄断程度在 1999 年至 2006 年的变化情况。计量结果表明，在模型 3 中，我们发现注册类型系数为 - 0.780 且在 5% 统计水平上显著，这表明在注册类型上，外资企业在行业中垄断地位强于国有企业，但是从双重差分交互项来看，随着国有企业改制的不断加强，我国国有及国有控股企业垄断程度自 2003 年开始不断加强，而且从系数上看呈现出不断上升的趋势。为了得到稳定结果，我们在模型 4 添加了有技术水平以及行业部门和行业性质的控制变量后发现，统计结果依然稳定。因此，从上述结论可以看出，国有企业改制推动了国有企业垄断程度的不断上升，真正实现了掌控国家经济命脉的战略意图。

此外，为了考察"抓大放小"战略，我们在模型 5 和模型 6 考察了党的十五届四中全会改革措施对各行业不同注册类型企业比重的影响，"抓大放小"对所有

表 6　国有企业改革对国有企业部门市场垄断程度、企业规模影响的参数估计及统计检验

双重差分变量	模型 1	模型 2	模型 3	模型 4	模型 5	模型 6
注册类型（1＝国有及国有控股企业）	0.064 (0.264)	0.149 (0.257)	−0.780 (0.313)**	−0.732 (0.312)**	0.283 (0.044)***	0.266 (0.041)***
注册类型×年份虚拟 2000	0.156 (0.374)	0.160 (0.362)	0.134 (0.444)	0.124 (0.440)	−0.052 (0.063)	−0.048 (0.058)
注册类型×年份虚拟 2001	0.406 (0.373)	0.428 (0.361)	0.554 (0.443)	0.544 (0.439)	−0.096 (0.062)	−0.094 (0.058)
注册类型×年份虚拟 2002	0.398 (0.373)	0.362 (0.361)	0.118 (0.443)	0.090 (0.439)	−0.133 (0.062)**	−0.122 (0.058)**
注册类型×年份虚拟 2003	0.879 (0.368)**	0.925 (0.357)**	1.069 (0.437)**	1.066 (0.434)**	−0.223 (0.062)***	−0.225 (0.057)***
注册类型×年份虚拟 2004	0.981 (0.368)***	1.035 (0.357)***	1.249 (0.437)***	1.248 (0.434)***	−0.249 (0.062)***	−0.252 (0.057)***
注册类型×年份虚拟 2005	1.459 (0.367)***	1.516 (0.356)***	1.901 (0.436)***	1.896 (0.432)***	−0.309 (0.061)***	−0.313 (0.057)***
注册类型×年份虚拟 2006	1.895 (0.367)***	1.954 (0.356)***	2.294 (0.436)***	2.290 (0.432)***	−0.323 (0.061)***	−0.327 (0.057)***
年份虚拟 2000（1＝2000 年）	−0.033 (0.267)	−0.044 (0.258)	−0.063 (0.318)	−0.073 (0.314)	0.011 (0.045)	0.012 (0.042)
年份虚拟 2001（1＝2001 年）	−0.070 (0.266)	−0.094 (0.256)	−0.364 (0.315)	−0.371 (0.311)	0.011 (0.044)	0.015 (0.041)
年份虚拟 2002（1＝2002 年）	0.061 (0.266)	0.114 (0.257)	0.139 (0.315)	0.155 (0.312)	0.010 (0.044)	0.002 (0.041)
年份虚拟 2003（1＝2003 年）	−0.077 (0.262)	−0.105 (0.253)	−0.560 (0.311)*	−0.568 (0.307)*	0.024 (0.044)	0.029 (0.041)
年份虚拟 2004（1＝2004 年）	−0.016 (0.262)	−0.040 (0.253)	−0.621 (0.311)**	−0.628 (0.307)**	0.021 (0.044)	0.026 (0.041)

续表

	模型 1	模型 2	模型 3	模型 4	模型 5	模型 6
年份虚拟 2005（1 = 2005 年）	0.183（0.260）	0.154（0.251）	− 0.815（0.309）***	− 0.817（0.305）***	0.038（0.044）	0.043（0.040）
年份虚拟 2006（1 = 2006 年）	0.234（0.260）	0.208（0.251）	− 0.911（0.309）***	− 0.912（0.305）***	0.028（0.044）	0.033（0.040）
控制变量						
技术选择指数		0.226（0.059）***		0.069（0.072）		1.521（0.049）***
按轻重工业划分虚拟变量（1 = 重工业）		− 0.490（0.108）***		− 0.246（0.131）*		− 0.020（0.087）***
按行业门类划分虚拟变量（1 = 制造业）		0.449（0.144）***		0.377（0.175）**		− 0.372（0.118）**
按行业门类划分虚拟变量（1 = 水电煤气供给业）		− 0.288（0.210）		0.798（0.255）***		− 1.796（0.184）***
截距项	1.489（0.188）***	1.374（0.211）***	1.902（0.223）***	1.654（0.256）***	0.156（0.031）***	− 0.273（0.174）***
观测值	601	600	601	600	601	600
F – 统计量	13.77	14.17	4.09	4.34	9.22	13.13
(Prof > F)	(0.000)	(0.000)	(0.000)	(0.000)	(0.000)	(0.000)
Adj. R-squared	0.242	0.294	0.071	0.096	0.171	0.277

注：模型 1～2 被解释变量为企业规模指数；模型 3～4 被解释变量为市场垄断程度指数；模型 5～6 被解释变量为不同注册类型企业个数；模型 1～6 估计方法为 OLS。* 表示在 10% 水平下显著；** 表示在 5% 水平下显著；*** 表示在 1% 水平下显著。括号内为标准误差。

制比重的改变我们这里用不同注册类型企业占总行业企业数量比重来度量。从模型5我们可以看到，尽管注册类型系数表明，国有及国有控股企业在数量上与外商投资及港澳台企业相比，仍然具有一定优势，但是我们发现随着时间的变化，国有及国有控股企业的数量在不断地减少，而且自 2002 年开始国有及国有控股企业占全部企业数量比重开始逐步下降，而且同其他所有制类型的企业相比也呈现下降特征。在模型 6 我们控制了技术选择指数以及行业部门和轻重工业，我们发现这一结果仍然比较稳定。

由此可见，随着国有企业改革政策的实施，特别是兼并重组、抓大放小，使原本经营效益差、历史包袱沉重的企业进行股权改革或者民营化，使国有企业在数量上不断缩小，国有企业战线不断紧缩，企业规模不断扩大，垄断地位不断上升。因此我们接下来衡量这些措施对国有及国有控股企业绩效变化的影响，估计模型的退化形式为：

$$y = \beta + \alpha D_{group} + \gamma T_{time} + \lambda C_{character} + \gamma D_{group} \times T_{time} \times C_{character} + \delta X + \varepsilon \qquad (5)$$

其中，y 为不同注册类型企业在不同时间的绩效向量；D_{group} 则为组间虚拟变量向量（$D_{group} = 1$ 为试验组代表国有及国有控股经济部门，$D_{group} = 0$ 为控制组即港澳台及外资企业部门）；T 为时间虚拟变量向量；$C_{character}$ 是一组关于企业政策效果的向量；γ 为双重差分统计量，这里度量的就是政策效果在控制组和实验组在不同时间的影响，用来度量国有企业改革政策的净效应影响；X 为一组与绩效相关可能影响经济绩效的控制变量向量，最后 $\varepsilon_{i,t}$ 为随机干扰项。分析结果如表 7 所示。

模型 1、2、3 的被解释变量为劳均主营业务收入，从回归的结果上看，国有企业的企业规模对绩效起到积极促进作用，并且看到从 2001 年开始，国有企业的企业规模逐渐加强与"三资"企业的企业规模形成鲜明对比，整体规模的扩大促进了国有及国有控股企业绩效的提高。类似地，我们在模型 2 给出了不同注册类型企业垄断程度年度变化对企业绩效的影响，从回归结果看，国有企业的垄断程度也在不断加强，并且 2001 年开始对国有及国有控股企业的绩效形成较为显著的影响。双重差分统计量表明，国有企业垄断程度的提高，有效地促进了国有企业绩效的增加，但是也要看到，注册类型虚拟变量系数为 - 0.367 且在 1% 统计水平上显著，这表明，尽管垄断带来了绩效的提高，但是国有企业仍然与"三资"企业具有一定的差距。最后在模型 3 我们给出了企业数量变化对企业绩效影响的检验结果。在控制了一系列因素后，回归结果表明，国有企业数量直至 2003 年开始对企业绩效有显著的影响，发现从 2003 年开始，随着国有企业实行抓大放小，收缩国有部门产业战线，将国有企业从竞争性行业退出，实现缩小国有经济负担，增强了国有经济在其行业中的经济绩效，其系数均为正并且统计显著，因此，可以判断其对国有企业绩效提高起到重要影响。最后为了给出稳定的统计检验结果，我们将被解释变量换为劳均利润水平，然后分别对企业规模、垄断程度以及不同注册类型企业在同行业中数量的比重进行稳定性检验，从模型 4 至模型 6 中我们可以看到与模型 1 至模型 3 一致的结果。这表明先前分析是具有较强稳定性的，的确在这近 8 年的国有

表 7　国有企业改革对企业规模、市场垄断程度影响的参数估计及统计检验结果

	模型 1	模型 2	模型 3	模型 4	模型 5	模型 6
双重差分解释变量						
注册类型（1＝国有及国有控股企业）	−0.109 (0.062)*	−0.367 (0.055)***	−0.196 (0.048)***	−0.037 (0.145)	−0.547 (0.134)***	−0.920 (0.112)***
不同注册类型企业规模指数×年份虚拟 2000	0.092 (0.071)			0.348 (0.179)*		
不同注册类型企业规模指数×年份虚拟 2001	0.177 (0.068)***			0.328 (0.166)**		
不同注册类型企业规模指数×年份虚拟 2002	0.211 (0.065)***			0.386 (0.159)**		
不同注册类型企业规模指数×年份虚拟 2003	0.318 (0.062)***			0.687 (0.153)***		
不同注册类型企业规模指数×年份虚拟 2004	0.357 (0.062)***			0.844 (0.151)***		
不同注册类型企业规模指数×年份虚拟 2005	0.405 (0.060)***			0.910 (0.148)***		
不同注册类型企业规模指数×年份虚拟 2006	0.426 (0.059)***			0.892 (0.147)***		
不同注册类型企业垄断程度指数×年份虚拟 2000		0.113 (0.093)			0.354 (0.238)	

续表

	模型 1	模型 2	模型 3	模型 4	模型 5	模型 6
不同注册类型企业垄断程度指数×年份虚拟 2001		0.176 (0.089)**			0.238 (0.223)	
不同注册类型企业垄断程度指数×年份虚拟 2002		0.259 (0.086)***			0.304 (0.209)	
不同注册类型企业垄断程度指数×年份虚拟 2003		0.307 (0.081)***			0.623 (0.199)***	
不同注册类型企业垄断程度指数×年份虚拟 2004		0.345 (0.080)***			0.775 (0.195)***	
不同注册类型企业垄断程度指数×年份虚拟 2005		0.375 (0.077)***			0.799 (0.192)***	
不同注册类型企业垄断程度指数×年份虚拟 2006		0.399 (0.076)***			0.766 (0.189)***	
不同注册类型企业个数×年份虚拟 2000			0.201 (0.259)			−0.166 (0.632)
不同注册类型企业个数×年份虚拟 2001			0.358 (0.265)			0.005 (0.643)
不同注册类型企业个数×年份虚拟 2002			0.138 (0.271)			0.258 (0.682)

续表

	模型 1	模型 2	模型 3	模型 4	模型 5	模型 6
不同注册类型企业个数×年份虚拟 2003			0.821 (0.298)***			1.479 (0.747)**
不同注册类型企业个数×年份虚拟 2004			0.936 (0.310)***			1.889 (0.784)**
不同注册类型企业个数×年份虚拟 2005			1.371 (0.331)***			2.642 (0.849)***
不同注册类型企业个数×年份虚拟 2006			1.477 (0.345)***			2.723 (0.896)***
控制变量						
控制变量包括技术选择指数、行业虚拟变量、年份虚拟变量等	略	略	略	略	略	略
截距项	2.863 (0.074)***	2.827 (0.073)***	2.808 (0.076)***	0.095 (0.176)	-0.002 (0.178)	-0.296 (0.181)
观测值	600	600	600	555	555	555
F-统计量	165.84	161.57	149.56	68.78	63.64	62.97
(Prof>F)	(0.000)	(0.000)	(0.000)	(0.000)	(0.000)	(0.000)
Adj. R-squared	0.846	0.842	0.832	0.709	0.693	0.691

注：模型 1～3 被解释变量为不同注册类型不同行业部门劳均营业收入的对数值；模型 4～6 被解释变量为劳均利润率的对数值；模型 1～6 估计方法为 OLS。* 表示在 10% 水平下显著；** 表示在 5% 水平下显著；*** 表示在 1% 水平下显著。括号内为标准误差。

企业改制过程中，企业垄断性的提高、企业战线的收缩、企业规模的扩大促进了我国国有经济在不同行业中的表现，使其绩效得到明显提高，因此可以说是成功的。

六、结　　论

中国国有企业改革是中国经济体制改革的重要组成部分，而从 1999 年以来的国有企业改制则又是国有企业改革具有里程碑意义的一个发展阶段。这次改制决定了现有我国国有经济的战略格局以及产权的分布特征与结构。因此对此次改革成功与否的认识也相当关键和重要。本文则采用政策评估分析中的双重差分模型结合1999 年至 2006 年我国工业行业财务数据，对始于 1999 年第三阶段国有企业改革政策的政策效果进行评估。研究结果表明：

第一，通过我国国有企业改革第三阶段的一系列相关政策措施，在抓大放小、组建企业战略集团，以及国有企业在竞争性领域退出民营化等措施的影响下，国有经济虽然在行业中的比重有所下降，但规模不断扩大、垄断地位不断上升，在这些政策效果的推动下我国国有经济在工业行业整体绩效的提高。特别是在 2003 年以后，改革政策效果完全体现，我国国有企业绩效得到明显提高，这表明这一阶段我国国有企业改革出台的一系列政策对国有企业绩效的提高是有明显作用的、成功的。

第二，但也要注意到，国有企业与民营经济、外资企业在绩效上仍然存在一定差距，特别是在资产负债率以及流动资产周转率上仍然没有缩小其差距，而这些表明我国国有企业改革并非一日之功，仍需在今后的发展过程中逐渐提高，完善发展，提高自身竞争力，使其绩效获得全面提高。

第三，通过本文的分析，我们深刻体会到国有企业改革并非只有采取国有企业民营化这唯一途径才能实现我国国有企业的摆脱困境实现其绩效的提高，虽然民营化可以在一定程度上改变国有企业产权结构和行业布局，但是国有企业行业的垄断优势以及规模优势同样也可以带来其绩效的提高。但对于这些问题的分析，本文仅仅可以看到这些初步的现象，这些问题的具体分析论证则需要在以后的研究中得以深入的探讨。

参 考 文 献

1. 郝大明：《国有企业公司制改革效率的实证分析》，载《经济研究》2006 年第 7 期。

2. 胡一凡、宋敏、张俊喜：《竞争、产权、公司治理三大理论的相对重要性及交互关系》，载《经济研究》2005 年第 9 期。

3. 胡一凡、宋敏、张俊喜：《中国国有企业民营化绩效研究》，载《经济研究》2006 年第 7 期。

4. 胡一凡、宋敏、郑红亮：《所有制结构改革对中国企业绩效的影响》载《中国社会科学》2006 年第 4 期。

5. 林毅夫、刘明兴、章奇、刘培林：《关于技术选择指数的测量与计算》，北京大学中国经济研究中心，2006 年讨论稿 No. C2002003。

6. 刘小玄：《中国工业企业的所有制结构对效率差异的影响——1995 年全国工业企业普查数据的实证分析》，载《经济研究》2000 年第 2 期。

7. 刘小玄：《中国转型经济中的产权结构和市场结构——产业绩效水平的决定因素》，载《经济研究》2003 年第 1 期。

8. 刘小玄：《民营化改制对中国产业效率的效果分析——2001 年全国工业普查数据的分析》，载《经济研究》2004 年第 8 期。

9. 刘小玄、李利英：《企业产权变革的效率分析》，载《中国社会科学》2005 年第 2 期。

10. 刘小玄、李利英：《改制对企业绩效影响的实证分析》，载《中国工业经济》2005 年第 3 期。

11. 刘小玄：《奠定中国市场经济的微观基础——企业革命 30 年》，格致出版社、上海人民出版社 2008 年版。

12. 陆挺、刘小玄：《企业改制模式和改制绩效——基于企业数据调查的经验分析》，载《经济研究》2005 年第 6 期。

13. 宋立刚、姚洋：《改制对企业绩效的影响》，载《中国社会科学》2005 年第 2 期。

14. 严若明：《经济转轨时期国有企业民营化研究评述》，载《经济社会体制比较》2007 年第 3 期。

15. 周黎安、陈烨：《中国农村税费改革的政策效果：基于双重差分模型的估计》，载《经济研究》2005 年第 8 期。

16. Card, David and Krueger, A. B. , 1994: Minimum Wages and Employment: A Case Study of the Fast-Food Industry in New Jersey and Pennsylvania, *American Economic Review*, Vol. 84, No. 4.

17. Chen, Yuyu, Zhou, Lian, 2007: The Long-term Health and Economic Consequences of the 1959 – 1961 Famine in China, *Journal of Health Economics* Vol. 26, No. 3.

18. Djankov, Simion and Peter Murrell, 2002: Enterprise Restructuring in Transition: A Quantitative Survey, *Journal of Economic Literature*, Vol. 40, No. 3.

19. Duflo, E. , 2001: Schooling and Labor Market Consequences of School Construction in Indonesia: Evidence From and Unusual Policy Experiment", *American Economic Review*, Vol. 91, No. 4.

20. Li, Hongbin, Zhang, Junsen, and Zhuyi, 2005: The Effect of the One-Child Policy on Fertility in China: Identification Based on the Differences-in-Differences,

Working Paper, Department of Economics, The Chinese University of Hong Kong.

21. Li, Nan, 2008: Commercialization, Migration, and Social Mobility in China: The Case of Manchuria in the 1930s, *Working Paper*, The Hong Kong University of Science and Technology.

22. Megginson, William and Jeffry Netter, 2001: From State to Market: A Survey of Empirical Studies on Privatization, *Journal of Economic Literature*, Vol. 39, No. 2.

23. Shirley, Marry and Patrick Walsh, 2000: Public vs. Private Ownership: the Current Debate, *Working Paper*, World Bank.

24. Zhang, Anming, Zhang, Yimin, and Zhao, Ronald. 2001: Impact of Ownership and Competition on the Productivity of Chinese Enterprise, *Journal of Comparative Economics*, Vol. 29, No. 3.

The Evaluation of the Performance of SOE's Reform Policy—An Analysis Based on Differences-in-Differences Method

Li Nan　Qiao Zhen

(Hong Kong University of Science and Technology Jiulong Hongkong　China
School of Economics and Administration　Heilongjiang
University　Haerbin Heilongjiang　China　120011)

Abstract: The paper is to investigate the policy effect, including the large and small firm, and strategic restructuring and so on. Here we make use of the 1999 – 2006 industrial data by means of the difference-in-differences model in order to evaluate the state owned enterprise reform performance. We found that from 2003 state owned and nonstate owned firm is difference, hence we draw an conclusion that our policy is so important.

Key Words: State Owned Enterprise Reform　Policy Effect　Difference-in-Difference

JEL Classification: F270　F27

第 1 卷第 1 辑　　　　　　　国有经济评论　　　　　　　　Vol. 1　No. 1
2009 年 9 月　　　　　Review of Public Sector Economics　　　September, 2009

〔管制经济〕

保险行业市场竞争与反垄断研究[*]

——论为什么保险行业提高保费是可实施的？

唐要家

（浙江财经学院经贸学院　　浙江　杭州　310018）

内容摘要：本文通过对浙江保险行业协会集体提高租赁车保费案例的分析，发现保险行业协会价格合谋可实施的原因是行政性进入和退出限制下的高寡头垄断市场结构、政企不分的保险业监管体制和职责定位不科学的行业协会体制。反行业协会的价格合谋行为，不仅需要保证《反垄断法》的普遍适用性，还需要通过体制改革实现政企分开和行业协会的角色转换。

关键词：保险行业协会　价格合谋　反垄断

一、问题的提出

价格竞争是市场机制的核心，消除价格竞争的行为应该受到严格禁止。企业之间价格合谋通过消除价格竞争和提高价格来获取垄断利润，会对市场竞争和社会福利造成伤害，因此成为各国反垄断法打击的重点。从美国和欧盟等国家和地区的反垄断执法实践来看，行业协会是企业之间价格合谋的最重要机制。美国学者黑尔和凯勒（Hay & Kelley，1974）的实证分析发现，在美国司法部查处的价格合谋案件中，总计有 29% 的案件涉及到行业协会；弗拉斯和格里尔（Fraas & Greer，1977）则发现在美国反垄断机构查处的所有价格合谋案件中，有 36% 的案件涉及到行业协会。

2007 年以来，行业协会价格合谋推动商品物价非正常上涨的案件屡屡出现，典型的如国家发改委认定的"世界拉面协会中国分会"的方便面联合涨价行为等。因此，反行业协会价格合谋是防止价格扭曲和维护有效竞争市场体制的重要问题，

---

　　[*] 本文是国家社会科学基金项目"反价格合谋的激励性执法政策研究"（批准号 08BJY095）和教育部人文社科重点研究基地重大项目"维持转售价格问题研究"（批准号 07JJD630017）的阶段性成果。

　　唐要家（1971～　　），男，辽宁瓦房店人，浙江财经学院经贸学院副教授，经济学博士，从事产业与管制经济学研究。

也是中国反垄断执法的重要问题。在美国等市场体制较完善和反垄断法律制度健全的国家，由于市场的作用或反垄断法的严厉惩罚措施，行业协会的价格合谋往往是不可维持的，行业协会参与价格合谋的案例越来越少。在转轨经济的中国，由于体制的原因，行业协会组织价格合谋的现象非常普遍。中国行业协会价格合谋的反垄断执法需要深入分析其独特的合谋维持机制和实施机制，并基于此采取有效的反垄断政策。近年来，中国保险行业成为垄断行为多发的领域，本文通过浙江保险行业协会集体提高汽车保险费率案来对此进行探讨。

二、案 例 背 景

（一）研究背景

2007 年 8 月 6 日，浙江元通汽车租赁有限公司、浙江国信汽车租赁有限公司、杭州大众汽车租赁有限公司等 112 家省内汽车租赁企业联名向中国保险监督管理委员会浙江监管局和浙江省保险行业协会提交了《关于租赁车辆依法应按非营业用车投保的报告》（以下简称《报告》），强烈要求制止浙江省保险行业协会对租赁车组织实施的价格违法行为。这份联名报告中所指的价格违法行为，直指保险协会通过对租赁车辆的使用性质进行不合理的界定，将租赁车定性为营运车（营运车和非营运车的保费至少相差一倍以上），以行业自律公约的名义，强制各保险公司统一抬高租赁车辆的保险费率。以一辆车价为 10 万元的租赁车为例，如按自备车投保，基本险种（车损险、第三者险、驾乘人员险、不计免赔险、交强险等五个险种）保费约 3000元，如按营运车投保基本保费在 6000 ~ 7000 元之间，两者价格相差一倍以上。

这场争议的导火线是 2006 年 7 月 1 日实施交强险时点燃的。在实施该制度时，中国保险行业协会把出租车和租赁车都列入了营运车范畴，浙江省保险协会根据这一规定出台了《浙江省机动车辆保险行业自律公约实施细则》，对租赁车辆的使用性质进行了界定。根据浙江省保险行业协会制定的《实施细则》，要求省内所有机动车辆保险公司对租赁车辆统一执行"营业出租租赁"客车费率，就连租赁企业的自备用车或以长期租赁、以租代购形式出租的车辆都未排除在外。根据对杭州市五大租赁公司统计，租赁车辆中长期租赁或以租代购的比例占 60% ~ 70%。《实施细则》的出台，在汽车租赁业引起了极大的反响，一些车主为了降低营运成本，将租赁公司的车辆过户到个人名下或者重新设立公司等。杭州、温州等地的租赁公司则是另起炉灶，重新注册公司，挂起了"汽车服务公司"、"汽车销售公司"的牌子。然而，一些租赁公司的老客户发现，无论是那些已经过户到个人名下的自备车，还是改头换面去掉了"租赁"字眼的公司，做的还是老业务——汽车租赁。这种种努力只有一个目的，就是改变租赁车的身份，以便省下一大笔保险成本。浙江省汽车租赁协会会长冯瑞林说，"钱是省下了一笔，但却埋下了更大的风险隐患。一旦发生大事故，如果车辆已挂到个人名下的话，经营者就要承担无限责任，后果严重的可能会因此倾家荡产，而且保险公司还可以说你隐瞒使用性质，不予理赔"。

（二）双方争论的焦点

浙江省汽车租赁协会认为，根据 2004 年 4 月国务院颁发的《中华人民共和国道路运输条例》，道路客运不包括汽车租赁；2005 年 9 月浙江省人大常委会颁布的《浙江省道路运输管理条例》中，也同样没有将汽车租赁列入道路运输范围；2006 年 5 月，浙江省交通厅道路运输管理局也曾发文明确，对汽车租赁经营不再实施道路运输行业管理，相应取消租赁车辆的道路运输证等。因此，这 112 家汽车租赁企业认为，保险协会强制保险公司对租赁车辆执行营业出租租赁客（货）车费率，是与现行法律法规相抵触的。保险协会组织各保险公司强制租赁车辆按营业用车的费率投保的行为，涉嫌形成价格同盟。

保险协会认为，间接或直接收取运费的车都是营业用车。中国保险监督管理委员会浙江监管局财产保险监督处负责人指出，保险行业目前是按照中国保险行业协会的车辆性质鉴定标准来操作的，区分营业用车与非营业用车的标准主要是看行驶证的使用性质。但租赁车辆是否算营业用车，主要是看它有没有在盈利，而我们一般认为，只要车租出去了，就是在盈利。浙江省保险协会指出，保险条款中的费率是由保监会制定的，一般是按照风险程度划分费率等级，租赁车辆是风险较高的一种。一般来说，直接或间接收取运费的车辆都认定为营业车辆。租赁车辆收取租金等费用，等于间接收取运费，因此，各家保险公司的总公司以及中国保险行业协会都统一将租赁车辆划为营业车辆。浙江省保险协会认为，"《浙江省机动车保险行业自律公约》将租赁车统一执行'营业出租租赁'客车费率，是根据中保协及各保险公司总公司有关规定制定的，是对全国统一规定的重申和强调，也是为了避免保险公司之间通过变更车辆使用性质而引发恶性竞争。目前，浙江省各保险公司均按照此规定操作，绝对没有强制涨价、操纵价格的嫌疑。"由于反垄断执法体制原因，目前该案没有结果。

三、合谋的脆弱性及成功合谋的影响因素

在充分竞争的市场上，单个企业的价格涨价行为并不会为自己带来益处。在没有法律限制的情况下，竞争性企业都希望联合起来消除彼此之间的竞争，并通过限制产出来提高价格以获得更多的利润。尽管合谋是符合集体利益最大化的，但是卡特尔本身是不完善的，如难以达成协议、难以有效执行协议、各个企业都有背叛的激励等，从而产生合谋的"囚犯困境"问题。卡特尔的不稳定性说明，在很多情

况下，卡特尔本身通常难以产生像一个垄断者那样的伤害竞争的结果，斯蒂格勒（Stigler，1964）认为，"卡特尔本身就带有不稳定的种子"。

　　后芝加哥学派运用超级博弈理论分析指出，在无限次重复博弈的情况下，只要参与各方具有足够的耐心，企业间的默契合谋是可以达到的。[①] 在超级博弈中，因为这时每个参与者都面临下列可能性，即它眼下这一回合的不合作会导致对手下一个回合的不合作。每个参与者都可以通过放弃自己的合作有效地惩罚对手的不合作，用自己的合作来回报对手的合作。当双方相互合作的利益超过相互不合作的利益时，就有了建立和维持一种相互合作局面的激励。假设市场当中有几个企业，它们生产无差别的产品，并具有相同的单位变动成本 c。在合谋的情况下，单个企业的每期利润为 π^c。在合谋价格的情况下，一个企业偏离合谋价格将会占领整个市场，获得垄断利润 π^m，但是这会在以后的时期引起激烈的价格战，进入惩罚时期，使价格回到竞争性价格水平，此后企业每期的利润为古诺均衡利润 π^p。成功的企业之间合谋需要满足的激励条件是，每个企业合作的长期预期收益大于非合作的长期预期收益（Motta，2004）。

　　假设贴现因子为 $\delta = \dfrac{1}{1+r}$，其中 r 为利率。在合谋情况下，企业合谋的预期收益为：$\dfrac{1}{1-\delta}\pi^c$。在背叛情况下，企业的预期收益为 $\pi^m + \dfrac{\delta}{1-\delta}\pi^p$。价格合谋的激励约束的条件是，降价的预期收益低于合作的预期收益，即 $\dfrac{1}{1-\delta}\pi^c \geqslant \pi^m + \dfrac{\delta}{1-\delta}\pi^p$。对上式进行整理得：$\delta \geqslant \dfrac{\pi^m - \pi^c}{\pi^m - \pi^p}$，将贴现因子代入则可得：$r \leqslant \dfrac{\pi^c - \pi^p}{\pi^m - \pi^c}$。这一结果显示，在贴现因子足够大的情况下，合谋是可以维持的。如果贴现因子充分接近1，各种报复行为将支持非合作合谋。这里合谋完全是通过一个不合作的机制来实现的。同时上面的结果还显示，合谋的维持取决于背叛时的短期收益和惩罚期的短期收益之间的比较。如果惩罚期的利润较低则合谋激励条件更可能成立，这说明在竞争更为激烈的情况下，惩罚更为严厉，则合谋可能会较稳定。这说明在竞争市场中，合谋的维持还得求助于激烈的市场竞争。

　　在竞争市场上，企业之间动态合谋的惩罚机制主要是采取触发策略和针锋相对策略。首先，按照弗里德曼（Friedman，1971）的定义，触发策略定义为下述的超级博弈：只要所有其他参与者都采取联合利润最大化产出，则一个参与者将采用其已采用的合作性策略。如果其他企业背离，则在其后的时期该企业将永远采取不合作行为。触发策略也被称为"冷酷战略"，因为任何参与人的一次性不合作将触发永远的不合作。其次，针锋相对策略则具有"大棒 + 胡萝卜"的特点，也就是当一个企业背叛后，其他企业会扩大产出进行惩罚，直到背叛企业重新回到合作的产量（Abreu，1986）。动态意义上的合谋稳定性取决于一个企业失去的未来利润的现值是否超过通

---

　　① 这实际上就是无名氏定理的内容。

过产量扩张而获得的短期利润的现值，即当合谋的预期收益大于背叛的预期收益时，合谋才是可维持的。但是后芝加哥学派对合谋的理论过于完美，以至于不需要其他机制，价格战本身就足以实现合谋的结果。但是这一点是非常不现实的，因此这被泰勒尔（1997）称为"富有的窘境"。相对于企业来说，这两种策略都是代价高昂的，价格战可能会对各方造成巨大的损失，尤其是在信息不对称、市场不确定和缺乏有效沟通机制的情况下，企业之间往往很难寻找到"聚焦点"（Focal Point）[①]，以惩罚对手为目的的价格战可能演变为市场竞争的常态。在竞争性市场当中，竞争既可能促进合谋，也可能毁灭合谋；合谋只能在激烈的竞争中实现，企业之间的合谋只能靠激烈的价格竞争来加以维持。因此，合谋具有内在的价格竞争性和脆弱性。

成功的企业之间价格合谋需要解决三个基本的问题：第一，企业之间必须能够达成一个协议，这要求合谋对单个企业是有利可图的，彼此相互依赖的企业只有在合谋的收益大于单独行动的收益时，企业才会有激励合作；第二，卡特尔协议签订后，当价格高于竞争水平之上的时候，单个企业通常有激励背叛合谋协议，因此必须有及时发现背叛行为的方法；第三，一旦背叛行为被发现后，它必须受到严厉的惩罚，这要求合谋必须具有可信的惩罚机制。因此，只有在一个企业知道背叛合谋合约将很快被发现并且受到严厉的惩罚时，单个企业才会打消背叛的念头，合谋的结果才会出现。合谋理论分析显示，成功的企业间价格合谋需要具备一定的市场结构性条件，通常以下几个结构性因素有利于企业之间价格合谋的维持：市场中的企业数量较少、行业市场集中度高、企业之间的产品无差异、存在较高的进入壁垒、市场交易具有透明度。[②] 由于企业认识到合谋协议的达成会面临上述结构性因素的不利影响，因而会采取种种便利性措施来消除这种威胁。企业间价格合谋的便利机制一般包括：统一价格的最惠国待遇条款、相遇竞争条款、预先告知价格变动、价格领导机制、基点交货定价、转售价格维持、信息交流机制和组建行业协会。这些便利合谋机制的主要作用是便于及时发现背叛行为和便于惩罚，因此有利于合谋的维持。这些便利机制也成为各国反垄断执法关注的重点和裁决的证据依据。

四、保险行业协会价格合谋的可实施机制

（一）保险业有利于合谋的市场结构特点

在市场当中，尽管合谋符合每个企业的利益，但是只有在有利的市场结构条件

下，企业之间才能达成合谋的协议，并由激励来遵守协议。

1. 极高寡头市场结构

在企业数量较多的低集中度市场，合谋通常难以维持。企业数量越多，达成统一价格协议的谈判难度越大，同时惩罚的严厉性也越低，因此内部企业背叛的激励和外部企业"搭便车"的激励越强，合谋维持的难度越大。所以，高集中度是合谋的必要条件，有利于企业之间合谋的维持。根据贝恩（Bain，1956）对寡头市场结构的五级分类，中国保险业市场的 CR4 始终保持在 0.8 以上，属于最高级的 I 类寡头市场结构。[①] 从国际来看，在 1999 年美国产险最大的公司——国家农场保险集团（State Farm Group）的市场份额仅在 12% 左右，全美国的保险市场前 4 家企业的市场份额仅 25% 左右，前 10 家企业的市场份额仅 40% 左右。由此，中国保险市场的集中度较高，基本处于高寡头垄断状态，如表 1 所示。由于中国保险市场的前几家公司都属于国有企业，具有共同的所有权主体，并都受到国有资产所有者代表——国资委的资产管理，各公司之间还存在经理人员的流动任职情况，这也使企业之间的市场竞争程度相对较低。[②]

表 1　　　　　　　　　　　　1999 ~ 2005 年中国保险市场集中度

年份	1999	2000	2001	2002	2003	2004	2005
人保	0.79	0.77	0.74	0.71	0.67	0.60	0.51
太平洋	0.11	0.11	0.12	0.13	0.12	0.13	0.11
平安	0.07	0.08	0.09	0.11	0.1	0.10	0.10
华泰	0.01	0.01	0.01	0.01	—	—	—
天安	—	—	—	—	0.02		
中华联合	—	—	—	—	—	0.06	0.08
CR4	0.98	0.97	0.96	0.95	0.91	0.88	0.81

数据来源：根据《中国保险年鉴》相关年份计算整理。

2. 高行政性市场进入和退出壁垒

在市场进入壁垒较低的情况下，企业之间的合谋较难维持。首先，在没有进入障碍的情况下，企业之间合谋制定高价格并获取高利润会导致新企业的进入，从而使合谋无利可图。其次，由于预期到未来进入会降低其他企业采取惩罚机制的可信性，因而增强了背叛的激励。中国保险市场进入壁垒很高，而且"只进

---

① 贝恩（Bain，1956）的寡头市场分类标准是：I 类为 CR4 ≥ 75%，II 类为 65% ≤ CR4 < 75%，III 类为 50% ≤ CR4 < 65%，IV 类为 35% ≤ CR4 < 50%，V 类为 30% ≤ CR4 < 35%。
② 在美国，为了防止竞争企业之间通过董事交叉任职来合谋或削弱竞争，《克莱顿法》第八条和第九条对董事交叉任职做出了明确的禁止性规定。

不出"缺乏有效的退出机制。保险市场的进入壁垒主要是行政性进入壁垒。由于中国长期以来对保险业实行严格的政府监管，国家通过一系列的监管政策对保险业设置了很高的进入壁垒。特别是对外资保险公司和民营资本的进入，采取的是非常严格的进入限制，以致行政性壁垒成为其进入保险市场的最主要壁垒。这是导致保险业国家寡头垄断市场结构形成的主要原因。尽管《保险法》对企业的推出规定了"解散、撤销和破产"三种方式，但是保险监管部门往往对企业的退出实行保护性干预，到目前为止，中国还没有一家保险公司宣布破产，退出市场。保险业的进入监管主要是对企业安全经营能力的审查，目的是消除保险业发展的风险，而中国目前保险业的进入监管实际上是进入和退出限制。由于政府监管部门对保险业的市场进入和退出实行严格的规制，这实际上会产生三重效果：保护了在位企业的市场实力和垄断利润；由于无论经营好坏，政府都不会让其破产，缺乏退出机制造成了企业的经营风险意识弱，无疑增大了行业风险，损害了投保人的利益和保险业的安全；造成企业之间恶性价格竞争的根源，因此恶性竞争并不是竞争过度，实际上是政府进退限制下竞争不充分（于立、吴绪亮，2007）。

3. 产品差别化程度低

在企业之间产品无差异的情况下，合谋协议容易达成。因为在产品差别化的情况下，合谋协议不仅要明确价格或产量，还要就各种非价格因素进行谈判，这增加了谈判的难度。即使协议达成，执行起来也很困难。因为企业有激励通过非价格竞争来扩大自己的市场，而且其他企业很难对非价格因素进行有效的监督。因此，产品差别化不利于企业之间的合谋，产品差别化的上升会增加合谋的不稳定性。由于保险产品具有很强的同质性，相同的保险产品在不同公司之间并不存在明显的差异，因此有利于合谋。在中国保险业，由于保险产品的推出和保险交易条款需要得到行业监管部门的审批，甚至是保险监管部门或行业协会统一制定的保险合约模式，因此，各个保险公司进行产品创新的空间小、创新激励很低，产品同质化严重，保险产品相似率达90%以上，因此有利于企业之间达成合谋协议，并有助于及时发现单个企业的降价行为。

4. 市场的透明度高

斯蒂格勒（1964）、格林和波特（1984）等分析指出，缺少价格和产量的透明度会使企业之间较难达到"聚焦点均衡"，传统意义上的严厉惩罚将不再有效，因此会使合谋的维持变得困难。价格和销量的透明度会有助于企业之间找到"聚焦点"，迅速发现背离行为，缩短采取报复行为的滞后期，因而有助于合谋的维持。企业之间实现信息透明度的主要途径是对彼此的价格、产量等内容进行定期的信息沟通。在中国保监会 2004 年 3 月 5 日印发的《关于加强保险行业协会建设的指导意见》中指出：保险行业协会要建立会员间信息通联工作机制。通过创办信息刊物、开办网站等形式，统计保险业务信息，反映业内动态，定期向会员和社会发布，不断提高信息化服务的水平。积极创造条件，建立行业数据库，实现资料信息共享。由于行业协会的一个重要工作是对协会企业的经营信息数据进行及时的汇总统计和对成员企业的公开发布，因此增加了市场的透明度。企业之间业务的透明度会使保险行业协会及时发现单个企业的降价行为并及时采取惩罚措施，消除了单个企业的降价激励。

5. 车险市场的成长性和高回报性

行业处于平稳的成长阶段和市场预期利润会增加企业合谋的收益预期，合谋的预期收益越大，企业间维持合谋的激励越强。在中国保险业，车险市场的利润最丰厚并且发展空间最大，是各财产保险公司力争的"效益险种"，因此合谋的预期收益大。车险在国内财产险市场中占有 60% 以上的份额，一直是财产保险业的第一大险种，随着汽车机车的进一步普及，这个市场的未来发展空间很大。而且汽车保险产品保险用户的选择性很小，产品的需求弹性小，尤其是汽车责任险具有购买的强制性，投保人没有选择的自由。由于这些特点，在保险业中，车险市场成为企业之间合谋和分割利润的主要市场，企业之间价格合谋的行为出现得也最多。典型的如 2002 年 11 月 8 日，中国人保等 11 家保险公司总裁在北海签订的《机动车保险行业自律协定》；2006 年 4 月 1 日大连市中国人保等 11 家财产保险公司决定实施协商制定的《大连市车险最低成本保费价格表》和车险手续费支付标准，并签订《大连市车险价格行业自律公约》，防止个别企业违约，以及本文分析的浙江省保险协会出台的《浙江省机动车辆保险行业自律公约实施细则》等。

（二）保险行业协会的价格自律与价格协调

1. 行业协会的准行政权

行业协会作为市场中介组织，其各项业务活动应遵循自愿、平等、公益的原则，是不应该具有行政权力的。在保险业由于政府和行业协会的职能没有完全分开，行业协会往往具有准行政权。比如浙江省保险行业"自成立以来协会积极以贯彻执行国家法律法规和政策，维护保险当事人的合法权益，依法加强行业自律和会员单位之间的协调和自律，在保险监管机关的领导、监督和指导下维护保险市场秩序，规范会员单位市场行为，推动浙江省保险市场的健康发展为宗旨"。行业协会作为企业自愿加入的组织，对单个企业来说应该是进退自由的。根据卡特尔理论，在企业数量较多的情况下，企业有不参与合谋搭其他企业价格合谋便车的激励。在进退自由的情况下，如果一些企业不加入或者能够随时退出，则这些企业自由定价的竞争压力会使行业协会联合涨价的协议往往不具有可实施性，行业协会不具有联合实施高价格的能力。但是在中国保险行业，由于行政性力量的作用，企业是否加入行业协会实际上并不是自愿的，企业加入行业协会往往是在行业监管部门的要求下加入的。如浙江省保险行业协会是中国保险监督管理委员会浙江监管局主管，经浙江省民政厅批准注册的保险行业社团法人组织。浙江省保险行业协会会员包括浙江省辖区的保险公司和各市地方保险行业协会。现有省级（一级）保险公司 33 家，地市级保险公司 94 家，市级地方保险协会 9 家。而且在某些地区即使个别企业不加入保险行业协会，但是行业协会的规则仍然适用于全行业，所有从事车险业务的企业或机构都必须遵守，在此情况下企业加入与否本身已经不再重要。另外，协会成员企业并不拥有自由的协会退出权，企业的退出还必须得到政府监管部门的批准。

2. 行业协会的价格自律职责

一般说来，行业协会的集体联合行为并不总是违法的，行业协会来统一制定保险的合同条款、服务或人员标准、保险的产品规范、信用规范、人员培训和技术交流等本身是促进行业发展和市场竞争的，同时也不会伤害消费者的利益，因此这些联合行为本身是合法的，各国反垄断法普遍对其实行反垄断法的适用豁免。但是企业之间集体涨价或者由行业协会出面来协调制定行业统一价格的行为本身是违法的，因为行业企业的价格统一将使价格机制和竞争机制不复存在。没有充分的竞争，投保者的利益无法实现"最大化"。

联合制定价格行为是中国保险行业协会的一个惯例。如 2007 年 4 月 1 日起启用的新版车险就是由保险行业协会牵头几家大公司制定，并得到中国保监会的批复实施。浙江保险行业协会对车险费率的联合调整实际上是行业普遍做法的一个局部体现而已。面对成本上升、供求变化等经济波动，单个企业的价格调整行为并不违法，因为它始终是在竞争压力下作出的，不会对社会福利造成伤害；但是如果涨价是市场中企业之间的联合行为，则是违法的，因为它消除了竞争，是赤裸裸的价格固定行为，是竞争和社会福利的最大敌人。

在中国行业协会协调价格的重要理由是避免行业恶性价格竞争。目前中国行业协会职责中最具争议的是行业协会普遍被赋予的所谓"行业自律"职责，即"防止和消除恶性竞争，维护公平竞争的市场秩序"。在中国，行业协会价格自律行为是非常普遍的，在政府主管部门批准的很多行业协会的设立章程中明确规定："认真抓好行业内部的价格协调和价格自律工作。"在中国保监会 2004 年 3 月 5 日印发的《关于加强保险行业协会建设的指导意见》中明确指出，"行业协会的首要自律职责是督促会员单位依法合规经营。组织签订自律公约，约束不正当竞争行为，监督会员依法经营，维护公平竞争的市场环境"。在保险业，企业之间的恶性价格竞争并不是"竞争过度"，实际上是竞争不足，即政府严格的行政性进入和退出限制所造成的市场竞争机制无法充分发挥作用所造成的。根据合谋经济理论，当企业之间成功合谋时，市场价格将趋于一致并很少变动。价格竞争恰恰反映了企业之间价格合谋的不可维持状况，是企业之间协调价格行为内生的脆弱性反应，是市场竞争性的重要体现。以消除"恶性竞争"为目的的价格自律行为实际上是促进了企业之间的价格合谋，是反竞争的行为。因此，"防止和消除恶性竞争"既不能成为协调价格的理由，更不能成为免于反垄断法制裁的理由。

在美国反垄断执法史上，也曾出现过行业协会以避免过度竞争为理由来为价格合谋行为辩护的案例。在 1897 年密苏里州运输协会案中，一群相互竞争的铁路公司之间就运输收费达成协议，其声称的理由是通过此协议制定的合理费率是为了防止破坏性竞争；在 1898 年埃斯顿管道与钢铁公司案中，一群铸铁管道制造商也基于同样的理由联合确定价格。对这两起案件法院明确拒绝了其辩护理由。在 1927 年的特雷坎陶瓷公司案与 1940 年的索科尼——凡肯石油公司案中，法院明确了价格合谋是本身违法的，即联合提高价格行为本身就是违法的，只要存在共谋的证据就可以认定其违法，不需要以经济证据为基础，价格合理性或所谓的避免恶性竞争不能作为价格合谋的辩护理由。

3. 行业协会价格合谋的惩罚机制

有效的价格合谋实施机制要求及时发现并严厉惩罚单个企业的秘密降价行为。由于中国保险业行业协会往往具有准政府的权力，因此为了维持价格合谋，都建立了有效地发现和惩罚秘密降价企业的机制。如根据 2006 年 4 月 1 日起执行的《大连市车险价格行业自律公约》，为了执行该协议，该组织成立了由 11 家签约公司总经理和大连市保险行业协会秘书长组成的"大连市车险价格执行领导小组"，进行常年监督、检查和对违约行为的处理。领导小组下设工作办公室，根据工作需要和信息反映，办公室随时选派检查小组对违约公司进行现场检查或暗访，将检查结果形成书面材料后上报办公室。而且该协议还对向该组织反映某公司秘密降价行为的投保人或一般公众提供一定百分比的金钱奖励。

在中国保监会 2004 年 3 月 5 日印发的《关于加强保险行业协会建设的指导意见》中明确指出，"对于违反协会章程、自律公约和管理制度、损害投保人和被保险人合法权益、参与不正当竞争等致使行业利益和形象受损的会员，可按章程或自律公约的有关规定，实施警告、业内批评、公开通报批评、扣罚违约金、开除会员资格等惩戒措施，也可建议监管部门依法对其进行行政处罚"。从上述规定中可以看出，保险行业协会价格合谋的惩罚机制大体可以划分为两大类：行政处罚和扣罚违约金。在中国保险行业，为了建立惩罚机制，各个入会企业必须向协会缴纳保证金，如果违约则会被扣罚违约金。在这里扣罚违约金是卡特尔组织常用的惩罚措施之一，但是相对于背叛的巨大收益来说，其惩罚的"严厉性"并不是很高。① 实际上，在没有行政干预的情况下，警告、业内批评、公开通报批评、开除会员资格等惩戒措施并不具有惩罚的严厉性，因为这些措施对背叛者不会造成任何经济损失，所以是不可信的惩罚，因此在美国等市场体制发达的国家也从来不会出现此类惩罚

---

① 如根据大连保险业企业签订的《大连市车险价格行业自律公约》，各公司的保证金分配是：人保 10 万元；太保、平保和中华各 5 万元；其余签约公司各 2 万元。

措施，企业只能采用"价格战"（冷酷战略或针锋相对战略）这种对消费者有益而对参与者有害的惩罚手段。[①] 但是在政府行政干预的情况下，这些措施往往具有低成本、无伤害和强"严厉性"的特点，成为价格合谋最有效的惩罚机制，促进了价格合谋的可实施。

（三）政府监管部门的错位与行业协会合谋惩罚机制的严厉性

中国行业协会的价格合谋总是若隐若现着政府的影子。作为企业之间自愿合作的组织，行业协会对不遵守统一价格的违约企业的处罚往往是不具有可信性的。在中国保险业，对不遵守统一价格的违约企业的处罚往往是由行业监管部门所执行的，这种处罚主要是给予行政手段，因此行业监管部门的行政处罚权使行业协会价格合谋的惩罚机制具有了可信性和"严厉性"。政府监管部门往往出于避免恶性价格竞争的目的，采用行政手段对企业之间的价格竞争加以禁止，对于首先降价挑起价格战的企业采取行政措施加以"制裁"，从而使很多行业协会原本无力的惩罚措施变成可信的"大棒"。保监会从 2006 年起颁布了车险"限折令"，规定各公司不得低于七折销售车险。"限七折"政策的理由是有关部门对全行业经营情况进行测算后得出的标线——目前车险行业平均成本差不多是 65%，如果低于七折销售，保险公司的经营难以为继，投保人的利益得不到保障。另外，为防止所谓的"恶性竞争"，保监会对各家保险公司制定的车险费率方案审查的一个重要条件是要保证各保险公司的合理利润，如果费率方案的利润率低于保监会测算的行业利润率底限则不会被批准。[②] 在很多地方的价格竞争行为中，地方保监会等行业监管部门往往扮演最终的处罚者角色，通过行政法规为行业协会惩处降价企业提供支持或者直接出面采用行政手段惩处降价企业及其领导人。

五、保险业的经济绩效

保险业本身不是自然垄断产业，不存在竞争失灵和维护市场垄断的经济学基础，保险业本身应该是一个竞争性的市场。近年来各国放松规制的改革实践和现代的监管理念都显示，竞争是促进保险业健康发展的最基础力量，即使存在信息不对称引发的市场失灵，也不意味着政府需要强力介入，因为市场交易主体会自发地创新出降低信息不对称的制度安排。不适当的政府干预和对在位企业的保护只能带来

---

① 在美国反垄断法当中，打击合谋的惩罚机制是反垄断执法政策的一个重点，例如在执法中对价格合谋的组织者或者对企业采取威胁手段的主导企业要采取更重的处罚，企业主要负责人将承担刑事责任被判监禁。即使该企业主动向反垄断机构坦白，根据美国"宽大政策"该企业及其责任人也不会得到处罚的减免。

② 根据管制经济学理论，政府管制机构对价格或费率的管制主要不是为了保证企业的利益，而是保证消费者或投保人的利益。

低效率和增加产业发展的不安全性。侯晋（2004）的实证分析显示，目前中国保险市场中，中资保险公司存在明显的经营无效率；李宗伟等（2005）的实证分析显示，目前中国国有大型保险公司处于规模不经济区间，其效率低于小型保险公司和外资保险公司。近年来，国有保险公司的财产保险综合成本率从 2005 年的 97.7% 上升到 2006 年的 102.7%，车险在财产险中占七成以上份额，成本同样不断上升。其背后的主要原因是由于保险公司管理不善造成的运营低效率。[1] 保险行业实际上是在行政进入限制的保护下获取垄断利润，而不是在竞争中通过创新来获得利润。

六、如何反行业协会的行政性价格合谋行为

近年来，企业价格合谋行为屡屡出现，价格合谋已经成为影响市场价格机制有效发挥作用的重要因素，因此反价格合谋成为反垄断执法的重点之一。由于中国行业协会的价格合谋行为并不是在市场竞争中实现的，行业协会的价格合谋行为往往是与政企不分、政府监管部门的角色错位等因素有关，行政手段成为企业间价格合谋可维持的主导机制，具有明显的"条条垄断"的特点，因此成为反垄断的难点。

（一）反垄断法是否适用于保险业

由于保险业行业协会的价格合谋往往是在政企不分、国有垄断和政府监管体制下出现的，《中华人民共和国反垄断法》本身可能不能有效地反行政性行业协会价格合谋行为。对于行业协会价格合谋行为，2007 年 8 月 30 日十届全国人大常委会第二十九次会议表决通过的《中华人民共和国反垄断法》第十一条和第十六条第三款作出了禁止性规定。第十一条规定："行业协会应当加强行业自律，引导本行业的经营者依法竞争，维护市场竞争秩序。"第十六条规定："行业协会不得组织本行业经营者从事本章禁止的垄断行为。"但是，《反垄断法》第七条又规定："国有经济占控制地位的关系国民经济命脉和国家安全的行业以及依法实行专营专卖的行业，国家对其经营者的合法经营活动予以保护"。这一规定实际上排除了对这些特殊行业或企业限制竞争行为的反垄断法适用。由于反垄断法对适用豁免的宽泛规定[2]，有可能使《反垄断法》成为"不反垄断的《反垄断法》"。由于保险行业的特殊性，反垄断法是否适用于该行业就成为反垄断法实施中的重要问题。

---

[1] 日本长期以来对保险业的监管新风所谓的"护航哲学"，保护弱小企业，干预企业之间的价格竞争来消除所谓的"过度竞争"，价格机制受到严格的限制。20 世纪 90 年代的金融危机，使这一监管体制的弊端暴露出来，造成一系列的保险公司倒闭。1998 年以来，日本进行金融改革，放松外资进入的限制，鼓励金融机构的混业经营，竞争日益增强。

[2] 从《反垄断法》的相关规定来看，实际上将反行政垄断简化为只反"地区垄断"，对于行业垄断和"所有制垄断"的混合体则实行了反垄断法的适用豁免。

在美国反垄断法当中，根据 1945 年的《麦克兰—弗格森法》授权州政府对保险业进行管制，规定只有在州政府没有管制保险业时，司法部和联邦贸易委员会才适用保险行业，但保险业中的联合抵制、强迫、威胁行为或协议，不能豁免适用联邦反垄断法。很多学者认为，美国 1945 年的《麦克兰—弗格森法》对保险行业的豁免规定是利益集团俘获政府的结果。近年来，美国对保险业的反垄断豁免日趋严格，保险业正受到国会的调查以确定是否撤销对它的反垄断豁免。欧盟委员会对保险协议等特定领域的协议做出了成批豁免的规定，但这是一种有条件的豁免，即受保护的商品能够自由流动，并且商品之间继续存在着竞争。而且欧盟还对已经授予的成批豁免建立了一般审查程序，如果条件不具备，欧盟委员会认为该协议阻碍了有效竞争，可以行使"安全值"（safety-value）的权利，撤回该豁免。同时为了保证对成批豁免的行政审批得到有效的执行，欧盟竞争法中还对执行程序作出了详细的规定，如豁免的条件限制、豁免的期限、豁免申请的批准等内容需要向社会公开，接受社会监督。

反垄断法是市场经济的基础性法律，它应该被尽可能地适用于所有的市场交易，而不论其属于哪个领域；它应尽可能地适用于所有从事商业性交易的实体，而不论其所有制和法律形式。由于反垄断法的豁免往往体现的是非经济目标，而且其决策过程往往是行政审批，因此应该通过立法对豁免的条件和程序做出严格的规定，并建立有效的行政和司法制衡机制，以及公众监督机制，防止其被滥用，成为少数利益集团规避反垄断法制裁的法律依据（唐要家，2007）。

（二）保险业监管、监管机构与行业协会

作为弥补市场失灵的政策手段，政府监管的存在理由是市场失灵。在保险业中，市场竞争机制并没有失效，竞争机制仍然是保险业（尤其是商业保险）发展的最有效机制。因此，不存在对保险业的企业数量（进入限制）和费率实行严格监管的经济学基础。保险业监管应该是促进竞争而不应该是扭曲和阻碍竞争。保险业监管的基础是化解由于信息不对称等原因造成的行业发展风险，因此，偿付能力监管应当成为保险业监管的核心，保险业监管的根本目标是保护投资人的利益，而不是保护企业的利益。从美国等国家保险业监管改革来看，主要是放松进入监管和对具体行为的监管，放松对价格的监管由企业自主制定市场化费率，通过市场开放和鼓励混业经营来促进保险业的市场竞争。目前在中国很多行业，监管机构仍然掌握着大量控制行业发展和直接管制企业的政策和行政手段，典型的如大量的行政审批。在中国保险业监管体制中，通过严格的进入退出限制和费率监管，以维护垄断来保持低效率企业的利润，不仅不会产生安全的保险业发展，反而会增加行业发展的风险。保险行业监管部门的职责不应是保护在位企业的垄断利润，而是放松市场进入限制，不仅要对外资开放同时也要对非公有经济开放，构建多元市场主体和产权主体，促进混业经营，建立竞争性体制，让竞争激励企业增进风险意识，加强管

理，降低成本，不断地进行产品创新和市场创新，让消费者享受到价廉质优的服务，促进保险业安全、高效的发展。

对于金融、保险等特殊产业，各国反垄断法一般将反企业垄断化行为、维护消费者利益和保护自由竞争体制的职责赋予了具有专业知识优势的行业监管机构。从保险监管机构设立的行政体制意义上来说，维护公共利益是其基本的工作导向和存在的政治价值基础。因此，保险监管机构应该是促进企业改进效率、维护消费者利益和社会公共利益的机构，不应成为维护在位企业垄断地位和便利企业实施垄断行为的机构，更不应成为被利益集团所俘获为特定利益集团服务，实现消费者福利向特定利益集团转移的机构。

在改革过程中，政府主管部门通常希望行业协会作为行业管理的辅助工具，并通过部分转移其原有职能，使自己对行业管理的权利得到"合法"延伸，而且利用行业协会维持行政性行业垄断。在保险行业改革过程中，要防止将原来的部门行政职能转移到行业协会，使行业协会扮演行业"准主管机关"的角色，尤其要防止行业协会成为行业企业便利合谋等限制竞争行为的机制。因此，需要深化行政体制改革，进一步实现政企、政社的分离，并转变行业协会的职能，对行业协会的角色进行科学定位。

（三）对行业协会合谋的反垄断措施

为了保证行业协会发挥积极的作用，防止行业协会成为企业之间价格合谋的实施机构，需要建立对行业协会的审查和监督机制。日本、德国等国家在反垄断法中对行业协会制定专门的条款加以规定，并建立了行业协会的审查程序。如德国《反对限制竞争法》第四章专门对行业协会制定的竞争规则做出规定。日本《禁止私人垄断及确保公正交易法》第八条则明确规定了行业协会不得从事的行为，同时日本还颁布了《行业协会法》，对行业协会做出了更具体的规定。借鉴国际经验，在《中华人民共和国反垄断法》的基础上，结合《社会团体基本管理条例》的修改，制定专门的《行业协会管理法》，明确行业协会不得从事的行为和行业协会审查制度。

有效的反价格合谋政策需要实行严厉的综合责任。《中华人民共和国反垄断法》对企业之间的价格合谋行为作出了相应的禁止性规定，但是由于这些法律并没有对法律责任进行综合设计和严格明确，所以对违法行为的威慑作用相对有限。由于价格合谋属于恶性卡特尔行为，是反垄断法应该重点打击的对象，因此为了发挥执法的威慑作用，应该对价格合谋行为适用行政、民事和刑事的综合法律责任。从目前中国的实际来看，应该重点加强两方面的法律责任：一是提高对违法行为的罚款额度，使企业从事价格合谋的预期收益降低；二是对在价格合谋中担任组织者或领导者的公司或企业的主要责任人实行刑事责任，判处 5 年以下的监禁。

尽管反垄断执法机构可以设计各种反垄断执法政策和严厉的处罚措施，但是必须承认政府的能力毕竟是有限的这一现实，在信息不对称和预算约束下，应该鼓励受反竞争行为伤害的市场交易主体和消费者主动提出反垄断调查申请，建立反垄断法的私人诉讼体制。由于"私人"是企业价格合谋行为的最直接感受者和受害者，具有明显的信息优势，在适当的赔偿规则下其提起诉讼的激励也会相对较高，而且私人诉讼会避免公共执法机构被俘获的问题，并且在赔偿制度下还具有再分配功能。在美国，反垄断私人诉讼一直是一种占优势的反垄断执法形式，从 1975 年到 1997 年，每年私人团体提起诉讼的案件占提起诉讼的反垄断案件总数的 90% 左右，而且私人诉讼主要是针对横向固定价格行为。近年来，欧盟、日本等的反垄断体制改革的一个重要内容就是强化私人诉讼制度的《中华人民共和国反垄断法》第三十八条仅规定了"对涉嫌垄断行为，任何单位和个人有权向反垄断执法机构举报"。由于缺乏有效的激励机制，这一规定显然没有任何现实意义，也没有赋予受到限制竞争行为伤害的市场主体任何提起诉讼的权利。这一规定实际上是举报制度而不是私人诉讼制度。为了有效地反企业合谋行为，应该积极引入私人诉讼制度，并建立有效的私人诉讼民事赔偿标准。

参 考 文 献

1. 胡炳志、王兵：《我国保险公司的最佳经济规模分析》，载《保险研究》2000 年第 10 期。

2. 侯晋、竹磊：《我国保险公司经营效率的非寿险实证分析》，载《南开经济研究》2004 年第 4 期。

3. 李宗伟、张艳辉：《关于我国保险公司规模经济的实证分析》，载《现代管理科学》2005 年第 3 期。

4. 泰勒尔：《产业组织理论》，中国人民大学出版社 1997 年版。

5. 唐要家：《市场势力可维持性与反垄断》，经济管理出版社 2007 年版。

6. 于立、吴绪亮：《关于"过度竞争"的误区与解疑》，载《中国工业经济》2007 年第 1 期。

7. 余晖：《行业协会及其在中国的发展：理论与案例》，经济管理出版社 2002 年版。

8. Abreu, 1986: Extremal Equilibria of Oligopolistic Supergames, *Journal of Economic Theory*, Vol. 39, No. 1.

9. Bain, 1956: *Barriers to New Competition: Their Character and Consequence in Manufacturing Industries*, Harvard University Press.

10. Fraas and Greer, 1977: Market Structure and Price Collusion: An Empirical Analysis, *Journal of Industrial Economics*, Vol. 26, No. 2.

11. Friedman, 1971: A Non-Cooperative Equilibrium for Supergames, *Review of Economic Studies*, Vol. 28, No. 1.

12. Green, and Porter, 1984: Non-cooperative Collusion under Imperfect Price In-

formation, *Econometrica*, Vol. 52, No. 8.

13. Hay and Kelley, 1974: An Empirical Survey of Price-fixing Conspiracies, *Journal of Law and Economics*, Vol. 17, No. 3.

14. Motta, G., 2004: *Competition Policy: Theory and Practice*, Cambridge University Press.

15. Stigler, A., 1964: Theory of Oligopoly, *Journal of Political Economy*, Vol. 72, No. 4.

Insurance Industry Competition and Anti-Monopoly

Tang Yaojia

(School of Economics and Trade Zhejiang Finance and Economics College Hangzhou Zhejiang China 310018)

Abstract: In order to focus on insurance fees we found that insurance industry is in the oligopoly market structure. Because of this price collusion is possible under the Chinese non-seperability of the firm and government and responsibility distortion. Hence we provide the robustness of the antimonopoly law, at the same time need the institutional and policy to change the seperability of the firm from the government and the transformation of the insurance industry association.

Key Words: Insurance Industry Association Price Collusion Anti-Monopoly

JEL Classification: C78 C81 F224

第 1 卷第 1 辑　　　　　　国有经济评论　　　　　　Vol. 1　No. 1
2009 年 9 月　　　　Review of Public Sector Economics　　　September, 2009

中国煤矿安全规制：基于最优责任与产权视角[*]

肖兴志　韩　超

（东北财经大学经济与社会发展研究院　辽宁　大连　116025）

内容摘要：本文首先提出煤矿安全的"内部性"特征，并按照科斯定理的逻辑进行深入分析，分别从产权角度分析煤矿安全责任配置、煤矿企业剩余索取权与剩余控制权与规制绩效的关系。分析表明，解决煤矿资源产权困境的重点突破口是完善安全责任配置、明晰煤矿资源产权。最后，从产权角度提出中国煤矿安全规制的制度安排。

关键词：煤矿安全　内部性　产权分析　政府规制

一、引　言

中国是世界上安全生产记录非常糟糕的国家，而煤炭开采则是最大的高危产业。20 世纪 90 年代末至 21 世纪之初的十几年，煤矿重、特大事故频频发生，每年都会有几千人遇难。近年来，重、特大事故频频发生，每次的死亡数字让人触目惊心。2007 年，中国煤矿事故死亡达 3786 人，百万吨死亡率高达 1.485，进入 2009 年以来，山西屯兰"2·22"特大煤矿安全事故又一次吞噬了 74 名煤矿工人的鲜活生命，煤矿事故频发已经是中国经济社会发展过程中不容回避的问题。矿难频发原因是综合的，表面看是开采条件恶劣、技术装备落后、人员素质不高，但是更深层次的原因则是技术因素之外的制度因素。[①]

按照传统的经济学观点，造成煤矿安全事故多发的首要的因素则是规制失效问题，更准确地说，是煤矿安全规制滞后于煤矿安全治理需求的累积结果。总体上看，中国的煤矿安全规制体制经历了三个阶段。（1）计划经济体制时期高度集权的煤矿安全规制体制模式。在这一制度模式下，我国实行党管一切但又条块分割，既管得死又没管好，存在诸多安全隐患。（2）改革开放初期的规制体制探索阶段。十一届三中全会以后，中国经济开始了由计划到市场的转变，经济、政治体制都发

* 本文是教育部人文社科重点研究基地重大项目"中国煤矿安全规制研究"（批准号 06JJD630002）和辽宁省科技厅软科学项目"和谐辽宁背景下的煤矿安全监管机制创新研究"（批准号 2008401035）的阶段性成果。

肖兴志（1973 ~　　　），男，东北财经大学经济与社会发展研究院院长，教授，博士生导师，主要从事产业组织与政府规制研究。

① 制度规则的模糊性，张维迎（2005）、朱忠厚（2005）认为，所有权与使用权保障的缺失，使得煤矿企业在市场需求的冲击之下产生强烈的短视行为，是导致煤矿安全生产事故频频发生的一个因素；王绍光（2004）曾经指出，规制对象和规制机制两方面的缺陷，也是造成煤矿安全严峻问题的一个方面。

生了深刻的变革。在转型过程中，旧体制、旧制度失效而新体制、新制度尚不健全，安全生产的各方面还并未全部脱离计划经济体制的影响。因此，改革开放以后，中国煤矿安全问题呈现出较强的复杂性。但进入 20 世纪 80 年代以后，政府开始加强煤矿安全规制的法律体系建设，逐渐地把安全规制纳入到法律的框架中来，煤矿安全规制体制也在社会结构转型中初步成型。① （3） 规制体制逐步完善阶段。党的十六大以来，中国在法制、体制、机制和投入等方面采取一系列措施加强安全规制力度，实现了由事故后补偿机制为主到以预防为主的煤矿安全规制理念的转变。②

尽管取得了较好的成绩，但是煤矿安全规制体制依然存在许多与需求不相适应的问题③：一是目前推行的垂直管理没有完全到位，如现在全国还有 14% 的地市、30% 的县市没有设立专门的安全生产监管机构，同时其他地方存在设置不规范、力量不足、权威性不够等实际问题；二是与西方国家比较，中国煤矿安全规制、安全教育和安全生产设备、设施投资过低，远远落后于 GDP 增长的应有要求④；三是我国煤矿安全规制制度建设十分滞后，安全生产标准缺失。我国的《煤矿安全监察条例》1983 年才颁布，且沿用至 1999 年；1993 年才出台《矿山安全法》；《煤矿安全监察行政处罚办法》更晚，于 2003 年才颁布实施。肖兴志、孙敏（2008）就规制制度变迁对煤矿安全的影响给出了一个详细的分析过程，本文中将不对其做过多论述。本文思考的是，是否我们对规制关注太多了呢？除了“规制工具”外，在治理煤矿安全过程中，我们是否遗忘了一些东西呢？

对以上问题的疑问，可以引导我们更深入地思考煤矿安全问题。随着经济社会的加速发展，社会分工必然形成，而且分工愈来愈细。不可避免的，社会科学也经历过并且正在经历这一分工过程。社会科学的庞大分支，已经分成零散的细小末节，作为其中之一的经济学更是如此。如果按照传统的发展趋势，经济学将变得越来越“广”，但经济学家却越来越来“细”。对于一个问题的研究，不同的经济学

---

① 从 1977 年到 1986 年，政府开始勾画“行业管理、国家监察、群众监督”的安全规制体制轮廓。1982 年 2 月，国务院颁布了《矿山安全条例》、《矿山安全监察条例》，明确执法主体是各级劳动部门，宣布在各级劳动部门设立矿山安全监察机构，并相应在机构改革中为全国的矿山安全监察增加人员的编制。1983 年 5 月，《关于加强安全生产和劳动安全监察工作的报告》，提出“劳动部门要尽快建立、健全劳动安全监察制度，加强安全监察机构，充实安全监察干部，监督检查生产部门和企业对各项安全法规的执行情况，认真履行职责，充分发挥应有的监察作用”。1985 年，国家成立了全国安全生产委员会，作为国务院下设的非常设机构，协调重大安全生产问题，指导全局性的安全生产工作。

② 2002 年 6 月《安全生产法》的颁布，标志着煤矿安全规制体制较以前有了质的变化，“企业管理负责、国家监管监察、群众监督检查、职工遵章守法”的体制开始走上正轨。在国家监管监察方面，由国家安全生产监督管理局（2003 年 3 月升格为中央政府的直属机构）代表国务院负责综合管理全国安全生产工作，对安全生产行使国家监管监察权。在群众监督检查方面，《安全生产法》中明确规定，工会有权对建设项目的安全设施进行监督，提出意见；有权对生产经营单位违反安全生产法律、法规，侵犯从业人员合法权益的行为要求纠正；发现生产经营单位违章指挥、强令冒险作业或者发现事故隐患时，有权提出解决的建议；同时工会也有权依法参加事故调查，向有关部门提出处理意见，并要求追究有关人员的责任。

③ 肖兴志、孙敏：《中国煤炭安全规制制度的经济解释》，引自廖进球主编：《规制与竞争前沿问题》（第三辑），中国社会科学出版社 2008 年版。

④ 据发达国家的统计，安全投入与经济效益之比应为 1∶7。发达国家煤炭行业机械化程度接近 100%，我国在 70% 以下；美国煤炭科研经费投入占煤炭销售总额的 3%，而我国平均可能在 1.5% 左右；美、英、日等科技贡献率超过 60%，而我国可能不到 40%。

家往往从不同的角度出发，各自沿着严格的假设形成逻辑的结论。但是，就事实而言，只有一个真相，而且用于分析的不同视角在现实中也是交互的。分工越来越细，造成各专家研究的"闭门造车"现象越来越严重。客观地讲，煤矿安全治理模式应是多样的，但现实中对煤矿安全的治理往往陷入规制的固定模式中。当煤矿安全问题频发时，人们总是期望政府能够出面，从各个方面干预煤矿安全，这一调整也符合正常的逻辑判断。[①] 在美国，就通过设立美国职业安全与健康管理局（Occupational Safety and Health Administration，OSHA）来统一管理与治理煤矿安全。一种制度的创新不是突然产生，也不是仅仅依靠个人的努力才能建立的。制度创新与技术创新一样都是遵循一定的逻辑，技术创新是由于某些经济变量的变化所诱致的，这些经济变量的改变迫使企业在已知的可选择的菜单上选择一些新的技术流程，以改变它的技术结构。同技术创新类似，制度创新也是由于一系列变量相互影响，以致均衡而成的（North，1990）。20 世纪 70 年代以来，发达国家开始注重对煤矿安全规制的研究，形成了较为成熟的理论体系，并逐渐成为目前规制经济学研究的热点。自由市场经济下出现的信息不对称（Akerlof，1970）、垄断、外部性等问题为规制的产生提供了理论基础，而经济的发展导致人的价值的提高，为规制制度的创建提供实践上的需求。可以说，正是理论与实践两方面的因素，促进了煤矿安全规制制度的建立。

可以说，规制可能能够治理煤矿安全，但却不能认为其一定可以有效，更不能认为其是唯一的治理工具。如果在一个理想的环境下，安全问题完全可以纳入就业合同中，属于企业与工人的"内部性"[②] 问题。理想的就业合同应当包括一个补偿就业风险的保险费，且政府的意外事故赔偿计划也应该反映工人可能遭受的潜在风险和损害。再者，如果安全责任能够得以有效界定，煤矿安全问题也是能够迎刃而解的。可能由于信息不完全、交易成本等限制条件，一些方法在实际实践中存在一些问题，导致次优结果，但至少从煤矿安全治理的理念上，有必要考虑它们的存在及其影响，而不致陷入"市场失灵就必须规制，规制失效再求助于市场"的怪圈。正是基于以上思考，本文通过分析推理，证明在一定假设下，除规制外还存在其他的一些煤矿安全治理思路，以此为政策制定提供理论基础。

二、文献述评与研究思路

为应对信息不对称、外部性而兴起的煤矿安全规制在设立之初，往往认为是有效的。维萨斯（Viscusi，1979）就曾发现，美国职业安全与健康管理局建立之初的一段时间内，工人的伤亡率在稳定地下降。但是，人类的认识过程总是由简单到

---

① 当市场不能发挥作用时，政府的作用可能更多地被考虑进来。
② 交易中未加考虑而由直接交易一方来承受的正负效应，对交易双方之外的第三人没有直接影响。

复杂，由肤浅到深刻，由局部到整体的过程。[①] 对煤矿安全规制的认识也是一个渐进的过程，随着规制实践的深入，安全环境的改善，越来越多的学者开始对煤矿安全规制的效果产生怀疑，并展开了一系列的研究。维萨斯（Viscusi，1986）在其以前的研究（Viscusi，1979）基础上，进一步分析了 1973～1983 年间制造业中 OSHA 规制效果，结果没有 OSHA 规制改善安全的证据。这一结论与麦卡福利（McCaffrey，1983）、卢瑟和史密斯（Ruser & Smith，1991）的研究基本一致。加里和曼德洛夫（Gray & Mendeloff，2002）研究安全规制动态影响时，发现 20 世纪 90 年代期间，OSHA 规制对伤亡率的降低作用正在日趋减小。

正如引言中已经阐明的，经济学研究不应该脱离真实世界，进行分析时更应当综合各种因素，尽量使模型逼近现实，以此为基础的研究才具有针对性与可操作性。当然，与人类的认识类似，研究过程也遵循渐进的过程。在研究逐步深入的过程中，研究者对规制的理解也越加深刻。部分学者开始结合其他相关因素来分析安全规制效应，而不是就规制而研究规制。康威和史文森（Conway & Svenson，1998）就把工人赔偿引入模型，他们的结论表明，工人高额的赔偿成本导致企业采取提高安全的措施，安全水平的提高与 OSHA 规制无明显关系，进而引发"OSHA 规制无效论"。塞勒尔和罗森（Thaler & Rosen，1976）更是直接指出，风险工作中工资差别的存在即蕴涵着规制的不必要性[②]，他们认为只要在工资中存在风险溢价（risk premiums），就足以抵消工人在事故中的损失，也就能够降低道德风险的可能性。此外，奥伊（Oi，1974）、戴蒙德（Diamond，1977）、雷亚（Rea，1981）是从安全规制的产生根源出发，研究工作场所中的不完全信息问题。

国外学者对煤矿安全规制（一般纳入工作场所安全规制研究范畴）的激烈讨论与中国煤矿安全的严峻形势一起，引发了国内对煤矿安全进行相关研究的热情与努力。杨春（2005）对辽宁煤矿安全规制进行分析时，认为私人承包煤矿的外部不经济是导致中国矿难频发的主要原因。王绍光（2004）认为规制对象和规制机制两方面的缺陷是造成中国煤矿安全的最主要原因。赵连阁（2006）在分析政府规制与企业安全投入关系后，得到"政府规制缺位是事故频发根源"的结论。刘穷志（2006）则从动态博弈的视角分析煤矿安全规制，依托其模型，对现实的煤矿安全规制体制进行研究，逻辑地推出"现实煤矿安全规制体制必然导致当前煤矿安全事故频发的结局"的结论。

尽管已有许多文献对煤矿安全问题进行研究，但是大部分依旧没有脱离规制的研究范畴，若想真正地探究煤矿事故频发背后的原因，笔者认为应当跳出这个"怪圈"，以一种新的思考方式来审视煤矿安全。当然，跳出规制研究煤矿安全问题会面对许多困难，也会面临许多选择问题。本文拟做一种尝试，从产权角度来分析煤矿安全问题，并把产权与安全规制结合起来，分析产权界定对煤矿安全规制绩

---

① 人类的创造也是以现有的事物为基础的，比如人所说的鬼神都是现实事物的变形，尤其是鬼，而神就是现实中的人被赋予一种超能，而这种超能正是用来实现人在现实中无法实现的愿望。

② 维萨斯（Viscusi，1978）对工作场所安全规制中的风险溢价进行了实证研究。

效的影响。事实上，国内部分学者开始意识到产权改革之于我国煤矿安全治理的重要性，沈莹（1996）比较了国外煤矿资源产权制度的各种模式。尽管已经涌现出很多优秀的成果，但绝大部分文献还只停留在表面的论述，没有就产权改革的背后机理以及经济学含义给出必要的解释。本文首先提出煤矿安全的"内部性"性质，并进一步按照"科斯定理"的逻辑进行分析，分别从产权角度分析煤矿安全责任、煤矿企业剩余索取权与剩余控制权，进一步从产权角度提出完善我国煤矿安全规制的路径选择。

三、煤矿安全的"内部性"性质分析

现实中总是存在一些事物的生产或者供应，由于缺少直接相关的交易或者补偿性支付，意味着资源的配置无法达到帕累托最优，这就产生了外部性问题。外部性概念首先是由庇古在《福利经济学》中首先提出的，所谓外部性是指交易中没有考虑而由非直接参与交易的第三方承受的正负效应（如污染治理与工业污染）。外部性的定义中强调"正负效应"是在当事者没有任何显性签约条件下发生的。河道上游工厂进行生产的副产品——污水对下游居民造成的伤害并不意味着下游居民与上游工厂有相关契约存在，因此外部性是上游工厂与下游居民之间唯一的经济联系。如果这两方的当事人被安排从事其他的交易，那么另外交易活动的条件与外部性就不存在直接的联系了。从广义商品上来看，外部性可以是任何商品。以环境污染为例，外部性可以表现为空气或水的污染，从替代的角度看，外部性也可以表现为消费者的健康受到环境污染的影响。日常事例中诸如：公共场所拥挤造成的不愉快、汽车行驶对路上行人的伤害等都是外部性的表现。

与环境污染等外部性不同，煤矿安全更体现着"内部性"。史普博（1999）把内部性定义为"交易中未加考虑而由直接交易一方来承受的正负效应（如煤矿安全）"。同外部性类似，"内部性"也可以从正负两个效应来区别不反映在契约安排中的内部成本和收益。"负内部性"的典型事例就是煤矿危险性对工人的健康与安全的影响，以及产品缺陷的形状和范围对消费者带来的伤害。如阜阳假奶粉、黑心棉、毒大米等事件。而这些损害在契约中不能（或不能完全）界定。"正内部性"的例子如就业者非正式的上岗培训，这种好处是不能在契约中有何体现的。史普博还认为三种"交易成本"造成了"内部性"："（1）在存在风险的条件下签订意外性契约的成本；（2）当签约当事人行为不能完全观察到时所发生的观察或监督成本；（3）交易者收集他人信息和公开自己所占有信息时发生的成本"。由此可见，"内部性"是由信息不完全而对另一方的成本或者收益造成的影响。"内部性"的存在使得交易参与者不能完全获得交易的潜在收益或者不会承担潜在成本。

综上，显然这里的"内部性"与外部效应"内部化"完全不是一回事。内部性是强调参与人已经存在某种契约的条件下，当事人间存在的某种契约没有界定的一种交易。参与人之间存在的显性契约没有或者没有办法界定的潜在收益或者成本即是本文所理解的"内部性"。内部性不涉及到交易外的第三者，对契约参与者外的任何个人和团体都没有直接的影响。但是外部效应"内部化"则是对外部性的一种治理思考，试图在没有任何契约关系的参与者之间建立某种契约联系，使外部性的正负效应可以在一个契约的框架内有所体现。煤矿工人和煤矿企业之间存在显性的工资契约，虽然工资契约中可能包含着安全的条款，但在工资契约中这种界定往往是模糊且不具体的，因而煤矿的安全事实上就成为工资契约参与者——煤矿工人和煤矿企业之间存在的潜在的交易。每一个理性的煤矿工人对安全都有一个相对的影子价格。因而煤矿安全的"外部性"实质上是一种"内部性"。

煤矿安全"内部性"的产生是由于信息不完全以及不对称等造成的，不能在现有契约中完全界定潜在的安全成本或收益。煤矿安全"内部性"一个理想的解决思路就是煤矿企业与煤矿工人就完全的意外事故进行签约。巴泽尔（1997）在《产权的经济分析》中指出任何个人的任何一项权利的有效性都依赖于：（1）这个人为保护该项权利所做的努力；（2）他人企图分享这项权利的努力；（3）任何"第三方"所做的保护这项权利的努力。而理想的就业合同不仅应当包括一个补偿就业风险的保险费，且政府的意外事故赔偿计划也应该反映工人可能遭受的潜在风险和损害。那么理想的合同中的这种权利如何真正成为事实上的产权呢？且不说就业风险的保险费怎么计量和界定，单就意外事故赔偿计划如何反映潜在风险这一点来说，已经很难实现了。任何依赖于潜在风险的合同都将是不成功的。但是由于关于意外事故和潜在的职业风险，信息的严重不对称（尽管政府规制可以在一定程度上缓解这种信息不对称，但是考虑到政府规制的高额的交易费用，政府规制在这里的净效应难以期望为正）使完全的意外事故合同变得代价昂贵并且基本上不可能实现。进一步地，集体合同谈判的高昂成本可能限制合同条款的调整。因此，煤矿工人和煤矿企业签约时不可能就完全的意外事故进行谈判。

既然煤矿安全"内部性"不能通过签订完全的意外事故契约来解决。那么接下来本文考虑沿着"科斯定理"的逻辑进行分析，从产权界定的角度来考虑煤矿安全"内部性"问题。著名的科斯定理是由斯蒂格勒教授根据科斯的论文总结出来的，其主要含义是指：在潜在的施害者和受害者的双边谈判中，对施害者或受害者的责任安排不会影响对有关交易或合同讨价还价的效率，至少在不存在交易成本时是这样的。如果交易是自愿的，那么讨价还价必定产生适合当事人（或者集团）的有效配置。尽管科斯本人并不认同外部性，但科斯定理却是针对外部性而提出的，在科斯（1960）之前，学界一直认为"庇古税"是治理外部性使之"内部化"的重要手段。但科斯（1988）认为"庇古税"存在很大的问题并且无法实施。

虽然科斯定理是针对外部性而提出的，但程启智（2002）认为"内部性"与外部性的区分是表面现象，在理论上没有本质上的意义。何立胜、杨志强（2006）

指出"内部性"依然可以通过界定产权来实现有效资源配置。笔者虽然不赞同程启智（2002）对"内部性"与外部性的区分的指责，但笔者也认为煤矿安全"内部性"的解决依然可以按照科斯的思路进行分析。按照科斯的思维方法，在煤矿安全不可能完全写入合同的既定前提下，那么界定煤矿安全责任归属可以达到有效的配置效率。煤矿安全"内部性"本质上是由于交易中的安全责任未能完全界定而引起的市场失灵。

由于完全的界定安全责任总是需要一系列苛刻的条件，诸如完全信息、交易成本为零等，而现实中存在的制度使得这些条件无法满足。那么通过安全责任的界定导致"资源有效的配置"则很可能成为一厢情愿。尽管如此，界定煤矿安全责任也会在一定程度上达到配置效率的次优解。经济学意义上的最优往往只能成为现实中经济所追求的目标，或者是一种理想境界。例如完全竞争理想资源配置结果是进行福利分析的基础，但这却永远不能成为现实中的境界。这又像在物理学中很多定理总是假定在"真空"的条件下。即使通过安全责任分析不能达到最优资源配置，但至少可以得到次优配置。

接下来，将看到在煤矿安全责任分析过程中，煤矿工人和煤矿企业之间的谈判将发挥重要的作用，现有产权结构下的煤矿工人处于完全的弱势地位，不仅如此矿工劳动力市场上供过于求的现状也导致了煤矿工人与煤矿企业悬殊的谈判势力。出于加强煤矿工人的谈判势力的考虑，我们认为可以考虑改革剩余索取权或控制权。① 使煤矿工人真正成为企业的"主人"提高工人的谈判势力，从而可以使煤矿安全真正"内部化"。

四、煤矿安全责任分配与规制绩效

无论是生产事故，还是公共卫生事件，它们的发生，既有随机的客观因素在起作用，同时又与人们对事故的预防程度有关，也就是说，事故的发生是客观因素和人们预防程度的函数。在既定的技术条件下，随机的客观因素是人们无法控制的。因此，要减少公共卫生和安全生产事故的发生频率或降低事故的概率，就需要人们加强预防，即在事故未发生前增加预防投入（既包含工人的预防投入，也包括企业的预防投入）。在人类有限的科学知识和技术条件下，事故发生的概率不可能为零。也就是说，生产和工作中的意外损失和灾祸难以完全避免（除非人们不生产和工作，但会发生其他非生产性的事故），而且事故的发生是很不确定的，这即通常所说的事故风险，它存在一定的概率分布。当然，在事故面前人们不是无能为力的，而是可以预防的，也就是说，事先增加预防措施即预防量可以降低事故发生的

---

① 尽管通过行政性命令或者法规的形式也能发挥相同的作用，但是一般来看，行政性指令总是要伴随着较高的代理成本。因此经济性手段相对于行政性方法而言，从理论上讲是较经济的。

概率。例如，在生产中增加安全设备，对工人进行岗前和岗中的安全培训，对各种安全措施进行检察和监等，这些都是为了减少事故发生的可能性而采取增加预防量的措施。虽然增加预防量可减少事故发生的概率，但是增加预防投入是有成本的，投入越多成本越大。

到底多大程度的安全才被认为是安全的呢？这是一个很难回答的问题，因为安全具有相对性。某一安全性在某种条件下被认为是安全的，但在另外场合就不一定被认为是安全的了，甚至可能被认为是很危险的。从整个社会角度来看，煤矿企业主要是进行煤矿生产，生产煤矿产品是它们经营的目的。煤矿开采是一项危险程度很高的生产活动，在生产过程中往往产生副产品"危险"。为了减小危险程度，进行安全预防，煤矿企业要进行一定的安全投资。假设煤矿企业安全投入为 s，煤矿企业产量为 q。对于煤矿工人来说，从事煤矿生产活动会给其带来预期的货币损失为 $L(q, s)$，这个预期的货币损失 $L(q, s)$ 是生产的产量 q 和代表性企业安全投入 s 的函数。货币损失函数与 q 有关是因为生产付出的努力与 q 有关。同时企业安全投入 s 也会影响矿工的货币损失。假设 $\frac{\partial L}{\partial q} \geq 0$，$\frac{\partial^2 L}{\partial q^2} \geq 0$，$\frac{\partial L}{\partial s} \leq 0$，$\frac{\partial^2 L}{\partial s^2} \geq 0$，即 L 随着 q 增加而增加，随着 s 的增加而减少，且 L 对 q 和 s 都是凸型的。假定煤矿企业的生产成本为 $C(q, s)$，$\frac{\partial C}{\partial q} \geq 0$，$\frac{\partial^2 C}{\partial q^2} \geq 0$，$\frac{\partial C}{\partial s} \geq 0$，$\frac{\partial^2 C}{\partial s^2} \geq 0$，即 C 在产量和安全投入上都是递增、凸型的。又假定煤矿企业和矿工均为风险中性的。

对整个社会而言，社会最优化乃是通过使超过生产成本和货币损失的剩余福利 $W = U(q) - L(q, s) - C(q, s)$ 的最大化来实现。

一阶条件为：

$$U'(q^*) - L_q(q^*, s^*) - C_q(q^*, s^*) = 0 \qquad (Ⅰ)$$

$$-L_s(q^*, s^*) - C_s(q^*, s^*) = 0 \qquad (Ⅱ)$$

图 1 和图 2 说明了上述条件。

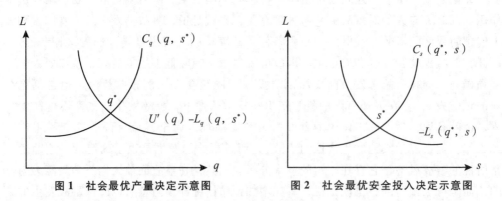

图 1　社会最优产量决定示意图　　　　图 2　社会最优安全投入决定示意图

结果显示：产品的边际价值减边际损害等于边际生产成本；煤矿企业提高安全投入而边际损害的降低等于边际安全成本。

　　传统的分析煤矿安全问题时，大众以及学者总是自然地认为煤矿工人天然地拥有安全的权利，但是正如科斯（1960）在《社会成本问题》中指出，"人们一般将该问题①视为甲给乙造成损害，因而所要决定的：如何制止甲？但这是错误的"。煤矿安全本来就具有交互性质，即矿工享有安全的权利必然（或者一定程度的）会使煤矿企业遭受损害。所以真正的问题是：是允许煤矿企业损害矿工的安全，还是允许矿工拥有安全从而损害煤矿企业的利益？这个问题的解决在于，从整个社会角度来看，我们需要选择避免较严重的损害。

　　如果交易成本为零，无论怎么分配损害责任（安全责任），风险中性的矿工和煤矿企业可以通过谈判而达到一个等同于社会最优的数量（q^*，s^*）的产量和安全投入水平。

　　如果把安全责任赋予煤矿企业即煤矿企业选择安全投入 s 满足 $-L_s(q^*, s^*) = C_s(q^*, s^*)$，那么煤矿企业承担所有的货币损失。从而煤矿企业最大化利润 $\pi = U(q) - C(q, s^*) - WG(q) - L(q, s^*)$，其中 $WG(q)$ 为矿工工资。矿工的净剩余是 $v = WG(q)$，假设矿工工资 WG 直接与产量有关。那么通过煤矿企业的利润最大化以及矿工的净剩余最大化可以推出 $U'(q^*) - L_q(q^*, s^*) - C_q(q^*, s^*) = 0$，即达到社会最优的产品数量和安全投入（$q^*$，$s^*$）。同理，如果把安全责任赋予矿工，即煤矿企业没有任何责任的情况下，在完全信息竞争型市场中，煤矿企业之间的竞争将使得煤矿企业选择一个等于社会最优水平的无差别的安全投入。②

　　显然，以上的分析均是在严格假设（完全信息、零交易成本、竞争性市场、煤矿企业和矿工都是风险中性等）下才能得到。另外上述论述还没有考虑矿工的防范意识变量。如果放松这些诸多假设加入矿工的防范意识变量，那么结论可能会有所改变。这是因为在企业以及政府规制联合作用下的安全投入的提高，但是道德风险问题的存在极可能使得煤矿工人对安全预防掉以轻心。也许每个人确实不会拿自己的生命开玩笑，但是在矿工的素质普遍较低、有关安全的信息完全不完全或认知有限的现实条件下，矿工面对安全投入的提高就会天真地认为安全大吉了。为了减少道德风险的影响，就需要政府规制进行机制设计以提供煤矿工人增强安全预防的激励。但是政府规制的过程要涉及较高的激励成本，而且合谋可能性的存在也可能使规制无效。郭朝先（2007）利用劳动力市场均衡模型指出矿工的素质对煤矿企业安全水平高低有绝对性的影响。不仅如此，我们认为单就从降低道德风险的角度看，矿工的培训也是非常必要的。通过矿工的培训能够提高矿工整体素质进而加强其安全预防意识。

　　而且，矿工培训还可以有效降低信息不完全的程度，了解从事煤矿生产工作潜

---

　　① 科斯在《社会成本问题》中的"该问题"是指"对他人产生有害影响的那些工商业企业行为。一个典型的例子就是，某工厂的烟尘给邻近的财产所有者带来了有害影响"。

　　② 由于篇幅的限制这里不作详细的分析，但其分析思路与把安全责任赋予煤矿企业影响的分析类似。另外，莎威尔（Shavell，1980）在对产品安全责任进行分析时，对安全责任赋予消费者对均衡影响进行了一个详细分析。

在的危险，降低煤矿工人的异质性。较高的矿工同质性程度有利于发挥劳动力市场机制的调节作用。这样，煤矿企业就有动力增加安全投入以提高安全水平，以节约在工资方面的支出。但是目前，中国存在比较严重的二元劳动力市场，劳动力之间的异质性大，煤矿企业即使不提供较高的安全投入，仍然能以较低的工资雇佣到工人，尤其是素质较低的农民工从事煤矿生产。而在日常的经营中道德风险又比较严重，从而造成现在煤矿安全的严峻形势。

五、煤矿剩余索取权与剩余控制权分析

现代产权理论认为，企业的所有权就是在契约对决策权没有规定的时间和地方实施剩余控制权的权利和在契约履行之后取得剩余索取权和剩余控制权的结合。因此，当剩余索取权和剩余控制权残缺不全或者配置不当之时，就会造成企业的产权缺失。而正是这种缺失的产权，导致了众多企业的经营者（尤其是国有企业的经营者）出现了委托—代理中的道德风险现象，其自身利益的获得是在牺牲企业或者他人利益的基础上的。所以，只有把二者结合起来，才能为所有者（或者经营者）维持和增加企业价值的努力提供强有力的激励。

中国目前的煤矿产权制度安排如下：按照现行《宪法》第九条的规定，矿藏属于国家所有。矿藏的所有权属于国家，但是国家为了降低交易成本，将矿藏所有权通过法律分配给下一级的地方政府（本文中相当于地方规制机构）。作为国家代理人，地方政府则全权掌握着矿藏的配置，也就是说，地方政府掌握着地方煤矿的剩余控制权；煤矿矿主则通过对煤矿进行生产经营和管理占有煤矿的剩余索取权；直接参与生产的煤矿工人在这种产权制度安排下，既不因煤矿发生安全事故或者煤矿资源枯竭等原因来承担煤矿的经营风险，也不会因为煤矿收益增多而参与煤矿的剩余收益分配，仅仅是领取合约中所规定的那部分工资。正是这种产权制度安排，使得中国煤矿企业剩余索取权和剩余控制权相分离，滋生了煤矿矿主因为未获得相应的剩余控制权而进行的道德风险行为，表现为煤矿安全投入的过少、减少矿工安全培训进而节省开支等煤矿安全事故隐患。

为了分析剩余索取权与剩余控制权对中国煤矿安全的影响，本文在余下部分将设定三个假设，并且运用数理逻辑来阐述二者的配置状况对中国煤矿安全规制的影响，具体假设如下：

第一，煤矿生产的产品（即煤炭）市场处于完全竞争状态，即每吨煤炭的价格为 p。

第二，矿工供给充足，每个工人工资为 WG，并且煤矿雇佣的工人数量为 l。

第三，煤矿企业的一切行为都是为了实现其利润最大化。

为了使计算简便，本文将煤矿企业除安全投入外的固定成本设定为零，同时假定规制机构对煤矿企业的规制主要是指安全规制。基于以上假设，本文将煤矿企业的利润函数设定如下：

$$\pi_B = p * q - WG * l - (c_s + c_o)$$

其中，c_s 为规制机构规定的煤矿安全投入成本；c_o 为煤矿在除了安全之外的其他方面所投入的成本。

从上式可以看出，如果工人工资总额 $WG * l$ 和总成本（$c_s + c_o$）之和固定的话，那么煤炭产品收入的增加将完全带来煤矿企业利润的增加，即 $\frac{\partial \pi_B}{\partial(p * q)} = 1$，扣除所有成本的影响之后，任何边际产出的增加都使煤矿企业剩余的增加，在这个意义上说，如果将利润视为煤矿企业的剩余，煤矿主作为煤矿企业的经营者应该获得这一唯一剩余，但是实际上，剩余控制权在现有产权制度安排下却被地方政府占有，所以导致了煤矿企业剩余索取权和剩余控制权的分离。在这种情况下，煤矿矿主必然利用自己手中的剩余索取权以及规制机构与其信息的不对称进行风险活动，通过安全投入不达标（减少 c_s）或者压低工人工资（减少 WG），来获得经济利益。但是这种经济利益的获得却牺牲了煤矿的安全利益：安全投入的减少势必导致煤矿安全隐患增加；压低矿工工资必然使得工人自身减少人力资本投资，即减少了各种可能的培训成本，这又在另一个侧面说明了煤矿安全事故增加的原因。

现实中，工人工资和成本投入并不是完全固定不变的。随着中国经济的发展和产权体制的完善，不同地区、不同规模的煤矿工人工资并不同（工人开始有一定的谈判力）。[①] 并且，不同煤矿企业的安全投入成本、煤炭运输成本和购买采矿权成本也不尽相同，在这种情况下，本文将煤矿企业的利润函数调整如下：

$$\pi_B + WG * l + c_s = p * q - c_o$$

为了方便，本文视煤矿企业的其他成本固定不变，只把安全投入成本作为成本的变动部分，即规制机构要求不同区域和不同规模的煤矿应该设置不同的安全投入成本。

在这种情况下，煤矿企业的剩余并不仅仅包括企业利润 π_B，还包括了工人工资总额 $WG * l$ 和规制机构规定必需的安全投入 c_s 这两个变动部分，也就是说，按照这种产权制度安排，煤矿企业的剩余应该由煤矿矿主、煤矿工人和地方政府共同占有。这样，既能保证地方政府占有一部分剩余索取，还能通过把部分剩余控制权让渡给煤矿矿主和煤矿矿工，以增强他们的生产积极性，从而在更大程度上使得煤矿矿主增加安全投入，减少经营风险；矿工也可以通过获得的剩余来给自己充电，强化自身的安全培训，减少潜在的安全隐患。

---

① 据人民网太原 2005 年 7 月 13 日报道：山西省劳动和社会保障厅向社会发布了煤矿井下从业人员最低工资标准：井下采掘人员月最低工资标准 1200 元，井下辅助人员月最低工资标准 1000 元。相应确定小时最低工资标准，分别为 7.2 元、6 元。其他从业人员仍执行按地域划分的月最低工资标准：520 元、480 元、440 元和 400 元。其中，最低工资包括工资、奖金、津贴、补贴等；不包括延长工作时间工资，中班、夜班、高温、井下、有毒有害等特殊工作环境、条件下的津贴（包括井下工资津贴、班中餐补贴、井下采掘岗位津贴等），法律、法规和国家规定的劳动者福利待遇等。

六、结论及政策含义

　　由于煤矿安全（乃至工作场所安全）的外部性、信息不对称等特性，传统经济学观点先验地认为规制在治理煤矿安全方面应当理所当然地承担职责。但是，回到煤矿安全治理的源头上，如果没有规制的出现，会有很多可备选择的方案，产权治理就是其中之一。当然，在不同的社会环境、制度约束下，人们的最终选择可能不同。美国是世界上规制范围最广的国家，几乎每一个行业都可以看到规制的影子。须知一种制度的实施效果并不是孤立的，而是与其所处的社会习惯、制度传统、人文知识等要素相结合的。在当时所处的环境下美国选择政府规制以治理煤矿安全，可以肯定的，这种选择或者是交易成本最小化或者集体利益最大化的结果。即使如此，除在规制制度建立之初外，学者们从未停止过对煤矿安全规制效果的质疑。中国的规制制度大多是从美国借鉴而来，那么我们不禁要思考，这种制度是否能够在中国的制度环境下取得良好效果？对这一问题的讨论应该说会引导我们进入一个比较广的范畴内，煤矿产权的分析只是其中之一。

　　在严格假设下明晰安全责任完全可以作为安全规制的替代，尽管分析基于严格的假设为前提，但是至少可以给煤矿规制者提供一种新的思路。中国现有法律规章制度无论是《劳动法》、《安全生产法》，还是《煤矿安全监察条例》，无一例外地暗含或者明确指出煤矿企业拥有安全责任（保障煤矿安全的权利）。在整个矿工劳动力市场充足乃至过剩的条件下，初看起来有利于保障就业者的安全权利，但在激励不足的现实情况下这看起来更像个花瓶。如果能够设计出一套满足激励相容条件的机制体制，最优的安全均衡结果或许能够得到。但是，机制设计会涉及许多规制成本，还将为规制俘获提供机会。而且，单就满足激励相容条件的最优机制体制能否设计出来还存在很大的问题。因此，相关组织与人员更应当从煤矿安全治理的本源出发，跳出传统市场失灵思维。在煤矿安全规制中，要充分、综合地考虑企业与矿工的安全预防投入及其道德风险行为，以此才能最大程度地接近最优安全水平。

　　传统意义的安全规制比较倾向于强调制定一些"标准"，而这些标准往往强调煤矿企业预防而忽视个人保护设备以及矿工培训。由于标准制定者忽视标准的副作用，规制标准未必带来良好的效果。[①] 因此，规制者应该减少以"标准"为基础的安全规制方式，应当把注意力集中到煤矿安全的长期风险上。在资源稀缺的前提下，对短期安全和损害的过分注意将导致在消除长期风险上的努力的减少。具体地，规制机构应当对矿工实行强制安全培训，以此来增强工人的安全技能与安全认知意识，提高矿工的组织程度，提高谈判势力。

---

　　① 或许有人对此疑问，既然标准没有效果，那么为什么标准没有被取消？笔者认为，之所以"效果不好的"规制标准能够长期存在，一是由于既得利益集团的极力维护；二是由于信息与集体行动的高成本。

对煤矿的剩余控制权与剩余索取权与安全规制绩效的分析表明，煤矿安全事故频发的一个原因在于国家或者说地方政府牢牢把握着煤矿企业的剩余控制权，而实际参与经营管理的煤矿矿主却无法名正言顺地获得与其贡献相对应的剩余控制权益，这便使得矿主运用其他的方式来取得剩余控制权缺失的补偿，表现为安全设备投入不足，尽量压低工人工资等。为避免更多的煤矿安全事故发生，可以让渡自己的部分剩余控制权给煤矿矿主，使其"保留效用"得到满足，进而避免其通过减少安全投入费用或者压低工人工资来满足自己的经济利益的方式。近年来，中国煤矿企业的治理结构也在不断地演进，剩余索取权和剩余控制权不统一日益明显，煤矿企业经营上存在着风险目标与收益分配目标背离的现实越来越严重。煤矿企业出于自身利益考虑，可能会进行"冒险经营"，而由此产生的风险成本却由地方政府或者煤矿工人来承担。为了规避风险，而又不干涉煤矿企业正常经营的条件下，保持对自身利益的监控权力，地方政府也必须拥有一定的剩余索取权。为了实现这剩余控制权与剩余索取权的统一，中国煤矿企业可以采取现代企业的治理结构，实行股份制经营管理模式，完善煤矿企业的所有权配置。

参 考 文 献

1. 巴泽尔：《产权的经济分析》，上海三联书店、上海人民出版社 1997 年版。

2. 程启智：《内部性与外部性及其政府管制的产权分析》，载《管理世界》2002 年第 12 期。

3. 丹尼尔·F. 史普博：《管制与市场》，上海三联书店、上海人民出版社 1999 年版。

4. 郭朝先：《我国煤矿企业安全生产问题：基于劳动力队伍素质的视角》，载《中国工业经济》2007 年第 10 期。

5. 何立胜、杨志强：《内部性、外部性、政府规制》，载《经济评论》2006 年第 1 期。

6. 刘穷志：《煤矿安全事故博弈分析与政府管制政策选择》，载《经济评论》2006 年第 5 期。

7. 沈莹：《国外矿产资源产权制度比较》，载《经济研究参考》1996 年第 16 期。

8. 王绍光：《煤矿安全监管：中国治理模式的转变》，引自吴敬琏主编：《比较》第 13 辑，中信出版社 2004 年版。

9. 肖兴志、孙敏：《中国煤矿安全规制制度的经济解释》，引自廖进球主编：《规制与竞争前沿问题》第三辑，中国社会科学出版社 2008 年版。

10. 杨春：《政府治理私营煤矿外部性问题研究》，载《辽宁工程技术大学学报》2005 年第 9 期。

11. 杨镜璞：《浅谈国有煤炭企业产权制度改革》，载《煤炭经济研究》1998 年第 3 期。

12. 赵连阁:《政府监督与矿产业安全投入的经济分析》, 载《经济学家》2006 年第 1 期。

13. Akerlof. G, 1970: The Market for Lemons: Quality Uncertainty and the Market Mechanism, *Quarterly Journal of Economics*, Vol. 84, No. 3.

14. Coase, R. H. , 1988: *The Firm, the Market and the Law.* University of Chicago Press.

15. Coase, R. H. , 1960: The Problem of Social Cost, *Journal of Law and Economics*, Vol. 13, No. 3.

16. Conway, H. and J. Svenson, 1998: Occupational Injury and Illness Rates, 1992 - 1996: Why They Fell, *Monthly Labor Review*, Vol. 121, No. 11.

17. Diamond, P. A. : Insurance Theoretic Aspects of Workers, Compensation, in: Alan S. B. , and Philip F. , ed. , 1977, *Natural Resources, Uncertainty and General Equilibrium Systems*, New York: Academic Press.

18. Gray, W. B. , and J. M. Mendeloff: The Declining Effects of OSHA Inspections on Manufacturing Injuries: 1979 to 1998, *National Bureau of Economic Research*, Massachusetts, 2002.

19. McCaffrey, D. , 1983: An Assessment of OSHA's Recent Effects on Injury Rates, *Journal of Human Resources*, Vol. 18, No. 1.

20. North, D. C. , 1990: A Transaction Cost Theory of Politics, *Journal of theoretical politics*, Vol. 2, No. 4.

21. Oi, W. Y. , 1974: On the Economics of Industrial Safety, *Law and Contemporary Problems*, Vol. 38, No. 3.

22. Rea, S. A. Jr. , 1981: Workmen's Compensation and Occupational Safety under Imperfect Information, *American Economic Review*, Vol. 71, No. 1.

23. Ruser, J. , and S. Robert, 1991: Re-estimating OSHA's Effects: Have the Data Changed? *Journal of Human Resources*, Vol. 26, No. 2.

24. Shavell. S, 1980: Strict Liability versus Negligence, *Journal of Legal Studies*, Vol. 9, No. 1.

25. Thaler, R and S. Rosen: The Value of Life Saving, in: Nestor E. Terleckyj, ed. , *Household Production and Consumption*, New York: NBER Press, Columbia University Press.

26. Viscusi, W. K, 1978: Wealth Effects and Earning Premiums for Job Hazards, *Review of Economics and Statistics*, Vol. 60. No. 4.

27. Viscusi, W. K. , 1986: The Impact of Occupation Safety and Health Regulation, 1973 - 1983, *Rand Journal of Economics*, Vol. 17, No. 4.

Research on Coal Mine Safety Regulation: In Perspective of Optimal Liability and Property Rights

Xiao Xing-zhi　Han-Chao

(Institute of Economic and Social Development　Dongbei University of
Finance and Economics　Dalian Liaoning　116025　China)

Abstract: In this paper, nature of internalility for coal mine safety is discussed, and further it is analyzed relations of regulation with rights for residual claim & residual control and allocation of responsibility for mine safety in accordance with "Coase Theorem". Results of analysis indicate that responsibility to improve the security configuration and property rights to clear is a main path to solution of the plight of coal resources. Finally, optimal path in China to coal mine safety regulations in perspective of property rights is given and discussed.

Key Words: Coal Mine Safety　Internalilty　Property Analysis　Regulation

JEL Classification: F406　F224　X936

第 1 卷第 1 辑　　　　　　　国有经济评论　　　　　　　Vol. 1　No. 1
2009 年 9 月　　　　　Review of Public Sector Economics　　　　September, 2009

〔公共财政〕

制度转型背景下养老金隐性债务问题研究[*]

——以辽宁省为例

边　恕

（辽宁大学人口经济研究所　辽宁　沈阳　110036）

内容摘要：养老金制度转型导致了隐性债务的产生，而弥补隐性债务是保证养老金新制度稳定运行的必要条件。辽宁省养老金制度改革试点后隐性债务规模日益明确，其实际债务负担和增长速度都大于全国平均水平。从国际经验来看，只有对各种技术性调整措施进行组合才能有利于隐性债务的解决。通过对辽宁省隐性债务偿还方案的设计表明，实施系统内外的组合对策能够解决辽宁省养老金隐性债务。

关键词：养老金隐性债务　规模　偿还方案

当前世界上的许多国家都在不同程度地进行养老保险制度改革。改革的共同点是将传统的现收现付融资模式转变为基金积累融资模式。而养老保险制度转型成功与否，是与准确核算原制度下的隐性债务规模以及制订合理的解决方案密切相关的。中国自 20 世纪 90 年代以来，在养老保险制度方面进行了几次重大改革，已确立了带有部分基金积累性质的"统账结合"的融资模式，这意味着中国也同样无法回避养老金隐性债务问题。

一、公共养老金隐性债务的概念界定

养老金隐性债务的产生原因来自养老保险制度的融资方式。如果在现收现付制下养老金的收支保持平衡，则隐性债务尽管存在，也可以通过未来的代际间收入转移得以偿还。但是，一旦由于人口和经济等原因造成了养老保险制度的转型，原来现收现付制下积累的隐性债务就不能通过制度内部的运行得到消化，这必将导致隐性债务的显性化，而显性化后的债务是必须要确定偿还原则和偿还方式的。

---

　*　本文是国家自然科学基金"基于收支动态平衡的社会保障最优缴费率研究"（批准号 70803016）、国家社会科学基金"建立覆盖城乡居民的社会保障体系研究"（批准号 07BJL018）和辽宁省教育厅创新团队项目"辽宁省城镇养老保险扩大覆盖面的途径与对策"（批准号 2007T059）的阶段性成果。
　边恕（1973 ～　　），男，辽宁沈阳人，辽宁大学人口经济研究所副教授，经济学博士，主要从事人口与社会保障经济学研究。

综合国内外学者的研究结论，可以将养老金隐性债务的含义归纳如下：现收现付制度下，职工缴纳的养老保险费用于退休职工的养老金支出，同时也为自己积累了退休后得到养老金的权利，这些权利是养老保险制度的债务，它没有基金与之对应，但可以通过下一代人的缴费兑现。只要下一代的缴费能够兑现对上一代的承诺，制度的财务就是平衡的，而不论制度实际积累了多少需要在将来兑现的债务。因此，现收现付制下的养老金债务以隐性的方式存在，称之为隐性债务，当现收现付制向基金制转换时，其积累的债务也转向基金制，基金制要求基金与债务对应，这必然使隐藏在现收现付制度下的债务显性化。在精算方式上，现收现付制度转型时积累的债务，是旧制度停止执行时需要在将来兑现的未来给付精算现值，或者说是养老保险制度中途停止时的债务。

二、养老保险制度转型下的养老金隐性债务的产生与影响因素

从概念上看，隐性债务是养老保险制度中途停止时，已向这一制度供款多年的劳动者所积累的养老金权利现值。一旦取消了现收现付融资模式，大量曾向原养老保险制度缴款的退休者以及已缴款多年的中年在职者，都面临着以往缴费化之乌有的风险。为克服这一风险，政府就不能漠视劳动者通过缴费形成的未来获得养老金的权利，要组织其养老金系统内外的力量，承担起偿还隐性债务的责任。对养老金隐性债务的偿还不仅包括正在享受养老金待遇的退休者，而且也有中年在职者。

在理论上影响养老金隐性债务的因素主要有五项，分别是各年龄层的职工人数、积累的养老金权利、单减因下存在于养老保险制度中的概率、折现值、1 元生存养老金现值。

1. 各年龄层的职工人数与隐性债务规模是正向变动的。即各年龄层的职工人数越多，养老金隐性债务就越大；相反，职工人数越少，隐性债务规模越小。

2. 隐性债务规模受制于积累的养老金权利。这首先表现在隐性债务与开始工作的年龄有关，开始工作的年龄越早，意味着工作的年限越长，养老金隐性债务就越大；其次，隐性债务规模还与养老金是否与工资挂钩有关。如果养老金不与工资挂钩，意味着每年的养老金额度相等，这时养老金隐性债务规模不变；而如果养老金与工资挂钩，即采用工资调整指数，使养老金与工资保持恒定比例，则工资越高，积累的养老金权利就越大，导致养老金隐性债务越大。

3. 在单减因下存在于养老保险制度中的概率越大，意味着死亡率越低，这种情况下养老金隐性债务就越大。相反，存在于养老保险制度中的概率越小，死亡率越高，养老金隐性债务就越小。

4. 折现值与养老金隐性债务密切相关。折现值越高，意味着利率越低，导致养老金隐性债务规模越大。相反，折现值越低，表明利率越高，将使养老金隐性债务规模缩小。

5. 1 元生存养老金现值与养老金隐性债务是正向变动的。在假定各年龄层职

工的数量结构不变的前提下，1 元生存养老金现值的大小受制于贴现率的高低，如果贴现率高，则 1 元生存养老金现值也就大。因此，1 元生存养老金现值与养老金隐性债务的关系可以等同于贴现率与养老金隐性债务的关系。

根据以上的分析可知，从理论上消除或减小养老金隐性债务，可以采用减少各年龄层的职工人数、降低工资上涨幅度、降低折现值或提高利率等措施。

三、辽宁省养老金隐性债务规模

测算养老金隐性债务不仅要考虑某一年份的债务规模，更应对一个较长时期的债务量进行测算，以得到一个长期的变动趋势。由于辽宁省人口基数较大、人口老龄化速度较快，而且经济发展水平尚未达到发达阶段，政府财政的负担能力比较有限，因此辽宁省偿还养老金隐性债务将会是一个非常漫长的过程。综上考虑，本文选择 2001～2005 年共 50 年时间作为衡量辽宁省养老金隐性债务规模的时间段。从理论上讲，公共养老金制度转型过程中，由于社会统筹采用现收现付的融资模式，因此已退休的老人以及制度转换前曾向养老金制度供款的人，另外还包括在部分积累制下仍向社会统筹缴费的人，所积累的养老金权益构成了养老金隐性债务。

测算的基础年份始于 2001 年，终止年份为 2050 年。基准年 2001 年的各项数据为基础数据，均根据辽宁省历年《中国统计年鉴》计算得出。这些数据包括：GDP4668 亿元；社会平均工资 6305.62 元/年；退休男职工养老金 66.396 亿元；退休女职工养老金 84.504 亿元；GDP 增长率 8.9%；通货膨胀率 4%；出生时男女性别比 107%；男性法定退休年龄 58 岁（该年龄为男性职工与男性干部退休年龄的算术平均数）；女性法定退休年龄 53 岁（该年龄为女性职工与女性干部退休年龄的算术平均数）；养老金统筹部分缴费比例 20%；个人账户部分缴费比例 8%；公共养老金收缴率 83.25%；在死亡率方面，根据研究辽宁省人口的专家关于男、女预期寿命到 2050 年将分别达到 78.5 岁、82.9 岁的预测，12 岁以下与 65 岁以上年龄段死亡率降低幅度较大，结合 PROST（养老金改革备选方案模拟工具包）模型试算得到 2050 年人口生命表；在生育率方面，未来 50 年中，城镇总和生育率逐步增加并趋于稳定；新生婴儿性别比在 2001～2005 年为 107，然后逐渐降至 2050 年的 106；在出生时性别比例方面，假设到终止年出生时男女性别比例与基年保持一致。GDP 增长率为逐年降低，2010 年、2030 年、2050 年分别为 8%、7%、5%；平均工资增长率假设到终止年时已由目前的 7.8% 线性递减至 5%；通货膨胀率持续保持在 3% 的水平上；退休年龄保持男、女职工退休年龄分别为 58 岁和 53 岁。未来 50 年分年龄性别劳动力参与率保持在 2001 年的同一水平上；未来 50 年分年龄性别失业率保持在 2000 年的同一水平上；未来 50 年职工工资分年龄性别结构与 2001 年相同。根据辽宁省人口和经济数据，运用世界银行开发的 PROST 软件包，能够测算出辽宁省公共养老金隐性债务的名义规模及扣除当期社会统筹支付后的隐性债务实际规模。具体情况如表 1 所示：

单位：亿元

表 1　2001～2050 年辽宁省公共养老金隐性债务规模

债务年份	名义养老金隐性债务	社会统筹支付	实际养老金隐性债务	债务年份	名义养老金隐性债务	社会统筹支付	实际养老金隐性债务
2001	5844.2	83.1	5761.1	2026	34079.1	532.3	33546.8
2002	6272.2	90.0	6182.2	2027	36157.6	565.0	35592.6
2003	6739.6	102.2	6637.4	2028	38327.3	598.8	37728.5
2004	7249.6	112.7	7136.9	2029	40583.6	632.7	39950.9
2005	7805.9	124.3	7681.6	2030	42927.8	668.3	42259.5
2006	8413.2	136.9	8276.3	2031	45362.8	701.4	44661.4
2007	9076.2	150.3	8925.9	2032	47885.8	736.1	47149.7
2008	9798.5	165.1	9633.4	2033	50491.8	774.3	49717.5
2009	10585.5	181.4	10404.1	2034	53186.0	812.6	52373.4
2010	11441.6	197.6	11244.0	2035	55973.0	847.0	55126.0
2011	12355.7	213.1	12142.6	2036	58852.2	886.0	57966.2
2012	13332.5	230.1	13102.4	2037	61814.6	930.0	60884.6
2013	14369.6	248.0	14121.6	2038	64852.3	971.9	63880.4
2014	15464.2	268.8	15195.4	2039	67964.5	1009.4	66955.1
2015	16619.4	288.3	16331.1	2040	71153.8	1046.6	70107.2
2016	17838.8	303.3	17535.5	2041	74424.8	1084.9	73339.9
2017	19127.4	320.2	18807.2	2042	77768.2	1121.8	76646.4
2018	20485.9	340.6	20145.3	2043	81184.9	1163.2	80021.7
2019	21915.0	363.9	21551.1	2044	84677.7	1209.7	83468.0
2020	23416.8	386.9	23029.9	2045	88244.4	1257.0	86987.4
2021	24993.8	409.0	24584.8	2046	91879.3	1302.9	90576.4
2022	26651.5	433.9	26217.6	2047	95575.3	1347.8	94227.5
2023	28384.4	454.9	27929.5	2048	99329.0	1395.4	97933.6
2024	30196.2	478.1	29718.1	2049	103141.5	1447.1	101694.4
2025	32093.1	503.8	31589.3	2050	107010.2	1500.7	105509.5

　　辽宁省的社会统筹支出占名义隐性债务的比重约为 2%，这也意味着实际公共养老金隐性债务规模占名义隐性债务规模的约 98%。由于名义隐性债务额与实际隐性债务额基本相同，因此，实际公共养老金隐性债务具有与名义隐性债务相近的变动趋势。名义养老金隐性债务随时间的推移呈现不断增长的趋势，2001 年的隐性债务总量为 5844.2 亿元，到 2050 年隐性债务增长到 107010.1 亿元，50 年间共增长 18.3 倍；同时名义隐性债务年均增长 6.0%；另一方面，实际养老金隐性债务规模也以每年 6.0% 的速度增长。对比全国的平均水平来看，全国的社会统筹支出占名义隐性债务的比重约为 4.0%；同时尽管全国的名义养老金隐性债务也在不断增长，但 2001～2050 年的增长幅度为 10.4 倍；名义隐性债务年均增长 4.8%；实际隐性债务年均增长 5%。比较以上情况可知，辽宁省养老金隐性债务的负担和增长速度均要高于全国平均水平。

四、解决养老金隐性债务的国际经验

　　在国际上，无论发达国家、转轨国家或是部分发展中国家，都在进行程度不同的养老保险制度改革。其中，发达国家的改革趋势是强调国家、企业、个人多方负担养老责任，以减轻政府单独负担所给财政带来的重压，但是在隐性债务的偿还问题上，由于隐性债务的数额过于巨大，所以各国多处于解决方案的探讨阶段。尽管如此，也仍可看出政府财政将是解决隐性债务的主体，同时还包含一些诸如调整退休年龄、给付水平等技术性措施；中东欧转轨国家在公共养老金制度改革方面，多从现收现付筹资模式转型为部分或完全积累筹资模式，隐性债务也多是通过政府财政，以隐性债务补偿金的形式予以解决；部分发展中国家，特别是以智利为首的拉美国家则采取认账债券、补充养老金和出售国有企业股份的方式解决隐性债务问题。当然无论采用何种方式，归根结底都强调了政府的重要性及政府在偿还隐性债务中的责任。

　　从世界银行对各国养老保险制度改革的分析以及各国改革实践来看，对养老金隐性债务的解决可分为战略性调整（公共养老金系统外的调整）和技术性调整（对公共养老金系统内各参数的调整）两种方式。战略性调整包括财政补贴、以公共资产抵补隐性债务、以最小成本补偿转型者以及设立名义个人账户四种方法。其中，以最小成本补偿转型者是指以支出成本最小为原则，对 33～44 岁之间转为完全积累筹资模式的人确定最低补偿额。设立名义个人账户是指为了绕过养老金计划转轨过程中在职者养老的双重负担以及政府增加显性负债的问题，实行名义的确定缴费型养老金计划，在职职工向个人账户缴费，这笔资金被用来支付现在退休人员的养老金，今后退休职工的养老金与其个人账户中的存储额挂钩，但个人账户中并没有资金积累的制度。技术性调整包括提高退休年龄、提高缴费率（或征缴工资税）、降低养老金替代率以及扩大养老金制度的覆盖面四种方法。这四种方法在理论上无疑会减少养老金隐性债务，但在现实中，提高退休年龄将不利于失业问题的解决，提高缴费率（或征缴工资税）将加重当前在职者的负担并导致逃费现象的发生，减低养老金替代率会使老年人的福利受损，而扩大养老金制度覆盖面则是一柄"双刃剑"，一方面增加了养老金基金的储备，另一方面却使未来应偿还的债务增加。因此，应对技术性调整的各方法进行组合，确定适度的比例，以利于公共养老金隐性债务的解决。

五、辽宁省养老金隐性债务的偿还方案

（一）系统内解决方案

1. 养老保险参数设定

所谓系统内解决方案是指，在养老保险制度内，通过调整养老保险各参数来改变现行制度下的养老金收支状况，以财务盈余抵补养老金隐性债务的方案。主要分析在现行养老保险制度基础上，个体参保趋势扩大（也称为扩大覆盖面）、投资回报率提高、养老保险费率降低、收缴率提高、推迟退休年龄所引起养老保险基金收支情况的改变。对通过调整养老金参数所带来的收支盈余部分，全部用于填充养老金隐性债务，以尽快实现现收现付养老保险制度向部分积累制养老保险制度的转型，维持养老保险资金收支的长期均衡。

表 2　　　　　　　　　　养老保险参数调整的具体数值　　　　　　单位：%

		2001 年	2002 年	2003 年	2005 年	2015 年	2030 年	2050 年
覆盖面	个体参保扩大趋势	—	—	9	15	20	30	40
投资回报率	统筹	5.84	2.25	1.98	2	3	4	4
	账户	1.88	1.57	1.98	2.5	4	5	5
缴费率	统筹	24.60	22	22	20	20	19	19
	账户	4	8	8	8	8	8	8
收缴率	统筹	85	85	85	86	90	95	98
	账户	85	85	85	86	90	95	98
推迟退休年龄（岁）						女 56男 60	61	65

注：个体参保扩大趋势测定指标为个体户占参保人员比重。推迟退休年龄具体方案：2016 ~ 2025 年女每 2 年推迟一岁直至 60 岁，2026 ~ 2050 年男、女同时每 5 年推迟一岁直至 65 岁，2050 年以后不变，男、女退休年龄均为 65 岁。

2. 偿还养老金隐性债务的最优年份区间

根据以上设定的养老金调整参数，运用 PROST 软件可以得到参数调整后的养老金收支盈余年份及盈余额度。前提条件是，调整一个参数时，其他参数保持不变。

当覆盖面逐渐扩大之后，养老金收支盈余的年份区间为 2012～2017 年；提高退休年龄后，养老金收支盈余的年份区间为 2008～2017 年；缴费率下降后，养老金收支盈余的年份区间为 2009～2022 年；收缴率提高后，养老金收支盈余的年份区间为 2008～2030 年；投资回报率提高后，养老金收支盈余的年份区间为 2009～2031 年。综上所述，如果将五个参数中任一个参数带来收支盈余的年份，认为是解决养老金隐性债务的合理年份的话，那么最早出现盈余的年份是 2008 年，而盈余结束的年份是 2031 年。从这个角度来理解，可知解决养老金隐性债务的最大年份区间为 2008～2031 年。另一方面，五个参数同时带来养老金收支盈余的年份区间为 2012～2017 年，因此可将该区间认为是解决养老金隐性债务的最优区间。

3. 养老金隐性债务的解决方案

确定参数调整后的盈余总额，并计算出与当年养老金隐性债务的比例，见表 3。

表 3　　　　　　　　　养老金盈余总额及其占当年养老金隐性债务的比例

年份	盈余总额（百万元）	盈余总额占当年养老金隐性债务的比例（％）	年份	盈余总额（百万元）	盈余总额占当年养老金隐性债务的比例（％）
2008	1139	0.12	2020	29260	1.25
2009	5527	0.52	2021	29491	1.18
2010	12608	1.10	2022	27093	1.02
2011	17130	1.39	2023	19965	0.70
2012	22909	1.72	2024	18443	0.61
2013	26970	1.88	2025	17756	0.55
2014	28750	1.86	2026	17744	0.52
2015	31486	1.89	2027	16633	0.46
2016	31391	1.76	2028	12782	0.33
2017	28846	1.51	2029	9549	0.24
2018	29093	1.42	2030	5326	0.12
2019	29373	1.40	2031	596	0.01

虽然从表 3 中，可以看出养老金收支盈余与当年的隐性债务相比是微不足道的，但是由于隐性债务并不需要在一年内全部偿还，而是在若干年内逐步偿还，因

此可以制订偿还方案，使养老金盈余占隐性债务的比例提高。

具体的方案分为四个：A 方案为每年偿还隐性债务总额的 2%；B 方案为每年偿还隐性债务总额的 5%；C 方案为每年偿还隐性债务总额的 8%；D 方案为每年偿还隐性债务总额的 10%。在确定解决方案之后，考察当年养老金盈余占隐性债务比重的变化，可以分析用盈余来补偿隐性债务的可能性，见表 4。

表 4 四种方案所引起的养老金盈余占隐性债务比重的变化 单位：%

年份	A 方案	B 方案	C 方案	D 方案	年份	A 方案	B 方案	C 方案	D 方案
2008	5.0	2.4	1.5	1.2	2020	62.5	25.0	15.6	12.5
2009	26.0	10.4	6.5	5.2	2021	59.0	23.6	14.8	11.8
2010	55.0	22.0	13.8	11.0	2022	51.0	20.4	12.8	10.2
2011	69.5	27.8	17.4	13.9	2023	35.0	14.0	8.8	7.0
2012	86.0	34.4	21.5	17.2	2024	30.5	12.2	7.6	6.1
2013	94.0	37.6	23.5	18.8	2025	27.5	11.0	6.9	5.5
2014	93.0	37.2	23.3	18.6	2026	26.0	10.4	6.5	5.2
2015	94.5	37.8	23.6	18.9	2027	23.0	9.2	5.8	4.6
2016	88.0	35.2	22.0	17.6	2028	16.5	6.6	4.1	3.3
2017	75.5	30.2	18.9	15.1	2029	12.0	4.8	3.0	2.4
2018	71.0	28.4	17.7	14.2	2030	6.0	2.4	1.5	1.2
2019	70.0	28.0	17.5	14.0	2031	0.5	0.2	0.1	0.1

由表 4 可知，以养老金收支盈余补偿隐性债务条件最为充分的是 A 方案，尤其在 2010 ～ 2022 年期间，养老金盈余高达当年应偿还的隐性债务的 50% 以上，配合政府的其他转移支付完全可以较为轻松地解决当年养老金隐性债务问题。但由于 A 方案的实施时间过长，所以不是一个最优的方案。D 方案的实施时间虽然是最短的，但养老金盈余占隐性债务的比重最高只到达 18.9%，对政府财政和其他形式的转移支付要求较多，会给社会带来沉重的负担。C 方案的性质与 D 方案接近，所以也属于被淘汰的方案。B 方案的实施时间较短，且养老金盈余占隐性债务的比重最高为 37.8%，尽管不太高但也属于可接受之列，所以 B 方案是勉强可以接受的方案。综上所述，在选择用养老金盈余偿还隐性债务的各方案中，最优的方案处于 A 方案和 B 方案之间，即每年偿还隐性债务总额的比例为 2% ～ 5% 之间，实施的时间为 20 ～ 50 年。

（二）系统外解决方案

所谓系统外解决方案是指，在养老保险制度之外寻求解决养老金隐性债务的方案。一般认为，出售或划拨部分国有存量资产来抵补隐性债务是一种行之有效的方法。出售或划拨部分国有存量资产以变现收入、经营增值收入和股权收益"明偿"

养老金隐性债务有一定的理论依据。因为在计划经济体制下，我国长期实行低工资政策，职工的工资收入中没有包括各种应补偿劳动力需要的保险费用，这部分本应分配给职工的保险费进入企业利润，全部上交国家，国家又将其中的大部分用于固定资产投资，这样现有固定资产的价值中就凝结了部分老职工和离退休职工当年必要劳动的价值。现在这部分人要养老，养老金支付面临财务危机，将一部分国有存量资产变现或划拨以解决他们养老金支付应是合情合理的事情。更何况，政府在出售或划拨一部分国有存量资产用于退休职工养老金支付的同时，也将本应由政府负担的养老负担转移到了个人身上，这也算得上一举两得。

参照国内外成功经验，出售部分国有存量资产可以采取拍卖一些中小国有企业、将一些国有企业的股权协议转让、上市国有企业在境内外减持国有股等多种形式。当然也应包括出售部分公有住房和国有土地有偿使用权等多种途径。截至2002 年，辽宁省国有资产总规模达 6650.98 亿元。如果能有计划地逐步将经营性资产的一部分出售或划拨社会保障机构持有，其变现收入和股权收益确实可以为偿还养老金隐性债务筹集大量资金。除了上面的措施外，还可以通过发售社会福利彩票、国有土地批租收入以及保持适度的财政转移支付来筹集偿还隐性债务的资金，在多种途径的共同作用下，偿还养老金隐性债务应该是不成问题的。

参 考 文 献

1. 劳伦斯·汤普森：《老而弥智——养老保险经济学》，中国劳动社会保障出版社 2002 年版。

2. 胡安·阿里斯蒂亚：《AFP：三个字的革命——智利社会保障制度改革》，中央编译出版社 2001 年版。

3. 王晓军：《社会保障精算原理》，中国人民大学出版社 2000 年版。

4. 孙祁祥：《"空账"与转轨成本——中国养老保险体制改革的效应分析》，载《经济研究》2001 年第 5 期。

5. 王燕、徐滇庆、王直、翟凡：《中国养老金隐性债务、转轨成本、改革方式及其影响》，载《经济研究》2001 年第 5 期。

6. 陈淮：《我国社会保障体系发展的难点和对策》，载《宏观经济研究》2000 年第 8 期。

7. 赵耀辉、徐建国：《中国城镇养老保险体制的转轨问题》，引自《中国经济研究》，北京大学出版社 2000 年版。

8. 朱青：《养老金制度的经济分析与运作分析》，中国人民大学出版社 2002 年版。

9. 董克用、王燕：《养老保险》，中国人民大学出版社 2000 年版。

10. 耿志民：《养老保险基金与资本市场》，经济管理出版社 2000 年版。

Impilicit Debt from Pension in Context of Institutional Transition—the Case of Liaoning Province

Bian Shu

(Institute of Population Economics, Liaoning University,

Shenyang　Liaoning　China　110036)

Abstract: The implicit debt results from pension institutional transition, where how to compensate the implicit debts plays an important role in the new pension system. Because we take Liaoning province as an example we found that pension scale and size and how to deal with it. Not only this we learn from the international experience to resolve the implicit debts.

Key Words: Implicit Debt from Pension　Scale　Recovery Resolution

JEL Classification: F329　F89

| 第 1 卷第 1 辑 | 国有经济评论 | Vol. 1　No. 1 |
| 2009 年 9 月 | Review of Public Sector Economics | September, 2009 |

公有制理想的代价[*]

——腐败与企业转制的中国案例

陆　铭　陈　钊

（复旦大学中国社会主义市场经济研究中心　上海　200433）

内容摘要：企业转制的进程是短期内的平等与长期内的效率之间的权衡。在既有的企业治理结构和政府权力结构下，企业管理者很可能会和政府官员通过合谋来决定转制方式，并分享企业转制产生的利益。企业的转制能够带来效率的提高，虽然腐败客观上推进了企业转制，但也由此加剧了不平等。

关键词：腐败　私有化　效率　不平等

一、问题的提出

1956 年的中国，以企业的公私合营为标志的社会主义改造基本完成，那时人们还不知道，公有企业制度的代价将以企业长期的低效率和在几十年之后企业私有化时的腐败和社会不公的形式表现出来。几十年前的人们也不知道，经济低效率的根本来源之一是组织中的信息不对称，而公有企业的最大困难就是不能在不对称信息的环境中给企业的管理者和职工提供恰当的激励。事实上，当国家试图通过一整套计划体制来掌控经济运行的时候，完善的私人产权所要求的一系列权利就变得不可能了。而当国家消除私有产权和自由市场，企业在国家的计划下被"车间化"的时候，其实，国家已经不知不觉地背负起了一个沉重的处理经济信息的包袱。当年，计划者曾经自负地反问，"既然强调精神、思想作用的动员手段在 1949 年前如此艰苦的环境下都能帮助革命取得胜利，那它为什么不能成功运用于今天的经济建设这样相对平稳安逸的工作中呢？"[①] 历史最终表明，经济运行的信息比战争复杂千万倍，其最有效的处理方式就是交给市场和私人企业家。

---

　* 本文是复旦大学经济学院 985 创新基地和教育部人文社会科学重点研究基地 2006 年度重大项目（批准号 06JJD790007）和教育部"新世纪优秀人才支持计划"的阶段性成果。

　陆铭（1972～　　），男，上海人，复旦大学经济系、就业与社会保障研究中心和中国社会主义市场经济研究中心教授，经济学博士，博士生导师，主要从事劳动经济学研究。

　陈钊（1973～　　），男，上海人，复旦大学中国社会主义市场经济研究中心教授，经济学博士，博士生导师，主要从事企业与制度经济学研究。

　① 桂勇（2006）告诉我们，在当时，企业向公有制的转制并非真的是企业家自愿，而是因为在国家垄断市场的情况下，私有企业已经无法生存。

　　私有化的进程是短期内的平等与长期内的效率之间的权衡。对于私人物品的生产，私有企业制度通常具有更高的效率，[①] 但是，如果将企业私有化，就可能出现腐败和社会不公。在市场经济国家，私有化过程中的腐败主要源于政治监督的不足，并大量出现在公有部门将其服务外包给私有企业的过程中（Hall，1999），而在苏联和东欧的转型经济中，旧体制下的权力结构加上缺乏完善的法律和监管体系成了企业大规模私有化进程中产生腐败的原因（Kaufmann et al.，1997）。中国在近些年来出现了较大规模的国有企业转制浪潮，不少企业的转制都采取了所谓的"内部人收购"的形式，由于公众对此间出现的腐败和社会不公的强烈反应，政府曾一度禁止以 MBO 的形式进行企业转制，但后来又再次解禁。

　　本文将要论证以下观点：私有化过程是在一个被继承下来的企业治理结构和政治权力结构下完成的，这就给企业的管理者和政府官员合谋分享企业转制的"剩余"创造了条件。企业转制的"剩余"来自于两个方面：一方面，企业的私有化将改变国有企业的治理结构，使得企业的生产效率有所改善；另一方面，原有的国有企业中存在的各种隐性的"资产流失"将停止。如果没有企业转制，企业管理者和政府官员合谋的种种腐败可能只表现为企业资产在日常经营中的隐性流失，而源于企业转制的效率改善和全社会总体福利的增进将不能实现。任何一种企业的转制方式都只是在一个具体的企业治理结构和政治权力结构下被企业的管理者和政府官员共同选择的，从而不能简单地寄希望于一种理想的方式来防止腐败的发生。减少腐败的根本在于完善市场和增加信息透明度。

　　本文将从定义企业转制中的腐败入手，这是第一部分的内容。第二部分将分析企业转制时的权力结构和外部约束，并说明具体的转制方式总是被企业的管理者和政府官员选择的。第三部分将更为细致地通过案例来揭示企业转制过程中的利益分享机制，说明腐败在企业私有化的各种方式和各个环节中都可能存在。在本文出现的九个案例中，有四个案例是作者调研的结果，另外五个案例来自报纸或网络的公开报道。在作者调研的案例中，涉及到两个比较大型的国有企业的转制，平均转制资产数额高达 2 亿元人民币。最后一部分是全文的总结。

二、企业转制中的腐败

　　施莱弗和维史尼（Shleifer and Vishny，1993）认为腐败是"政府官员为谋取私利而出卖政府资产"，同时简恩（Jain，2001）也认为它是"公共权力被用来以违反规则的方式追求个人利益的行为"。具体来说，我们将企业转制中的腐败定义为"拥有控制权的企业管理者和政府官员合谋分享由转制带来的公共利益"。

---

　　① 有很多经济学家认为，例如哈特等（Hart et al.，1997）认为公用事业的私有化可以改进效率，但也有经济学家指出，例如维萨克尔等（Weizsäcker，et al.，2005）认为私有化对于公用事业的效率与公平来说存在着很大的局限。

　　企业的私有化作为公有企业产权向私有企业产权的转变必然给相关的利益群体带来"剩余"，这种剩余有两个来源。第一，企业所有制改变后，企业治理结构改变，企业绩效得以改进，我们将这种剩余称为企业转制的"效率剩余"。考夫曼（Kaufmann，1997）说，"如果没有私有化，转型经济没有希望逃脱破产的结局，而这个结局是中央计划者在政治的愿望和非常无效率的资源配置之下设定的。"大量的实证研究，如梅杰森等（Megginson et al.，1994，2001）和波塔等（La Porta et al.，1999）发现，国有企业的民营化有利于企业绩效的改善。胡一帆等（2006）的研究发现，中国国有企业的民营化是富有成效的，尤其是提高了销售收入，降低了企业的成本，并最终导致企业盈利能力和生产率的大幅提高。白重恩等（2006）也证实，国有企业改制后经济效益显著提高，企业的资产使用效率、利润率和劳动生产率均显著上升，其中，国有控股企业转制带来的效果更大。第二，未来长期国有资产隐性流失的贴现值。在国有企业产权制度下，各种形式的管理者（有时也包括职工和政府官员）对国有资产的侵蚀都隐性地存在着，[①] 并且直接转变为在职的企业管理者（有时也包括职工和政府官员）的个人私利。当企业私有化后，隐性的资产侵蚀将消除，这也构成了国有企业转制的"剩余"。方便起见，我们把这种剩余不太确切地称为"价值剩余"。此外，企业转制本身还直接形成了新的侵蚀国有资产的手段，并可能直接表现为严重的国有资产贱卖，尽管国家受损了，但对于合谋参与企业资产贱卖的相关各方却也是一块"价值剩余"。

　　企业转制带来的以上两种"剩余"的第一种将在改制后每一期都发生，并且将由转制后的企业所有者获得，这并不构成腐败。[②] 企业转制的第二种"剩余"是在转制的时候发生的，如果控制企业转制过程的企业管理者和政府官员不存在合谋，那么，这种剩余理应被企业资产的所有者（国家）所获得，但是，恰恰由于企业转制是在相关的企业管理者和政府官员控制之下进行的，于是，公有的利益便被私人瓜分了，这就构成了"政府官员为谋取私利而出卖政府资产"的腐败。为了便于经济学的分析，我们通过"价值剩余"的分享来定义腐败。相比之下，简单地通过资产的账面价值和转制价格之差来定义国有资产流失和腐败无益于分析的深入，事实上，账面价值并不等于真实价值，而真实价值在不完善的市场上又是无法准确估算的，因此，在理论上无法通过账面价值和转制价格

---

　　① 费方域（1996）曾经将国有企业的内部人控制现象归结为八个方面：（1）过分的在职消费；（2）信息披露不规范，既不及时，又不真实，报喜不报忧，随意进行会计程序等"技术处理"，甚至对重大经营活动也不作出应有的解释；（3）短期行为，不是考虑企业的长期利益和发展，考虑企业资产的保值和增值，而是考虑眼前的成绩、地位和利益，并不惜以后者损害前者；（4）过度投资和耗用资产；（5）工资、奖金、集体福利等收入增长过快，侵占利润；（6）转移国有资产；（7）置小股东的利益和声音于不顾；（8）不分红或少分红，大量拖欠债务，甚至严重亏损。其中，有几项都是内部人对国有资产的侵蚀。
　　② 陈钊和陆铭（2005）认为，政府官员也可能会分享企业转制时的"效率剩余"，这部分理应由企业家所得的利益分享，是否构成腐败取决于我们如何理解政府权力的性质。如果按一般的理解，政府官员做任何事都是在行使公权，因此，由此得到的收入都不应为私人占有，这时，"效率剩余"被政府官员分享也构成腐败。但是，从经济学视角来看，允许政府官员在服务于私人部门时分享一定的剩余，可以提高官员服务于私人部门的激励。在中国，事实上政府官员也的确在服务于企业家的同时，以隐性的形式分享着其中的剩余。这种分享是否合法已经超出了本文讨论的范畴，也不影响本文的分析。

之差来定义腐败。

在中国，有两种公有企业的转制，一是 20 世纪 90 年代中后期发生的乡镇企业的私有化；二是本文所讨论的近些年来发生的国有企业的转制。在乡镇企业，企业是当地居民共有的，相对于国有企业而言，企业更容易被置于所有者的监督之下，公有资产被管理者侵蚀的可能性更小，因此，陈钊和陆铭（2005）认为，乡镇企业转制的剩余更多地表现为企业所有权和治理结构改变后企业绩效的改进。而在国有企业，来自所有者的监督可以说是基本上不存在的，因此，对于参与转制过程的管理者和政府官员来说，企业转制时的"价值剩余"是非常大的。

通过对于国有企业转制过程中腐败的定义，我们可以直接得到三个推论。第一，给定既有的权力结构不变，企业管理者和政府官员合谋分享企业转制的"价值剩余"的腐败是不可避免的；第二，如果没有腐败，只要"效率剩余"足够大，企业转制仍然可能发生；第三，如果"效率剩余"不够大，"价值剩余"的分享就可能促成企业转制的发生。

三、权力结构、外部约束和内生的转制方式

（一）转型经济中的权力结构

在采取了渐进式改革的中国，企业的转制是在一个被继承下来的权力结构里发生的。[①] 这个被继承的权力结构包含着两个重要的方面：一是原国有企业的治理结构和管理者对企业的实际控制权；二是政府官员的权力及其对企业的管理和干预。

必须指出的是，原有的国有企业的权力结构并不完全是在追求效率的目标下形成的。在改革开放以后，格拉夫等（Groves et al. , 1995）指出，历次的激励机制改革虽然改进了企业的绩效，但国有企业的管理者仍然受制于政府的目标，因此，企业管理者的选择也未能以有利于企业的经营为唯一目标。国有企业的另一个困境是，在转型期间的中国并没有一个高效的经理市场，这样，经理的选拔也缺乏来自市场的充分信息。同时，产品市场和要素市场的竞争不充分，也使得低能力的企业管理者不能被有效地鉴别（林毅夫等，1997）。在缺乏市场竞争的条件下，企业管理者的选拔往往不是公开的，这就造成"关系"在企业管理者获得晋升的过程中显得非常重要。同时，企业的管理者选拔过程本身就加强了企业与政府之间的千丝万缕的联系，也为企业管理者与政府官员的合谋埋下了伏笔。案例一和案例二都形象地反映了国有企业内部权力结构的产生。

---

① 也许以既有的权力结构是否被突然打破为标准，可以区分"革命"与"改革"。但在"改革"的过程中，也可以进行渐进的权力结构调整。

〔案例一〕

某市 A 公司在面临转制之机时，任由"腐败班子"吞吃。2004 年底，该公司三名领导干部分别被判刑。这个三人集团在公司掌权达十几年，垄断了公司管理和业务等各方面大权，互相勾结，借转制之机，共同贪污国家财产，造成难以弥补的损失。[①]

〔案例二〕

2005 年，某市科技园区管理委员会下面的一国有企业 B 在转制过程中出现了明显的国有资产流失。该企业于 1995 年成立，注册资本金 5000 万元，下面还有两个控股子公司，主要从事房地产开发业务。该总裁在后来的转制过程中，利用与政府部门的关系网络，买通相关部门的官员，以低价"拍卖"了该国有企业。在后文中，我们还将对此案例进行详细分析。[②]

（二）企业转制、腐败与不平等

国有企业的转制涉及到四个相关主体：中央政府（国务院国有资产管理委员会，简称国资委）、地方政府（官员）、企业管理者和企业职工。在这四个主体中，中央政府和企业职工对于转制过程的影响力基本上是可以忽略的。对于大量由地方政府直接管理的企业，国资委并无直接干预，即使发现在转制中存在违法行为，按国有资产的分级管理体制，国资委也只能将问题反映给地方政府处理。企业职工在转制过程中的影响力也不大，事实上，劳动力市场是接近于完全竞争的，只要转制后就业不受影响，收入不降低，企业职工在争取利益方面将出现严重的"搭便车"行为，缺乏去影响企业的转制过程的激励。因此，企业的转制实际上就是以企业的管理者和地方政府官员之间通过"合作博弈"分享转制的"剩余"的过程。[③] 这个合作博弈面临的约束条件是职工的利益不能明显地低于转制前，这可以解释为什么企业私有化没有显著地影响企业的就业量（胡一帆等，2006）。

在企业转制的合作博弈中，企业管理者和政府官员的得益取决于双方的谈判力量，企业管理者的相对谈判能力关键取决于其可替代性，而这又与几个方面的因素有关：（1）企业管理者的政治和社会资本。如果企业管理者拥有在政府部门和企业内部的关系网络，或者与较高层的政府官员有关系，甚至自己就已经在政府部门有职位，那么，管理者在企业转制时就具有了更高的相对谈判能力。

---

　　① 人民网，《监管缺失导致腐败家天下，国企贪污窝案暴露问题》，http：//news. 163. com，2005 年 2 月 3 日。
　　② 根据邵挺的调研资料整理。
　　③ 这个合作博弈的结构类似于施莱弗和维史尼（Shleifer and Vishny，1994）、陆铭（2003）、陈钊和陆铭（2005）研究中所采取的企业与政府官员分享利益的纳什谈判博弈。

（2）企业所处的行业的市场竞争程度。企业所处的市场竞争程度越强，市场上类似的企业和拥有相同（或相似）人力资本的管理人才越多，企业管理者的可替代性就越强。（3）企业管理者的职业经历。管理人才不可能是完全替代的，因此企业管理者有多少时间用于一般的管理人力资本积累、同行业管理人力资本积累和本企业的管理人力资本积累便影响到了他的可替代性。（4）经理市场的发育程度。即使存在着一定数量的可替代管理人才，也可能由于经理市场的发育不成熟，人才的流动受到某种限制，甚至关于人才的信息都是不可得的，导致事实上管理层的替代性很低。

如果把企业的转制比喻成"分蛋糕"的过程，那么，等待分配的"蛋糕"就是企业转制产生的"效率剩余"和"价值剩余"的总和。在这个"分蛋糕"的过程中，职工所得基本为零。而企业管理者和政府官员的所得取决于双方的相对谈判力量，双方最终所得均大于零。由此可得到的一个推论是：企业转制必然更多地提高管理者和政府官员的收入，加剧收入的不平等。

（三）企业转制方式的内生性与"国有资产流失"

企业转制终止了企业内部人对公有资产的侵蚀，这部分"价值剩余"本应归国家所有，但在既有的权力结构之下，却可能被企业管理者和政府官员分享。同时，企业转制本身又形成了在位的企业管理者与政府官员共同侵蚀国有资产的新的手段，这对于企业管理者和政府官员来说也是"价值剩余"的分享。这就是被人们所观察到的"国有资产流失"的本质。因为缺乏完善的资本市场，在理论上无法准确地估算国有资产的真实价值，简单地根据国有资产出售价格与账面价格之差来推测"国有资产流失"的数量，还不如从企业转制的实际过程入手，将企业管理者和政府官员分享的"价值剩余"理解为实质性的"国有资产流失"。这里，有两个重要的问题需要说明：

第一，"国有资产流失"的最终原因不是企业转制本身，而是国有企业所处的企业治理结构和政治权力结构。给定国有企业治理结构的缺陷和政府官员对企业的控制权力，如果企业不转制，国有资产流失主要是以生产的低效率和内部人侵蚀资产的形式隐蔽地存在的。企业的转制过程创造出了"效率剩余"和"价值剩余"，但企业管理者和政府官员合谋分享"价值剩余"的行为（特别是与之相关的国有资产的"贱卖"）却成为显性的资产流失。因此，并不是企业转制造成了腐败，而是企业转制将既有的权力结构之下的腐败换了另一种形式表现了出来。从根本上来说，企业转制过程中的腐败和社会不公作为一种代价是几十年前私有企业被公有化的时候便已经注定的。

第二，不同的企业转制方式都可能造成国有资产流失。在上述企业管理者与政府官员合谋分享企业转制的剩余的过程中，企业的转制方式也是同时被内生决定的，不管是股份制改造，还是协议转让的 MBO（内部人收购），还是"公开拍卖"，只要是被内部人控制的企业转制，不同的转制形式就只是适应于不同条件的手段。与股份制改造相比，MBO更适用于原企业管理者权力更为集中的企业转制；而与协议转让的MBO相比，"公开拍卖"更适用于"公开透明"要求更高的场合。社会公众往往寄希望于中央政府能够禁止企业采取某种方式（比如协议转让的MBO）来防止"国有资产流失"，但是，实际上，一种形式的停止并不能从根本上制止另一种形式的企业转制中存在"国有资产流失"。陈钊（2006）指出，即使不考虑拍卖的规则被人为操纵，公开的拍卖仍不能根本杜绝转制中国有资产流失的可能，因为企业的内部人更了解关于企业真实价值的信息，因此，在一个公共价值拍卖中，外部人或者是不能拍得标的物，或者是拍得了，但却高估了企业的实际价值，从而可能面临"赢者诅咒"（winner's curse）的困境，于是，外部人可能在事前就不参加拍卖，影响到拍卖的有效性（Klmeperer，1998）。就算是任何的企业转制都被叫停，也不能有效地阻止内部人以隐性的形式侵蚀国有资产。相反，企业转制所带来的"效率剩余"将可能因企业转制被叫停而无法获得。① 我们在后文的案例中将涉及到拍卖不能有效遏制国有资产流失的问题。

四、内生转制方式中的利益分享机制

在企业转制的过程，被内生选择的转制方式往往只是管理者和政府官员合谋分享转制剩余的手段。维恩（Wiehen，2004）认为，"对于腐败而言，私有化过程的弱点关键取决于被选择的私有化途径和形式，也取决于一般的监管环境，法律和经济体制和规则的质量，清楚而透明的私有化政策和战略是否存在，有效运作的立法、司法和管理机构和结构（比如中央的私有化机构）是否存在，以及有效的内部和外部审计和议会控制体制是否存在"。恰恰因为转型期间的种种制度缺陷，仔细地去考察企业管理者和政府官员如何在转制过程中分享剩余，要比简单地比较不同转制方式对于控制腐败的作用要重要得多。我们将发现，在不同的企业转制方式和不同的转制环节中，由内部人操纵企业转制过程而导致的腐败都可能存在。这说明，防止腐败的努力应被导向企业转制的每一个环节的制度建设，而不只是希望用一种转制方式来减少另一种转制方式中出现的腐败。

---

① 考夫曼和斯盖尔鲍姆（Kaufmann、& Siegelbaum，1997）在转型经济的背景下讨论了六种私有化形式引起腐败的可能性，分别是基于票证的大规模私有化（voucher-based mass privatization），清算（liquidation），基于资本市场的私有化（capital market-based privatization），招投标出售（tenders and trade sales），管理层和雇员收购（management-employee buy-out，MEBOs），自发的私有化（spontaneous privatization）。他们从私有化的速度、管理层的决断能力、透明度和信息、独立的监管等四个维度进行评估，认为上述六种私有化方式引致腐败的可能性是依次越来越大的。我们不妨对这一结论换一种理解方式：企业管理者和政府官员对企业的实际控制力越强，越是倾向于选择腐败可能性更大的私有化方式。

（一）转制前的准备

在企业转制前，企业管理者已经开始为借企业转制谋利而做准备了，以下案例能够揭示出企业在各个方面所做的准备。

1. 降低利润

企业在转制前人为地降低企业的利润，能够降低企业转制时的资产价格，从而增加转制时的私人收益。

〔**案例三**〕

伎俩一：利润摇身变成水电房租费。此手段往往使企业在转制时资产大幅度贬值，或成为零资产，甚至亏损。如某省 C 集团公司下属某企业在转制过程中，企业法人虚摊房租、水电费、电话费使一个原来经营状况就不太景气、濒临绝境的企业，一下就亏损了 34.33 万元，而这 30 余万元却成了私有股份制企业的资产，造成国有资产悄然流失。

伎俩二：一人独揽公私两大企业权力。D 集团公司下属企业负责人，既担任企业厂长，同时又暗中成立一私营企业，自任法人代表。其私人企业生产的产品、销售渠道均是由所在集体企业开发和开拓出来的。私营企业经营一段时间后，在没有产生利润的情况下，其就用集体企业的账外资金作为红利分给股东，使 80 余万元的集体资金流入了个人腰包，而集体企业却陷入了倒闭的困境。①

以上是在转制前降低企业利润的典型方式。通过这些方式，在对企业进行资产评估之前，企业的资产价值就已经被人为地压低了。②

2. 俘获政府

企业在转制前通过各种手段俘获政府，能够使得相关的政府官员与企业管理者事先达成"合作"，为企业转制过程中双方分享转制剩余打下基础。

〔**案例四**〕

某市政府设立 E 房地产开发总公司，一年后，该公司职工将董事长告上法庭，举报他在转制中涉嫌自卖自买、资产评估过低、改制程序颠倒等违法行为。截至目前，已有多名相关责任人移交司法机关。①

---

① 中国新闻网《企业转制国资为何流失？贪官四大伎俩遭到曝光》，http://news.tom.com，2003 年 9 月 1 日。

② 汪伟、金祥荣和汪淼军（2006）从理论上讨论了管理层在实施 MBO 之前有意恶化企业绩效的可能，林海涛（2005）根据对上市公司的数据分析，发现实施 MBO 之前，企业经营绩效普遍恶化。刘亚铮、刘毅（2005）借助案例分析，指出了 MBO 前企业被通过利润转移、虚减利润和资产等手段而恶化财务表现的事实。

在这个案例中，该国有企业管理者同时也是政府部门官员。在转制之前，该管理者通过买通相关的部门官员，尤其是直接负责转制过程的改制领导小组官员，为后来企业管理者和政府官员在转制中的合谋铺平了道路。

〔案例五〕

2005 年，某市某区法院的几名法官因为接受转制企业或拍卖中介的贿赂而被查处。当企业通过拍卖进行转制时，通常会委托拍卖中介公司，这时企业会与拍卖公司共同制定拍卖的规则。但是，拍卖权通常要经过法院审批，转制企业或中介公司在进行拍卖之前，先通过收买法官来获得审批，以使得内部人设定的规则在拍卖过程中能够顺利进行。[①]

从案例五看出，在拍卖中，企业管理者通过俘获法官来施行内部人制定的拍卖规则。更重要的是，案例还说明，拍卖这种转制方式并不一定有效地避免国有资产流失。在协议转让中，企业管理者可以通过与政府官员勾结来压低转让价格；在拍卖中，企业管理者也可以通过与法官勾结来施行内部人制定的拍卖规则。

3. 集中权力

企业管理者在转制过程中的利益大小直接与其在企业内部的权力大小有关，因此，在有些企业的转制之前，企业的主要管理者还通过权力集中的方式，为从日后的转制中得到更多的利益而做准备。

〔案例六〕

2004 年 6 月，某省 F 公司以协议转让的方式购得 G 集团价值 1.5 亿元的股份，成交价格仅为 8530.70 万元。虽然 F 公司只是一家普通的民营企业，但是，F 公司三名股东背后其实是 G 集团的众多管理层和核心员工。这就意味着，G 集团总裁酝酿已久的产权改革计划终于迈出了实质性的一步，管理层收购（MBO）已经悄然完成。事实上，早在 2001 年，集团总裁就开始为转制前的"一体化"做积极准备了。2004 年 5 月，G 集团新一轮调整从地方办事处开始试点。由 G 集团统领其销售和市场推广力量，将以前的产品部纳入与研发类似的后台部门。[②]

从案例六可以看出，在转制之前一系列的措施有力地保证了协议转让的 MBO 能够被内部人所控制。这就证明了上一节理论分析提到的，企业转制的方式是被内生地决定的。企业管理者通过人为地集中权力，将更容易以 MBO 的形式来进行转制。

---

① 根据作者的调研整理。
② 21 世纪经济报道"浪潮集团 MBO 成既成事实 1.5 亿资产卖出白菜价"，2005 年 1 月 08 日，http：// www. sina. com. cn；电脑商情报"综述：浪潮沉默中的 3 年疯狂"，2005 年 3 月 14 日，http：//www. si-na. com. cn。

（二）转制中的腐败

企业转制的过程中，企业管理者和政府官员往往以合谋的方式采取一系列的手段来谋取私利，即使在表面上公开公正的"拍卖"中也不例外。

1. 制定规则

企业管理者和政府官员常常合谋控制企业转制的方式。即使在表面上公开公正的"拍卖"中，也存在着"陪标"等形式的"暗箱"操作。

〔**案例七**〕

某市的某零售企业 H 曾长期租赁制造行业的某国有企业（以下简称 J 企业）一块土地经营大卖场。在 J 企业拍卖前，H 企业曾愿意以 1.2 亿元的价格购买该国有企业的那块土地及大卖场。但主管部门以该国有企业只接受整体转制（占国有股的 80%）为由拒绝了这家企业的购买。耐人寻味的是，该部分土地资产在 F 企业的资产评估中只占 7300 多万元。更耐人寻味的是，由于 J 企业的拍卖又要求竞标者必须具有制造业的相应会员资格，同时，还要交巨额的保证金，这自然地排除了包括零售企业 H 和 J 企业的管理层在内的很多潜在的竞标方。最后，J 企业在该市产权交易所挂牌交易，最终参与拍卖的就只有事先已经掌握了 J 企业的实际控制权的某上市公司 Z。被转让的资产评估总值为 2.8 亿元的企业资产（占全部国有股的 80%）被通过"拍卖"的方式以 3.1 亿元的价格出售给了 Z。其余的 20% 原为职工内部股，在目前的改制计划中将被收购作为 J 企业的上级主管企业的管理层在转制后所持有的股份，但还未实施。[①]

在案例七里，企业转制显然是在一个被人为控制的规则里进行的，如果不进行拍卖，仅土地转让，就可以增值约 4700 万元。而在一个"拍卖"的转制形式下，国有企业的资产仅增值了 3000 万元。在后文中，我们还将再次讨论这个案例，我们将说明，企业在拍卖后，实际所得其实并没有 3.1 亿元。这证实了我们的理论判断，即不能简单地认为拍卖就能够减少国有资产流失。

让我们再回到案例二。2005 年，这家国有企业 B 以公开拍卖的形式把公司的 35% 的股份出售给了另一家某高新技术企业 M。但是，在拍卖的过程中，出现了"陪标"的现象。经过企业 B 之前的"层层筛选"之后，有 8 家企业进入拍卖。但是，除了内定的企业 M 以外，其他 7 家企业或者是企业 B 自己"请"来的，或者是内定的企业 M "请"过来的，在拍卖前，企业 B 的高层通过内部关系先事先得知了国资委的拍卖保留底价，并与内定的企业 M 进行了"紧密的磋商"，最后"商定"以某价格成交。先把这最后的竞标价格定下来以后，在公开拍卖前几天，

---

① 根据作者的调研整理。

这 8 家企业的负责人又商定了具体的拍卖步骤：先是由其他 7 家企业喊价，其中一家企业要喊出一个比商定价格要高得多的价格，其他几家都在商定价格以下，但也不能低太多，最后一家企业再喊出商定的价格。拍卖结果当然是"价高者得"，那家出了天文数字的企业就理所当然地得到了这一标的，然后等到正式要进行签订转让书时，这家企业就推说"资金不够"，放弃所得标的，赔了一笔费用，这时候就由那家出价为商定价格的企业来进行签约转让。到此时为止，所有程序都是正当进行的，"陪标"顺利完成。然后，企业 B 按照当初的承诺，分别给了 7 家"泥菩萨"企业一定的"陪标"费。①

案例二就是典型的"陪标"式拍卖。表面上看，这和标准的拍卖过程都相符合，有多家企业参与拍卖，出价高的一家获得被拍卖的企业。但事实上，M 企业早已经被内定，其他竞标的企业不过是被收买来作为陪衬而已。而且，A 企业也早已制定好规则，使得陪衬的其他企业能够帮助 M 企业以内定的价格赢得标的。这说明，将传统的拍卖理论运用于中国的现实中时，如果存在人为的"暗箱"操作，也很难起到拍卖应有的"公开、公正"的作用。这再一次说明，用拍卖的方式进行转制仍然无法避免国有资产流失的问题。案例二是一个非常有趣的例子，我们在接下来会继续对它进行讨论。

2. 操纵价格

企业转制中的一个必需的环节是企业资产价值的评估，按理这应该由一个独立的机构来完成，但实际上，资产评估方却往往与被转制企业的管理者或者政府官员有直接的关系，这就直接导致了资产价格的低估。

在上述案例二中，同样也存在操纵价格的现象。该国有企业在进行拍卖之前，通过与评估机构和政府勾结压低了资产的价格。首先，该企业找了一家关系密切的资产评估事务所，并给予评估人员数量可观的"红包"。对土地价值的计算是按照几年前的购入价格，而不是按照现在的市场价格。这些原打算用于开发楼盘的土地位于某市的高档地段，如果按原购入价评估而不计入其市场升值部分，资产就会被大大地低估。而且，评估中还明显漏掉了对该国有企业的无形资产的评估，如品牌，商标等。然后，会计事务所的资产评估报告需要经过国资委的公拍办（公开拍卖办公室）的审核。该企业的高层管理者曾经在政府部门工作，通过买通公拍办的工作人员，顺利地通过了审批。公拍办仅仅提出需要在评估报告中考虑土地的升值部分，而这对于该企业来说只是一笔很小的数目。②

案例二的资产评估过程说明，企业管理者、资产评估中介机构与政府官员三方的勾结导致企业价格被低估。第一步由评估中介机构先通过各种方法刻意压低评估价格，第二步再通过贿赂政府官员，保证被低估的评估价格能够通过审批。后者尤其需要引起我们的注意，成立国资委的公拍办这一政府部门，无疑是为了防止国有

---

①② 根据邵挺的调研资料整理。

企业转制的资产流失。但是，由于现有制度的不完善，这一外部约束条件并没有起到充分有效的作用。

〔**案例八**〕

2004 年，某市某区国资局副局长因腐败被查处。该副局长在任期间，个人成立了一家资产评估中介公司。在对企业转制进行评估的过程中，首先，该副局长的中介公司对企业的转制价格进行评估；然后，这个评估价格由该副局长进行审批。多家企业和该副局长勾结起来压低企业的评估价格，导致大量国有资产流失。[①]

这个案例比案例二更加突出反映了企业管理者与政府部门官员的合谋。在这里，政府部门官员同时控制了压低评估价格的两个步骤。这样，案例二中给予评估中介的红包也落入了该政府官员手里，政府官员能够分得的"剩余"就更多了。这再次提醒我们，只要企业能够与国资委勾结起来压低评估价格，国资委这一外部约束条件也不能有效地避免国有资产流失。

3. 垄断信息

企业在转制的过程中需要一系列的信息披露，这有利于社会公众对企业资产的实际价值作出判断，但企业往往会有选择性地公布那些有利于压低企业资产转让价格的信息，而隐藏那些不利于压低企业资产转让价格的信息。此外，企业也可能选择不披露某些信息，从而使得转制过程中如拍卖过程中内部人与外部人对企业价值信息的掌握是严重不对称的，这就会降低拍卖中的竞争程度，甚至使外部人不愿意参加拍卖。

在案例二中，我们已经提到了拍卖中的陪标，而在陪标之前，企业 B 早已通过垄断信息排除了潜在的交易者。首先，企业 B 在招标书中提到，将优先考虑有科技创新能力的知名企业参与到竞标过程中来。这样，就直接将目标锁定高新技术企业，而将其他行业的潜在交易人名正言顺地排斥在交易之外。其次，按照规定，招标书发出到投标文件截至之日止，不得少于 20 天。但是，参与该企业拍卖的某拍卖行的招标书的发出时期和截止时期之间只有 12 天，整整少了 8 天。在短短十几天时间内，有很多潜在的交易者根本没有时间去准备投标文件。最后，在拍卖前几天，突然又规定竞标企业必须在当天下午 3 点之前将定金打入公司账号中，否则逾期就视自动放弃资格，而这则信息只是在公司网站上挂了一下，那些没有内部消息的企业，或者直接说投标方不想让他们竞标的企业，就只能到时眼睁睁地"自动弃权"了。[②]

在这个案例中，内部人披露的信息，包括招标的目标企业、招标时期和附加的招标条件，都是有利于内部人控制拍卖过程的信息，使拍卖的竞争程度被大大降

① 根据作者的调研整理。
② 根据邵挺的调研资料整理。

低。这说明了垄断信息在拍卖中排除外部人的重要作用。

4. 优先排队

在企业转制的案例里，企业原管理者作为内部人有着信息优势，他参与拍卖就会导致企业资产拍卖出现"赢者之咒"。如果想减轻"赢者之咒"对竞标者的影响，使得企业资产卖得应有的价钱，那么就应将原企业的内部人排除在竞标者之外。但是，在现实之中，由于转制过程是由内部人控制的，因此，内部人往往优先成为竞标者，而其他潜在的竞标者却可能因为担心出现"赢者诅咒"而不参加拍卖，甚至被企业内部人"暗箱"操作排除出竞标者之列。

〔案例九〕

2001 年，某市 K 公司的土地、厂房被"拍卖"的案件是一起较为典型的国有资产流失的例证。2001 年 5 月，L 拍卖公司获准拍卖该土地后，将 K 公司厂房土地的拍卖公告刊登在某报纸的中缝里（按规定，应在报纸显著位置刊登），消息比火柴盒还小，既没有拍卖单位和地址，也没有拍卖行名称。只有一个姓陈的人取得拍卖会竞买证，成为这次拍卖会唯一的竞买人。此后，陈某竞买成功，并与 L 拍卖公司订立成交确认书，以 400 万元买入了价值 900 万元的土地。几天以后，陈某与另一人在某省工商局申请注册的 I 公司获准成立。6 月，该省高级人民法院裁定将 K 公司的 15.4 亩土地使用权及其建筑物过户给 I 公司。而且，在 I 公司购买土地的 400 万元中，竟有 K 公司所属的 P 集团的 300 万元。[①]

从案例九的结尾可以看出，实际上正是 P 集团的管理者与陈某勾结成为拍卖中唯一的竞买者，最后国有土地仍然被 P 集团的管理者以低价买进。在这里，内部人不仅优先排队，更成为了唯一的"排队者"，从而操纵了整个拍卖过程。

（三）转制后的腐败

转制中的腐败是在政府官员的控制权没有及时地被削弱的背景下产生的。企业被私有化之后，如果政府官员仍然对企业有实质性的控制力，那么，私有化后的企业就仍然可能成为腐败的温床，前述案例七中 H 企业的转制中也出现了类似的现象。

在案例七出现的某市的 H 企业，在被以一定数额拍卖后，赢得拍卖的一方又以要求安置职工（包括一批内退职工及历史遗留问题、老干部安置等）为由获得一定数额的款项。而事实上，此标准高于实际支付给职工的工龄买断标准（按物价局、劳动保障部门、工会核定）。并且，赢得拍卖的一方还因此获得由地方国资

---

① 检察日报正义网"从三起案件揭开国有资产流失黑幕"，2003 年 4 月 2 日。

委分 5 年支付的每年一定数额的管理费。[①]

五、结论及含义

企业由公有转向私有的第一个动力来源是企业所有制变更后绩效的改进，而第二个动力来源则是企业内国有资产侵蚀的终止，同时，企业转制本身又成为内部人侵蚀国有资产的新的机会。中国的企业转制案例说明，如果私有化是在既定的企业治理结构和政府权力结构下进行的，任何转制方式都是被内部人选择的，那么，就不可避免地会出现企业管理者和政府官员合谋分享企业转制的"剩余"的腐败现象。反过来说，并不是离开了腐败，企业的私有化就无法实现，只要企业转制后效率的提高足够大，那么转制就仍然是帕累托改进。但是，当企业转制的"效率剩余"并不高时，腐败却可能成为推动企业转制的力量。

在企业的治理结构和政府权力结构给定的条件下，私有化的方式是内生地被企业管理者和政府官员共同选择的，因此，不能简单地希望一种私有化方式可以消除另一种方式所可能伴随着的腐败现象。即使采用拍卖的形式，在存在内部人控制和信息严重不对称的条件下，国有企业的资产流失也不一定能够被有效地遏制。寻租与腐败的制度根源乃是公有企业制度和缺乏权力约束与制衡的政治体制，转型经济中公有企业私有化过程集中地体现了腐败的根源，也从一个侧面说明了充分竞争市场的重要性。防止企业私有化过程中出现腐败的关键在于"完全的透明，并且要求所有行为都应有完全的合理性和备案"，而这恰恰是中国当前所缺乏的。

企业转制过程是短期内的平等与长期内的效率之间的权衡，如果简单地以私有化的终止来消除企业转制过程中的腐败，那么，社会所面临的代价就是国有企业的低效率和隐性的资产侵蚀持续地存在下去。企业的转制是企业管理者和政府官员共同分享企业转制的剩余的过程，而职工的利益只能是不低于转制前的状态。因此，企业的转制必然加剧收入不平等。同时，企业的转制的确能够提高企业的效率，如果要效率，又不改革既有的权力结构，就必须接受收入不平等的代价。这其中蕴涵了一个深刻的道理，在中国这样的转型经济的企业转制中，权力结构不变、效率和公平这三个目标是不可能兼得的。

企业转制中不平等和腐败的根源并不在于转制本身，而在于公有企业制度确立时对于私有产权的消灭。历史证明，人类试图通过企业公有化来促进平等的理想所付出的代价是巨大的，它或者表现为国有企业的低效率和隐性资产侵蚀，或者表现为企业转制时的腐败和不平等。企业的转制打碎了公有制的旧梦，岁月在无声中流淌了半个世纪，人们转了个圈，又回到了原地。

---

① 根据作者的调研整理。

参 考 文 献

1. 白重恩、路江涌和陶志刚：《国有企业改制效果的实证研究》，载《经济研究》2006 年第 8 期。

2. 陈钊：《非对称信息、拍卖与国有资产流失》，复旦大学 2006 年工作论文。

3. 陈钊、陆铭：《合作博弈的企业转制及其对制度和增长理论的含义》，载《世界经济文汇》2005 年第 4 期。

4. 费方域：《控制内部人控制——国企改革中的治理机制研究》，载《经济研究》1996 年第 6 期。

5. 桂勇：《私有产权的社会基础——城市企业产权的政治重构（1949 ~ 1956)》，立信出版社 2006 年版。

6. 胡一帆、宋敏、张俊喜：《中国国有企业民营化绩效研究》，载《经济研究》2006 年第 7 期。

7. 林海涛：《我国上市公司管理层收购的实证研究——兼论对国有企业改革的意义》，载《经济学家》2005 年第 1 期。

8. 林毅夫、蔡昉和李周：《充分信息与国有企业改革》，上海三联书店、上海人民出版社 1997 年版。

9. 刘亚铮、刘毅：《管理层收购的潜在套利流程分析》，载《湖南经济管理干部学院学报》2005 年第 3 期。

10. 陆铭：《为何改革没有提高国有企业的相对劳动生产率?》，载《经济学》（季刊）2003 年第 4 期。

11. 汪伟、金祥荣、汪淼军：《激励扭曲下的管理层收购》，载《经济研究》2006 年第 3 期。

12. Groves, Theodore; Yongmiao Hong, John McMillan and Barry Naughton, 1995: China's Evolving Managerial Labor Market, *Journal of Political Economy*, Vol. 103, No. 4.

13. Hall, David, 1999: Privatisation, Multinationals, and Corruption, *Development in Practice*, Vol. 9, No. 5.

14. Hart, Oliver, Andrei Shleifer, and Robert W. Vishny, 1997: The Proper Scope of Government: Theory and an Application to Prisons, *Quarterly Journal of Economics*, Vol. 213, No. 3.

15. Jain A. K., 2001: Corruption: A Review, *Journal of Economic Surveys*, Vol. 15, No. 1.

16. Kaufmann, Daniel and Paul Siegelbaum, 1997: Privatization and Corruption in the Transition, *Journal of International Affairs*, Vol. 50, No. 2.

17. Klmeperer, Paul, 1998: Auctions with Almost Common Values: the 'Wallet Game' and its Applications, *European Economic Review*, Vol. 42, No. 1.

18. La Porta, R. and F. Lopez-de-Silanes, 1999: Benefits of Privatization-Evidence from Mexico, *Quarterly Journal of Economics*, Vol. 114, No. 2.

19. Megginson, William L., Robert C. Nash, and Matthias Van Randenborgh, 1994: The Financial and Operating Performance of Newly Privatized Firms: An International Empirical Analysis, *Journal of Finance*, Vol. 49, No. 2.

20. Megginson, William, and Jeffry Netter, 2001: From State to Market: A Survey of Empirical Studies on Privatization, *Journal of Economic Literature*, Vol. 39, No. 2.

21. Rose-Ackerman, Susan, 1996: The Political Economy of Corruption: Causes and Consequences, *World Bank Public Policy for the Private Sector Note* No. 74, Washington D. C. : The World Bank.

22. Shleifer, A. and R. W. Vishny, 1993: Corruption, *Quarterly Journal of Economics*, Vol. 108, No. 4.

23. Shleifer, A. and R. W. Vishny, 1994: Politicians and Firms, *Quarterly Journal of Economics*, Vol. 109, No. 3.

24. Von Weizsäcker, Ernst Ulrich; Oran R. Young and Matthias Finger, eds. , 2005: *Limits to Privatization: How to Avoid Too Much of A Good Thing*, A Report to the Club of Rome, London: Earthscan.

25. Wiehen, Michael, 2004: Avoiding Corruption in Privatization: A Practical Guide, Deutsche Gesellschaft für Technische Zusammenarbeit (GTZ).

The Cost of Public Ownership Ideal in the Case of China

Lu Ming　Chen Zhao

(China Center for Socialist Market Economic Research,

Fudan University, Shanghai　China　200433)

Abstract: The firm reform process is defined as the tradeoff of the shrot-term equality and long term efficiency. Under given the frim governance and government power structure, corporate manegers are likely to colude with government buaurats to decide the mode of the reform and share with the surplus. While the reform enhance the efficiency, make the unequal more worse.

Key Words: Corruption　Privatization　Efficiency　Unequality

JEL Classification: F270　F830

第 1 卷第 1 辑　　　　　　国有经济评论　　　　　　　Vol. 1　No. 1
2009 年 9 月　　　　Review of Public Sector Economics　　September, 2009

〔国民经济〕

二元经济结构视角下我国投资与消费比例失衡研究[*]

张桂文

（辽宁大学经济学院　辽宁　沈阳　110036）

内容摘要：消费率偏低、投资率偏高是我国经济运行中各种矛盾的焦点。投资与消费比例失衡是我国宏观经济波动的基本原因，它导致了我国劳动与资本双重过剩，引起了外贸顺差过大和国际收支失衡。而投资与消费比例失衡根源于我国二元经济结构所导致的收入分配差距过大。扩大消费需求，必须标本兼治，把扩大消费需求的短期政策与促进二元经济结构转换结合起来。

关键词：消费率　投资率　二元经济结构　收入差距

一、我国投资与消费比例失衡的基本情况

消费率偏低同投资率偏高并存所形成的投资与消费比例失衡是我国经济运行中的一个突出问题。从表 1 中我们可以看出，改革开放以来我国消费率呈现出波动性下降，而投资率表现为波动性上升。消费率在 67% ~ 49% 之间波动，平均为 60.9%，投资率在 31.9% ~ 43.2% 之间波动，平均为 37.5%（根据表 1 数据计算）；自 2003 年以来投资率保持在 41% 以上，消费率在 60% 以下，2006 年和 2007 年两年，消费率更是低于 50%。根据 2002 年数据，世界平均消费率为 79.1%，其中低收入国家的消费率为 80.2%，中等收入国家的消费率为 72.6%，高收入国家的消费率为 80.3%。根据世界银行发展报告，陈文玲（2007）估算，2000 ~ 2002 年世界平均投资率为 22.5%、21.4% 和 19.9%，2002 年低收入国家的投资率为 21%，中等收入国家为 25%，高收入国家为 22%。我国消费率与投资率无论是近年来的实际水平，还是改革开放以来的平均水平与国际水平相比较，都表现为消费率过低，投资率过高的特点。

---

　* 本文是国家社会科学基金项目："我国二元经济结构转换的政治经济学分析"（批准号 06BJL003）的阶段性成果。

　张桂文（1957 ~ 　），女，辽宁朝阳人，辽宁大学经济学院教授，经济学博士，博士生导师，主要从事政治经济学和劳动经济学研究。

表 1　　　　　　　　　　支出法国内生产总值、投资率与消费率　　　　　　单位：亿元，%

年份	支出法国内生产总值	最终消费支出	资本形成总额	资本形成率（投资率）	最终消费率（消费率）
1979	4092.6	2633.7	1478.9	36.1	64.4
1980	4592.9	3007.9	1599.7	34.8	65.5
1981	5008.8	3361.5	1630.2	32.5	67.1
1982	5590.0	3714.8	1784.2	31.9	66.5
1983	6216.2	4126.4	2039.0	32.8	66.4
1984	7362.7	4846.3	2515.1	34.2	65.8
1985	9076.7	5986.3	3457.5	38.1	66.0
1986	10508.5	6821.8	3941.9	37.5	64.9
1987	12277.4	7804.6	4462.0	36.3	63.6
1988	15388.6	9839.5	5700.2	37.0	63.9
1989	17311.3	11164.2	6332.7	36.6	64.5
1990	19347.8	12090.5	6747.0	34.9	62.5
1991	22577.4	14091.9	7868.0	34.8	62.4
1992	27565.2	17203.3	10086.3	36.6	62.4
1993	36938.1	21899.9	15717.7	42.6	59.3
1994	50217.4	29242.2	20341.1	40.5	58.2
1995	63216.9	36748.2	25470.1	40.3	58.1
1996	74163.6	43919.5	28784.9	38.8	59.2
1997	81658.5	48140.6	29968.0	36.7	59.0
1998	86531.6	51588.2	31314.2	36.2	59.6
1999	91125.0	55636.9	32951.5	36.2	61.1
2000	98749.0	61516.0	34842.8	35.3	62.3
2001	108972.4	66878.3	39769.4	36.5	61.4
2002	120350.3	71691.2	45565.0	37.9	59.6
2003	136398.8	77449.5	55963.0	41.0	56.8
2004	160280.4	87032.9	69168.4	43.2	54.3
2005	188692.1	97822.7	80646.3	42.7	51.8
2006	221170.5	110413.2	94103.2	42.5	49.9
2007	261770.1	128332.0	110250.8	42.1	49.0

　　资料来源：《中国统计年鉴（2007）》；2007 年数据来自于国家统计局数据库，资本形成率与最终消费率根据国家统计局数据库数据计算所得。

根据世界银行钱纳里和赛尔奎因等经济学家对多个发展中国家工业化进程的研究结果，在工业化初期，投资率、消费率的平均水平分别为 15%、85%；到了工业化中期，投资率提高到 20%，消费率降到 80%（见表 2）。我国当前正处于中期阶段，但是在 2007 年，我国的消费率仅为 51.5%，比标准值低了 28.5 个百分点。与此同时，投资率却高达 44.7%，高于标准值 24.7 个百分点。

表 2　　　　　　钱纳里多国模型工业化过程中投资率和消费率的变化情况

发展阶段	人均 GDP（1970 年美元）	投资率（%）	消费率（%）
工业化初期	140	15	85
工业化中期	560	20	80
工业化末期	2100	23	77

资料来源：钱纳里、鲁宾逊、赛尔奎因：《工业化和经济增长的比较研究》，上海三联书店 1995 年版。

刘伟和苏剑（2007）认为，根据改革开放以来的经验，我国年均固定资产投资增长率为 13.5% 左右，如果不发生重大制度和技术变革，我国国民经济能够承受的固定资产投资需求波动幅度为 9 个百点，即在 4.5%～22.5% 之间（围绕 13.5% 上下各加减 9 个百分点），但我国 2003 年至 2007 年固定资产投资增长率分别为 27.3%，26.6%，26%，23.9%，24.8%，固定资产投资连续超出 22.5% 这一上限。

二、投资与消费失衡对宏观经济运行的影响

我国投资与消费比例失衡，对宏观经济运行产生了重大影响，是我国经济运行中各种问题的症结所在。

（一）投资与消费比例失衡是我国宏观经济波动的基本原因

消费与投资作为人类两大基本经济活动，具有不同的特点。消费活动追求的是个人效用满足，虽然消费支出也受诸多因素影响，但具有决定意义的还是家庭可支配收入；而且消费活动在形成市场需求的同时，不会直接增加市场供给，其对市场供给的影响是通过投资活动来实现的。与消费不同，投资活动追求的是价值增值，尽管投资支出也受企业生产经营状况的影响，但更取决于企业对未来经济前景的预期。因此，相对于消费活动而言，投资支出更具有波动性；而且投资既直接影响需求也直接影响供给，但二者作用的时间不同。投资对需求的影响是即期的，它对供

给的影响则要通过生产能力的形成才能实现。而由于形成生产能力需要一定时间，因此它对供给的影响是长期的。投资活动在扩大即期需求的同时，会增加未来供给。胡庄君和施祖麟（2006）认为，"虽然投资占总支出的比例不及消费大，但投资支出的波动常常是引致总支出波动的主要原因"。

从投资与消费的关系来分析，投资需求是派生需求，消费需求是最终需求。投资支出所形成的生产能力是否能够实现，最终还是取决于消费需求的大小。由于投资活动具有更大的波动性，并在扩大即期需求的同时增加未来供给，如果投资与消费比例失衡，最终需求不足，即期的投资活动就会为将来的生产过剩埋下隐患。这样在经济运行中往往会出现投资需求过旺—经济快速增长—产能过剩—经济增长放缓这种周期性的宏观经济波动。表 3 列出了我国 1978～2007 年的投资率与 GDP 增长率及物价水平的变动情况。

表 3　　　　　　　　投资率与 GDP 增长率及物价水平的变动　　　　　单位：%

年份	投资率	GDP增长率	消费价格指数	年份	投资率	GDP增长率	消费价格指数
1978	38.2	11.7	0.7	1993	42.6	14	14.3
1979	36.1	7.6	2	1994	40.5	13.1	24.1
1980	34.8	7.8	6	1995	40.3	10.9	17.1
1981	32.5	5.2	2.4	1996	38.8	10	8.3
1982	31.9	9.1	1.9	1997	36.7	9.3	2.8
1983	32.8	10.9	1.5	1998	36.2	7.8	-0.8
1984	34.2	15.2	2.8	1999	36.2	7.6	-1.4
1985	38.1	13.5	9.3	2000	35.3	8.4	0.4
1986	37.5	8.8	6.5	2001	36.5	8.3	0.7
1987	36.3	11.6	7.3	2002	37.9	9.1	-0.8
1988	37	11.3	18.8	2003	41	10	1.2
1989	36.6	4.1	18	2004	43.2	10.1	3.9
1990	34.9	3.8	3.1	2005	42.7	10.4	1.8
1991	34.48	9.2	3.4	2006	42.5	11.6	1.5
1992	36.6	14.2	6.4	2007	42.1	11.9	4.8

资料来源：国家统计局数据库。由于国家统计局自 1985 年才开始统计消费价格指数，1979～1984 年的价格指数为商品零售价格指数，数据来自于《中国统计年鉴（2000）》。

从表 3 中可以看出，改革开放以来，我国在 1984～1988 年、1992～1996 年、2003～2007 年期间都经历了投资率大幅度上升，也引起了 GDP 在此期间的快速增长，我国的消费价格指数也在 1985～1989 年、1992～1996 年、2004～2007 年处于相对较高水平。但随着 1989 ~ 1991 年、1997 ~ 2001 年的投资小幅回落，GDP 增长率也出现了较大幅度的下降，物价水平也在 1990 ~ 1991 年、1997 ~ 2003 年处于相对较低水平。①

（二）投资与消费比例失衡导致我国资本与劳动双重过剩

发展中国家要素禀赋的基本特点是资本不足，但劳动力过剩。发展经济学特别强调资本形成在经济发展中的作用。但自 20 世纪 90 年代末期以来，我国不仅劳动力供给过剩，就业压力严重，而且银行存贷差持续扩大，资本要素也出现了相对过剩。1998 年到 2002 年，我国 GDP 的年均增长率为 8.2%（根据表 3 中的数据计算），同期城镇失业人口为 500 万人左右，登记失业率在 2.3% 左右。2003 年以来，我国 GDP 的年均经济增长率为 10.8%（根据表 3 中的数据计算），比此前的 8.2% 高 2.6 个百分点，但城镇失业率不仅未能相应下降，却反而快速上升，到 2007 年底城镇失业人数已达 830 万人，登记失业率已达 4%。1998 ~ 2008 年我国金融机构人民币存贷差持续扩大（见表 4），2005 年以来我国金融机构人民币存贷差占全部存款比重已高达 32% 以上，到 2008 年 12 月末人民币存贷差达 162808.68 亿元，占全部存款的比重高达 34.92%。

表 4　　　　　　　1998 ~ 2008 年金融机构人民币存贷差变动情况表　　　单位：亿元，%

时间	存款	贷款	存贷差	存贷差占存款比重
1998 年 10 月末	—	—	9598.6	10.00
1999 年 12 月末	108778.9	93734.3	15044.6	13.83
2000 年 12 月末	123804.35	99371.07	24433.28	19.73
2001 年 12 月末	143617.17	112314.7	31302.47	21.80
2002 年 12 月末	170917.4	131293.93	39623.47	23.18
2003 年 12 月末	208055.59	158996.23	49059.36	23.58
2004 年 12 月末	240525.07	177363.49	63161.58	26.26
2005 年 12 月末	287169.52	194690.39	92479.13	32.20
2006 年 12 月末	335434.10	225285.28	110148.82	32.84
2007 年 12 月末	389371.15	261690.88	127680.27	32.79
2008 年 12 月末	466203.32	303394.64	162808.68	34.92

资料来源：根据中国人民银行网站历年《金融机构人民币信贷收支表》整理、计算所得。1998 年数据来自张桂文：《中国二元经济结构转换研究》，吉林人民出版社 2001 年版，第 130 页。

---

① 由于 1979 ~ 1983 年城市经济体制改革还没有开始，这期间 GDP 增长和物价水平的变动，主要是特殊历史时期的"洋跃进"和 1981 年大幅度经济调整的结果。

劳动与资本要素双重过剩说明我国资源配置与利用效率低下，不利于经济增长与社会发展。而造成劳动与资本要素双重过剩的直接原因，则是投资与消费比例失衡。在投资与消费比例协调、消费需求正常增长的条件下，通常不会出现资本与劳动双重过剩的情况。因为在这一条件下，劳动力过剩往往是资本形成不足的结果，而资本过剩也常常是由于缺乏与之相匹配的劳动要素。在对待资本形成的问题上，发展经济学通常关心的是资本形成的来源——储蓄率的高低及储蓄量的大小，但资本形成不仅取决于储蓄，还会受到有利投资机会的制约。如果消费需求不足，市场容量有限，企业缺乏投资动机，储蓄就不可能顺利地转化为投资，从而表现为银行系统的存贷差扩大。但这并不表明我国经济发展中资本已成为丰裕要素。我国存贷差的持续扩大，是在消费需求不足的条件下，社会对预期投资收益率下降的一种正常反映。

（三）投资与消费比例失衡是我国经济外向型依赖的重要原因

我国投资率过高，消费率过低，高投资所形成的产品和产能在国内市场无法实现，就只能依靠出口，从而使经济增长不得不更加依赖外需扩张。从表 5 可以看出，1979～2007 年间，除了 1982 年、1983 年、1986 年、1990 年、1996 年、1998 年、2001 年这 7 年外，其余 22 年我国进出口增长均远超过 GDP 增长，除了 1979 年、1980 年、1985 年、1986 年、1988 年、1989 年和 1993 年这 7 年外，其余 22 年均为外贸顺差，而且自 1994 年以来，我国外贸顺差持续扩大，到 2007 年已达到 23187.3 亿元人民币。2007 年我国进出口总额为 21738.3 亿美元，按 2007 年美元兑人民币汇率均价（1 美元 = 7.6071 元人民币）计算的国内生产总值为 32802.25 亿美元，外贸依存度高达 66.27%，远高于美国与日本的水平（20% 左右）。[①] 过高的外贸依存度，说明了中国经济发展对国际能源、原材料和市场需求的过度依赖。

表 5　　　　　　　　1979～2007 年 GDP、进出口增长率和外贸顺差　　　单位：亿元，%

年份	GDP 增长率	进出口 增长率	货物和服 务净出口	年份	GDP 增长率	进出口 增长率	货物和服 务净出口
1979	7.6	42	-20.0	1985	13.5	30	-367.1
1980	7.8	28.9	-14.7	1986	8.8	6.1	-255.2
1981	5.2	16.4	17.1	1987	11.6	11.9	10.8
1982	9.1	-5.5	91.0	1988	11.3	24.4	-151.1
1983	10.9	4.8	50.8	1989	4.1	8.7	-185.6
1984	15.2	22.8	1.3	1990	3.8	3.4	510.3

---

① 2007 年进出口总额数据来自于商务部网站统计数据；2007 年人民币汇率均价根据中国人民银行网站统计数据计算；2007 年国内生产总值数据来自于国家统计局数据库。美国与日本外贸依存度的数据来自于刘伟和苏剑（2007）。

续表

年份	GDP增长率	进出口增长率	货物和服务净出口	年份	GDP增长率	进出口增长率	货物和服务净出口
1991	9.2	17.6	617.5	2000	8.4	31.5	2390.2
1992	14.2	22	275.6	2001	8.3	7.5	2324.7
1993	14.0	18.2	−679.5	2002	9.1	21.8	3094.1
1994	13.1	20.9	634.1	2003	10	37.1	2986.3
1995	10.9	18.7	998.6	2004	10.1	35.7	4079.1
1996	10.0	3.2	1459.2	2005	10.4	23.2	10223.1
1997	9.3	12.2	3549.9	2006	11.6	23.8	16654.1
1998	7.8	−0.4	3629.2	2007	11.9	23.5	23187.3
1999	7.6	11.3	2536.6				

资料来源：国家统计局数据库，国家统计局网站；商务部进出口统计数据，商务部网站。

在现代市场经济条件下任何一个国家都不可能闭关锁国谋求自身经济发展。体制转轨以来的对外开放，不仅使我们有可能利用国外市场与国外资源来促进经济增长，而且在国际市场激烈的竞争压力下，还会通过引进国外的先进管理经验和管理体制推进制度创新。因此，改革与开放是中国经济持续快速发展的基本经验。但对外开放、参与国际竞争，不等于经济发展的外向型依赖。对一个大国经济来说，过度依赖于国际市场，一是会加深国际市场价格波动对国内市场的影响，危及我国的经济安全。二是加深世界性经济波动对国内经济的影响，危及国内经济稳定。无论是 1997～1998 年亚洲经济危机还是 2008 年的全球性金融危机均已对中国经济发展产生了较为严重影响，出口需求的大幅度下降与国内消费需求不足等问题叠加在一起，均使经济增长速度明显放慢。此轮世界性金融危机对国内经济的影响程度尚未完全明朗，而 1997～1998 年亚洲经济危机与国内有效需求不足等因素叠加，则导致了我国进入了长达五年的经济紧缩时期。三是会形成外需依赖与低水平国际竞争的恶性循环。由于国内最终需求不足，大量投资所形成市场供给不得不依赖国际市场，在我国现有的工业基础与技术水平条件下，为了保持出口产品的国际竞争力，又不得不压低劳动力成本，造成工人工资水平与福利待遇低下；而占全国大多数人口的工薪阶层收入水平低下，又会使国内最终需求不足难以缓解，经济持续快速增长依然会依赖出口需求的增长。

三、二元经济结构对我国投资与消费比例失衡的影响

作为发展中大国，我国是典型的二元经济社会。二元结构作为国民经济结构的基本特征，不仅制约着中国经济的长远发展，也对现阶段投资与消费比例和宏观经

济运行产生深刻影响——二元经济结构通过收入分配作用于投资与消费，并通过投资与消费结构左右宏观经济运行。

　　二元经济结构是指以城市工业为主的现代部门与传统农业部门并存的经济结构。二元经济结构的特点，突出地表现在传统农业部门劳动生产率远低于现代非农产业的劳动生产率。根据二元经济结构的特点，我们用二元对比系数来度量二元经济结构强度。二元对比系数是农业和非农业比较劳动生产率的比率，而一个部门的比较劳动生产率是指该部门的产值比重与劳动力比重的比率。二元对比系数与二元结构强度成反方向变动，二元对比系数越大，两部门差别越小；二元对比系数越小，两部门差别越大。根据陈宗胜（1994）可知，二元对比系数理论上的最大值为 1，通常总是低于 1。①

　　计算表明，改革开放以来我国二元经济结构强度以 20 世纪 80 年代中期为分界线，经历了一个由减弱到增强的过程（见表 6）。我国二元对比系数先是由1978 年的 0.1643 上升到 20 世纪 80 年代中期的 0.2498（1983 年、1984 年、1985 年二元对比系数的平均值）；但是 80 年代中期以后二元经济结构强度又有所加强，90 年代后期以来二元经济结构强度明显增强，到 2007 年二元对比系数下降到 0.1842。

表 6　　　　　我国农业、非农业比较劳动生产率与二元对比系数变动情况

年份	农业产值比重（%）	农业就业比重（%）	农业比较劳动生产率	非农业产值比重（%）	非农业就业比重（%）	非农业比较劳动生产率	二元对比系数
1978	28.19	70.50	0.3998	71.81	29.50	2.4343	0.1643
1979	31.27	69.80	0.4479	68.73	30.20	2.2760	0.1968
1980	30.17	68.70	0.4392	69.83	31.30	2.2309	0.1969
1981	31.88	68.10	0.4681	68.12	31.90	2.1354	0.2192
1982	33.39	68.10	0.4903	66.61	31.90	2.0881	0.2348
1983	33.18	67.10	0.4945	66.82	32.90	2.0310	0.2435
1984	32.13	64.00	0.5021	67.87	36.00	1.8852	0.2663
1985	28.44	62.40	0.4558	71.56	37.60	1.9031	0.2395
1986	27.15	60.90	0.4458	72.85	39.10	1.8632	0.2393
1987	26.81	60.00	0.4469	73.19	40.00	1.8297	0.2442
1988	25.70	59.30	0.4333	74.30	40.70	1.8257	0.2373
1989	25.11	60.10	0.4177	74.89	39.90	1.8771	0.2225
1990	27.12	60.10	0.4512	72.88	39.90	1.8267	0.2470
1991	24.53	59.70	0.4108	75.47	40.30	1.8728	0.2194
1992	21.79	58.50	0.3725	78.21	41.50	1.8846	0.1976

---

　　①　陈宗胜：《经济发展中的收入分配》，上海三联书店、上海人民出版社 1994 年版，第 326 页。

续表

年份	农业产值比重（%）	农业就业比重（%）	农业比较劳动生产率	非农业产值比重（%）	非农业就业比重（%）	非农业比较劳动生产率	二元对比系数
1993	19.71	56.40	0.3494	80.29	43.60	1.8415	0.1898
1994	19.76	54.30	0.3639	80.24	45.70	1.7558	0.2073
1995	19.86	52.20	0.3805	80.14	47.80	1.6765	0.2270
1996	19.69	50.50	0.3899	80.31	49.50	1.6224	0.2403
1997	18.29	49.90	0.3665	81.71	50.10	1.6310	0.2247
1998	17.56	49.80	0.3525	82.44	50.20	1.6423	0.2147
1999	16.47	50.10	0.3287	83.53	49.90	1.6739	0.1964
2000	15.06	50.00	0.3013	84.94	50.00	1.6987	0.1773
2001	14.39	50.00	0.2878	85.61	50.00	1.7122	0.1681
2002	13.74	50.00	0.2749	86.26	50.00	1.7251	0.1593
2003	12.80	49.10	0.2606	87.20	50.90	1.7132	0.1521
2004	13.39	46.90	0.2856	86.61	53.10	1.6310	0.1751
2005	12.55	44.80	0.2801	87.45	55.20	1.5843	0.1768
2006	11.73	42.60	0.2754	88.27	57.40	1.5378	0.1791
2007	11.26	40.80	0.2760	88.70	59.20	1.4983	0.1842

　　资料来源：2007 年以前数据根据历年《中国统计年鉴》有关数据计算。2007 年数据根据国家统计局数据库有关数据计算。

　　国民收入的初次分配是根据要素贡献大小进行的，较高的劳动生产率对应较高的收入。在二元经济社会中，由于传统农业部门劳动生产率远低于现代非农产业，城乡居民收入水平也就不可避免地存在较大的差距。二元经济结构强度越大，城乡间收入差距也就越大。

　　我们分别用城乡居民收入比、乡城居民收入比和城乡差值基尼系数测度我国城乡收入差距。差值基尼系数是指城镇（或农村）居民收入占全国总收入的比重和城镇（或农村）人口占全国总人口比重之差的绝对值。城乡居民收入比值越大、乡城居民收入比值越小、差值基尼系数越大说明城乡收入分配差距越大。用 I_u 与 P_u 分别代表城镇居民收入在全国总收入中的比重和城镇人口在全国总人口中的比重，I_r 与 P_r 分别代表农村居民的收入比重和人口比重，则城乡居民间收入差距的基尼系数可用以下公式表示：

$$G_d = I_u - P_u = I_r - P_r$$

　　计算表明，改革开放以来我国城乡居民收入分配差距也以 20 世纪 80 年代中期为分界线，经历了由缩小到扩大的变动过程（见表 7）。1978 年我国城乡居民收入比为 2.5704、乡城居民收入比为 0.3891、城乡差值基尼系数为 0.1802，到 20 世纪 80 年代中期我国城乡居民收入比缩小到 1.8184、乡城居民收入比上升到 0.5502、城乡差值基尼系数降低到 0.1213（分别为 1983 年、1984 年、1985 年的平均值）；

此后城乡居民收入差距又呈现出扩大趋势，进入 20 世纪 90 年代末期以来城乡收入差距明显增强，到 2007 年我国城乡居民的收入比上升到 3.3296、乡城居民收入比下降到 0.3003、差值基尼系数上升到 0.3196。

表 7　　　　　　　　　　1978 ~ 2007 年中国城乡收入差距变动情况

年份	相对收入差距（市民收入/农民收入）	相对收入差距（农民收入/市民收入）	差值基尼系数
1978	2.5704	0.3891	0.1802
1979	2.5080	0.3987	0.1802
1980	2.4966	0.4005	0.1813
1981	2.2023	0.4541	0.1558
1982	1.9511	0.5125	0.1320
1983	1.7624	0.5674	0.1109
1984	1.8338	0.5453	0.1239
1985	1.8589	0.5380	0.1291
1986	2.1227	0.4711	0.1629
1987	2.1665	0.4616	0.1703
1988	2.1681	0.4612	0.1719
1989	2.2871	0.4372	0.1861
1990	2.2005	0.4544	0.1771
1991	2.3999	0.4167	0.2001
1992	2.5849	0.3869	0.2200
1993	2.7967	0.3576	0.2410
1994	2.8634	0.3492	0.2480
1995	2.7147	0.3684	0.2359
1996	2.5123	0.3980	0.2193
1997	2.4689	0.4050	0.2173
1998	2.5093	0.3985	0.2232
1999	2.6485	0.3776	0.2377
2000	2.7869	0.3588	0.2506
2001	2.8987	0.3450	0.2599
2002	3.1115	0.3214	0.2754
2003	3.2310	0.3095	0.2824
2004	3.2086	0.3117	0.2794
2005	3.2238	0.3102	0.2786
2006	3.2784	0.3050	0.2805
2007	3.3296	0.3003	0.3196

　　资料来源：根据《中国统计年鉴（2008）》有关数据计算。

　　把城乡收入差距变化与二元对比系数变化进行比较，可以明显地看出改革开放以来我国城乡收入差距与二元结构强度的变动轨迹大致相同，参见图 1。

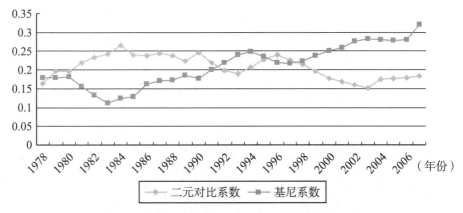

图 1　我国城乡二元对比系数与基尼系数变动情况

为了进一步验证我国二元经济结构转换的收入分配效应，我们运用 Eveiws 软件，分别对乡城居民收入比与二元对比系数、城乡差值基尼系数与二元对比系数做相关分析。所谓相关分析是指用相关系数来测量两个变量间相互关系的大小和方向的计量方法，其相关系数的计算公式为：

$$r = \frac{\sum\limits_{i=1}^{n}(x_i - \bar{x})(y_1 - \bar{y})}{\sqrt{\sum\limits_{i=1}^{n}(x_i - \bar{x})^2 \sum\limits_{i=1}^{n}(y_i - \bar{y})^2}}$$

式中，r 表示变量 x、y 的相关系数；x_i、y_i 分别表示第 i 个样本点时 x、y 变量的观测值。相关系数 r 的取值范围是 $[-1, 1]$，其值越接近 1，两个变量的正相关性就越强；其值越接近 -1，表示负相关性越强。

分析结果表明：乡城居民收入比与二元对比系数的相关系数为 0.8393，接近 1，说明二者具有很强的正相关关系；城乡差值基尼系数与二元对比系数的相关系数为 -0.7611，接近 -1，说明二者具有显著的负相关关系。由于乡城居民收入比值越小收入分配差距越大，基尼系数越小收入分配的差距越小，二元对比系数越小二元经济结构强度越大，因此上述两个分析结果都表明城乡收入差别与二元经济结构强度呈明显的正相关。

受二元经济结构转换滞后于经济发展水平的影响，我国城乡居民收入分配差距过大的问题十分突出。由中国社会科学院经济研究所收入分配课题组（2004）经过数年跟踪研究所做出的一份调查报告显示，如果仅看货币收入差距，中国城乡收入差距稍低于津巴布韦，但如果把教育、医疗、失业保障等非货币因素考虑进去，中国城乡收入差距为世界最高。我国居民收入分配差距未能随着经济增长而趋于减小，在国际比较中处于较高水平。在二元经济国家中，城乡收入差距对全社会收入分配状况具有较大影响，城乡收入差距越大，全社会的收入分配差距也就越大。就我国情况来看，王少国（2007）认为，城乡收入差距变动对全国居民收入差距变动的影响程度高达到 84.77% 。表 8 是根据《国际统计年鉴（2008）》中的有关数据得出的居民收入分配差距的国际比较。从表中可以看出，我国居民收入分配差距不论是就基尼系数而言，还是就不同收入组所占全部收入或消费比重而言，都居于较高水平。其中基尼系数与最高收入组占比在 32 个国家中居第五位，只低于南非、阿根廷、巴西和委内瑞拉；20% 最低收入组占比居倒数第五位，也只高于上述四个国家。

表 8　　　　　　　　　　　　　居民收入分配差距的国际比较

国家和地区	年份	基尼系数	各组占全部收入或消费的比重（%）				
			最低的 20%	第二个 20%	第三个 20%	第四个 20%	最高的 20%
中　国	2004	0.47	4.25	8.48	13.68	21.73	51.86
孟加拉国	2000	0.33	8.60	12.10	15.60	21.00	42.70
柬埔寨	2004	0.42	6.82	10.23	13.74	19.62	49.59
印　度	2004	0.37	8.08	11.27	14.94	20.37	45.34
印度尼西亚	2002	0.34	8.41	11.92	15.41	20.98	43.29
以色列	2001	0.39	5.71	10.46	15.86	23.04	44.93
哈萨克斯坦	2003	0.34	7.45	11.88	16.39	22.80	41.48
老　挝	2002	0.35	8.07	11.88	15.62	21.13	43.30
蒙　古	2002	0.33	7.47	12.16	16.79	23.10	40.48
巴基斯坦	2002	0.31	9.34	12.97	16.27	21.09	40.33
菲律宾	2003	0.45	5.44	9.08	13.57	21.27	50.63
斯里兰卡	2002	0.40	6.99	10.45	14.20	20.41	47.95
泰　国	2002	0.42	6.34	9.89	13.97	20.78	49.02
越　南	2004	0.37	7.14	11.13	15.14	21.78	44.81
埃　及	2000	0.34	8.57	12.08	15.38	20.39	43.59
尼日利亚	2003	0.44	5.05	9.59	14.48	21.71	49.17
南　非	2000	0.58	3.47	6.31	10.04	18.00	62.18
加拿大	2000	0.33	7.20	12.73	17.18	22.95	39.94
墨西哥	2004	0.46	4.31	8.29	12.64	19.69	55.07
美　国	2000	0.41	5.44	10.68	15.66	22.41	45.82
阿根廷	2004	0.51	3.12	7.55	12.82	21.08	55.42
巴　西	2004	0.57	2.80	6.45	10.96	8.67	61.12
委内瑞拉	2003	0.48	3.25	8.69	13.94	21.99	52.14
白俄罗斯	2002	0.30	8.46	13.24	17.29	22.71	38.31
德　国	2000	0.28	8.52	13.72	17.79	23.09	36.88
意大利	2000	0.36	6.50	11.98	16.75	22.75	42.02
波　兰	2002	0.34	7.51	11.91	16.11	22.22	42.25
俄罗斯联邦	2002	0.40	6.15	10.48	14.92	21.82	46.63
西班牙	2000	0.35	6.97	12.09	16.43	22.51	42.00
土耳其	2003	0.44	5.34	9.75	14.23	21.02	49.66
乌克兰	2003	0.28	9.24	13.55	17.30	22.38	37.53

资料来源：《国际统计年鉴（2008）》。

　　根据经济学基本原理，收入分配差距过大，社会财富向少数人手中集中，由于边际消费倾向递减，少数人消费需求有限，大部分收入会转化为投资形成新的产出；而大多数人收入水平低下，尽管这些人边际消费倾向较高，却很难形成有效需求。因此在收入分配差距过大的条件下，消费需求增长往往赶不上投资需求的扩张。

　　由于二元经济结构转换滞后，收入分配失衡的矛盾没有根本缓解，我国还没有形成由内需求拉动经济增长的坚实基础，在对待投资与出口的问题上，宏观经济政策面临着十分矛盾的困境：既要抑制投资的过快增长，又担心投资需求下降过快，引起经济下滑；既要减少外贸顺差，又忧虑人民币升值过快，影响国内就业。

四、扩大消费需求必须标本兼治

　　作为大国经济，经济发展的基础必须立足于内需，特别是国内消费需求。但是扩大消费需求，必须标本兼治，把扩大消费需求的短期政策与促进二元经济结构转换结合起来。为此要着重做好以下几方面工作。

（一）扩大公共支出，缩小储蓄—投资缺口

　　扩大消费需求，是一项长期战略，就短期来说，提高消费率，降低储蓄率的一个可行办法，是通过加大国有企业对财产所有者利润分红的方式，减少企业储蓄；通过扩大政府公共投资的方式，减少政府储蓄；公共投资的重点是教育、医疗等公益性产品和自来水、电力、管道燃气等公用事业产品，其好处是既可以消化加工制造业的过剩产能，又可以降低公共产品价格，扩大消费需求。

（二）着力调节收入分配，努力扩大消费需求

　　一是要通过逐步提高最低工资标准、个人所得税起征点和免税额等措施，提高中低收入群体的消费能力；二是加大税收征管力度，保护合法收入，调节过高收入，强化国家税收对收入分配的调节职能；三是促进教育、医疗卫生事业发展，完善社会保障制度，稳定居民支出预期，扩大即期消费需求；四是通过增加农民收入、加强农村基础设施建设等途径，努力开拓农村消费市场。

（三）促进农业剩余劳动力转移，推进二元经济结构转换

　　根据发展经济学的二元经济理论，二元经济结构转换的核心是通过农业剩余劳动力向非农产业转移，使城乡异质的二元结构转换为同质的现代化一元结构。要通

过消除城乡户籍差别、形成土地流转与集中机制、建立健全劳动力市场、保障农民工合法权益等途径，降低劳动力迁移成本，提高迁移收入；通过促进城乡工业合理分工、发展劳动—技术密集型产业等途径，正确处理产业结构升级与劳动密集型产业发展的关系，为农民创造尽可能多的非农就业机会；通过加大对农村人力资本投资力度、调整农村教育结构、做好外出务工人员的技能培训等工作，提高农民工的从业竞争力和就业稳定性。

参 考 文 献

1. 乔为国：《中国高投资率低消费率研究》，社会科学文献出版社 2007 年版。

2. 刘伟、苏剑：《供给管理与我国现阶段宏观调控》，载《经济研究》2007 年第 2 期。

3. 张桂文：《中国二元经济结构转换研究》，吉林人民出版社 2001 年版。

4. 王远鸿：《中国经济内外不平衡分析》，载《经济理论与经济管理》2007 年第 10 期。

Disequilibrium of Investment and Consumption under the Dual Economic Structure

Zhang Guiwen

(School of Economics　Liaoning University, Shenyang　Liaoning　China　110036)

Abstract: The paper is to discuss the fundamental cause of the macroeconomic fluctuation, and found the lower consumption and investment rate are the focus of the problems. Because of this reason it results in the double the labor and capital overexcess, and leads to the favorable foreign balance and the unbanlance of the international payment. That is, the dual economic structure creates the income gap and the macroeconomic recession. Hence increase in consumption demand is important. Therefore we provide some policy for the integration of the short consumption and transformation of the dual econopmic structure.

Key Words: Consumption Rate　Investment Rate　Dual Economic Structure　Income Gap

JEL Classification: F323　F321

第 1 卷第 1 辑　　　　　国有经济评论　　　　　Vol. 1　No. 1
2009 年 9 月　　　　Review of Public Sector Economics　　　September, 2009

〔文献综述〕

企业成长研究：一个理论综述[*]

孟繁颖

（吉林大学经济学院　吉林　长春　130012）

内容摘要：企业成长的兴衰是影响一国经济成长兴衰的最基本因素，然而，长期以来企业成长理论却一直徘徊于主流经济学之外。本文遵循理论发展的历史脉络，从经济学和管理学两个视角系统回溯了企业成长研究的思想源头与理论演进，并在比较、评述各相关学说的基础上指出了未来企业成长研究的基本努力方向。

关键词：企业成长　规模经济　交易成本　企业能力

一、引　　言

几乎所有的经济学家都承认，现代社会最为重要的核心组织是企业而非国家。美国制度主义先驱凡勃伦（1962）在《企业论》中开篇就指出，"今天是企业的时代"，"现代文明的物质基础是工业体系，而使它活跃起来的主导力量是企业"。著名英籍女经济学家潘罗斯（Penrose，1959）也敏锐地洞察到"工商企业是组织生产的基本单元，经济活动更多地通过企业渠道来进行……经济的本质在某种程度上取决于构成它的各种企业的特征。"可以说，企业强则国强，企业富则民富。企业成长作为影响一国经济成长兴衰的最基本因素理应备受经济学家的关注。然而，令人遗憾的是，长期以来，企业成长研究似乎一直徘徊于主流经济学之外，学界对于企业成长问题并未给予应有的理论位置。就目前而言，对于企业成长问题的研究在总体上还处于一个纷繁复杂的起步阶段，并没有形成一个统一的理论体系。

---

[*]　本文是吉林大学哲学社会科学交叉前沿创新项目（批准号 2008JC003）的阶段性成果。

孟繁颖（1982 ~　　），女，黑龙江哈尔滨人，吉林大学经济学院博士生，研究方向为产业经济学和企业经济学。

二、经济学视野下的企业成长问题研究

（一）源于大规模生产规律探寻的古典企业成长思想

古典经济学虽然没有专门且明确地探讨企业成长问题，但早期学者的讨论却为之后企业成长理论的孕育和萌芽提供了丰富的思想养料。古典经济学的最大特点在于坚持用分工的演进、劳动生产率的提高来解释企业成长。这一时期的成长理论，主要以亚当·斯密、查里斯·巴比吉、约翰·斯图亚特·穆勒、马克思以及马歇尔、斯蒂格勒等人的思想为代表。

1. 企业成长分析的古典萌芽：从斯密、巴比吉到小穆勒

最早在著述中涉及到企业成长思想的当属英国古典政治经济学的开创者亚当·斯密。他的传世巨著《国民财富的性质和原因的研究》虽意在剖析国富增长之源，但其论述的许多内容却涉及企业成长问题，在客观上间接点明了企业成长的源泉，成为企业成长分析思想的最古老源头。在《国富论》一书中，斯密（1997）开篇立论，以著名的针织工厂为例洞见地指出："劳动生产力上最大的增进，以及运用劳动时所表现的更大的熟练技巧和判断力，似乎都是分工的结果。"按照斯密的论证逻辑，他认为：出于自利之心，人类具有一种喜欢"互通有无"的交换倾向。交换导致了分工的产生、分工协作和专业化带来的报酬递增，通过市场这只"看不见的手"的作用，在使企业的形成以及扩张成为可能的同时，也带来国民财富的增长。因此，单个企业的成长是与分工协作的程度正相关的。当然，斯密并不认为分工是可以无限扩展的。在他看来，分工的程度要受到市场规模的限制，市场对某种产品的需求足够大时，中间产品才可能被分离出来。

斯密关于"分工程度与市场容量决定企业成长"的见解在其之后的古典经济学家查里斯·巴比吉与约翰·斯图亚特·穆勒那里得到了进一步地继承和发展。

查里斯·巴比吉（Babbage，1883）在斯密分工理论的基础上，总结并提出自己的"古典生产理论"。他认为，获取规模效益是企业产生和存在的唯一理由。规模经济可以获得较高生产效率的要诀在于企业主对复杂的生产全过程的细化与分解，这不但利于降低作业程序操作难度，提高生产效率，同时也可以促进操作技术水平的专业化与机械化。可以说，在巴比吉看来，正是由于机械化和标准化的出现，劳动分工使企业的各项功能相互区别并走向专业化进而提高了生产效率、促进了经济成长的命题。小穆勒认为企业是劳动联合和分工的结果，大规模的劳动联合

可以通过分工的细化和机器大生产对劳动量的节约①来最大限度地提高生产效率。但是，由于"把许多劳动者聚在一起"需要有足够多的资本做供养，同时由专业分工引致的对"需要配备昂贵机器的生产工艺"的采用，要求有相应足够的资金来支持，因此，小穆勒认为，企业资本量的大小决定着企业规模的大小。"正是由于规模经济对资本的需要和企业规模经济所产生的作用，才出现了大企业代替小企业的企业成长趋势，其企业成长理论就是企业的规模经济理论"（赵晓、贾立杰，2007）。

2. 马克思在理论上的扩展

与前几位古典经济学家相类似，马克思也没有专门研究或明确地提到过企业成长。但与之密切相关的一些问题，如生产规模、企业规模等，却在他的经济学说中居于重要地位（李政，2005）。区别于斯密等人，马克思更关注分工的另一方面——协作。马克思（1975）认为协作和分工是两个彼此不同又相互联系的范畴。协作使劳动过程相互结合，而分工则使劳动过程相互独立；同时为了提高生产力的原因，协作要以分工为基础实现有计划的协同劳动，而分工则需要通过协作创造出一种超越个人劳动力的更高的劳动力。马克思（1975）写道：协作不仅"提高了个人的生产力，而且还创造了一种生产力"，"好像是资本天然具有的生产力，是资本内在的生产力"。然而，这种"天然的生产力"并不是无限扩展的，马克思认为，协作的规模要受制于单个资本家的资本规模和生产资料的积聚程度。由此出发，马克思进一步将企业规模的成长分为三个阶段：即简单协作的手工工厂阶段、以分工为基础的手工工场阶段和以机器大工业为基础的工厂制度阶段，并通过大量的史实记载详尽地描述了分工如何推动劳动生产力发展，资本如何指挥劳动进而推动工厂制的产生和企业的成长，以及分工导致的生产关系的变化，给出了资本主义生产方式的完整图景。

3. 马歇尔②的集大成分析

斯密以后的古典经济学家普遍接受"分工规模决定企业成长"这一观点，却对随分工成长而来的企业垄断问题重视不足。马歇尔"在坚持规模经济决定企业成长这个古典观点的同时"，"通过引入外部经济、企业家生命有限性和居于垄断的企业避免竞争的困难性这三个因素，把稳定的竞争均衡条件与古典的企业成长理论协调起来（韩太祥，2002）。"具体地，马歇尔关于企业成长的论述可概括为四个主要观点：

（1）内部经济与外部经济的共同作用形成企业的成长源泉。马歇尔认为，分

---

① 小穆勒认为通过机器大生产固定资本的增加代替流动资本的增加，可以从比例上节约完成全部业务活动所需的劳动量，从而使劳动生产效率得到提升。

② 尽管在一般意义上，艾尔弗雷德·马歇尔通常被认为是新古典主义的开拓者，但就其对企业成长问题的研究理路来说，马歇尔完全有别于之后的新古典经济学派。可以这样定位，马歇尔的《经济学原理》就是一部集古典企业成长思想之精华的理论巨著，故此，笔者将其归属到古典学说部分做一综述。

工的专业化会带来新的协调问题，需要产生全新的内部专门职能来进行各原有的和新的各专业职能的协调与整合；同时，生产进程和知识累积不只发生在单个企业内，而且发生在产业中，甚至整个社会里。为此，他主张把源于个别企业的"内部"经济问题与源于企业之间交互作用的"外部"经济问题区别开来（福斯，1998），并把决定企业成长的因素归结于两种经济的共同作用。在马歇尔看来，企业要想成长为大规模的经济，需要内部经济和外部经济同时具备，这才是企业成长的源泉。

（2）销售能力是制约企业成长的重要因素。马歇尔认为，企业能否快速成长取决于内部生产能力和销售能力两个基本条件；在那些"大规模生产具有头等重要性"的行业中，企业之所以没有能够保持它自己的地位、实现持续成长，主要原因在于产品销售的困难。在马歇尔（1964）看来，"极有组织的采购和销售的经济，是实现在同一工业或行业中许多企业合并成为一个大的联合组织的倾向的主要原因"。

（3）企业家是企业成长的关键。在马歇尔眼中，企业家不一定是雇主，但一定是进行组织管理并承担风险的人，是"凭借创新力、洞察力和统帅力发现和消除市场不均衡性"、透过迷雾解决种种难题的特殊力量，是"创造交易机会和效用，给生产指出方向使生产要素组织化的人"（丁栋虹，1999），任何方式的企业成长——无论是实现内部经济，还是突破销售障碍都要依赖于企业家"能干、辛勤、富于进取心的、创造性和组织能力"的才能。企业家才能对于企业成长至关重要。但马歇尔也不无遗憾地承认，企业家作为一种要素禀赋资源是十分稀缺的，如何才能使得有天才的人承担企业经营管理的职责更是一个现实且关键性的问题。他先知般地预见到具有资本所有权与经营权分离特征的股份公司是解决上述问题的有效方法，主张企业家运用资本的经营才能应有明确的供给价格，他甚至为这个"企业家才能价格"设计出一套由资本的供给价格（利息）、经营精力的供给价格（纯经营收入）以及把适当的经营才能与必需的资本结合在一起的组织供给价格共同组成的计算公式。以今天的视角反观，马歇尔在《经济学原理》中关于企业家和管理作用的先锐认识可谓是开启了日后"成长"研究的智慧之门。

（4）企业成长是竞争作用下的优胜劣汰的结果，持续成长的艰难性决定了由企业成长造成的垄断市场结构不会持久。马歇尔认为，市场条件下的企业成长是竞争作用下优胜劣汰的结果。企业的规模并非越大越好，不同成长阶段的、不同规模的企业具有不同的比较优势和竞争优势。企业成长的道路艰难而曲折——规模的扩大可能会削弱企业的灵活性和竞争力，当成长的负面效应超过正面效应时，企业成长的势头就会消失。更重要的是，企业家的精力和寿命会越发成为制约企业成长的重要因素，加之不断有新进入行业的企业和企业家挑战原有企业的垄断地位，因此，由企业成长而形成的垄断最多是不会持久的"有限的垄断"，不一定会使公众受损，也有可能使公众收益。

（二）新古典主义传统下的企业成长分析

新古典主义传统下企业成长研究的侧重点是企业成长外部的市场结构环境，以及企业在竞争中追求最大利润的行为。这一时期所谓的企业成长，是基于企业利润、销售额的规模增长，无涉企业内部的要素配置与结构变化。

1. 斯蒂格勒的"生存法则"

斯蒂格勒的企业成长观是基于劳动分工理论与产业周期规律分析的基础上形成的。斯蒂格勒（1996）认为，企业发展的不同阶段，对企业成长起决定性作用的因素是不同的。在产业的形成初期，市场规模小，企业成长主要通过企业内部的分工来实现，因而这个时期的企业往往大多是全能型企业；然而随着产业和市场的不断扩大，原有企业可以通过专业化程度的提高来实现生产规模的扩张，与此同时，产业的社会分工扩大也会带来企业数量的增加，从而使得这一阶段内企业内、外两个范围的成长同时出现。对于成长的规模问题，斯蒂格勒提出一个"生存技术法"。他认为，在任一特定行业中，若某种规模的企业在市场长期竞争中生存下来，则意味着它是有效率的，进而，若某规模的企业数量（或产出量）在该行业中比重上升最快，则说明此规模为最佳规模。斯蒂格勒（1999）还认为，成长型企业应当是垂直分解的，而衰落型企业应该是垂直一体化的。

2. 基于一般均衡分析的"最优规模论"

准确地讲，在一般均衡分析的世界里，并不存在任何严格意义上的企业成长理论。在新古典经济学看来，所有的企业都是"同质"地表达投入产出技术关系的转换器——相同的投入产出关系、相同的内部运行机制、相同的成本和需求曲线——成长与否对于企业效率的变化全然没有影响。因此，在那里，关于企业成长的独立讨论毫无意义，它只需关注市场价格机制的基本原理，而把企业成长隐藏在其中。仅有的可以视为企业成长研究思想源头的部分，是作为成本分析的一个附带内容，即静态的最优企业规模。"在这种最优企业规模的分析中"，基本要素如生产技术和生产函数均是外生给定的，企业仅需要按照边际成本等于边际收益的原则选择产品与要素的组合，调整、确定并寻求最优生产规模。因此可以这样讲，新古典经济学抛弃了古典的分工思想，将企业成长直接等同于企业调整产量达到最优规模水平、实现利润最大化目标的过程，"或者说是从非最优规模走向最优规模的过程"（韩太祥，2002），其成长理论的本质可概括为"企业最优规模调整论"。

3. 吉布莱特"比例效应定律"及其验证

法国经济学家罗伯特·吉布莱特在1931年出版的《非均衡经济学》一书中，首次提出关于企业规模与产业结构之间运行关系的模型。吉布莱特指出，企业成长是一个由诸多因素影响的复杂的随机过程，产业中各个企业在一定时期内规模的增减变化可以看作各自独立运行的微小增量，能够形成一个正态分布的变量。也就是说，每阶段单个企业规模的预期增长值与该企业当前规模成比例，同一行业中的企业在相同时期内的规模成长概率是一致的，与规模大小无关。这就是著名的吉布莱特比例效应定律。进入 20 世纪 40 年代，西方学者开始通过大量的实证案例，从影响企业成长的各种因素入手对吉布莱特定律展开验证，实证结果说法不一。① 进入 20 世纪 80 年代之后，许多西方学者开始通过建立企业成长模型来发展完善吉布莱特法则。例如，在名为 "Learning" 的模型中，依万诺维克认为规模恒定的企业其成长率会随其年龄增长而下降，对于成熟的企业和同期入行的企业来说，吉布莱特定律成立。但依万斯却通过对 1972～1986 年美国制造业案例的实证分析认为，企业成长率将随企业规模的扩大和生存年限的增加而下降。持有类似研究视角的还有邓恩（Dunne）、罗伯茨（Roberts）和萨缪尔森（Samuelson）等人，他们认为单厂企业和多厂企业成长特点不同：单厂企业的成长率将随企业规模的扩大和年龄的增长而下降；多厂企业的成长率则与其规模和年龄同步增长。

4. 蕴藏于产业组织理论中的 "企业成长" 观

虽然产业组织理论更多关注的是产业及其组织结构、内部资源配置状况，但其中同时也蕴涵了一些关于企业成长问题的看法与观点。1959 年，产业组织理论之父乔·贝恩通过对 42 个具体的美国制造业行业 "集中度—利润率" 的数据分析，提出著名的 "SCP" 范式，认为企业成长是外生性的，其绩效完全取决于所在行业的市场结构。管理学家迈克尔·波特继承了哈佛学派的结构主义路径并进一步指出，企业竞争优势来源于在有吸引力的产业里的有利的竞争地位——当企业选择潜在利润率高的产业时就可以获得较高的投资报酬率；即使在获利水平不理想的产业中，竞争位置较好的企业，仍能获得较高的投资回报。波特（1997）提出影响产业吸引力的 "五力模型"，并认为企业的潜在成长性与扩张路径就取决于企业自身对这五种力量的把握。其基本逻辑可简单归纳为：产业分析—发现市场机会—产业选择—市场竞争—建立市场位势—企业成长。

（三）创新大师熊彼特的企业成长观：一个创造性毁灭的过程

熊彼特是第一个系统地从创新视角分析企业成长逻辑的学者。熊彼特（1996）

---

① 比如，1958 年西蒙与波尼尼通过对企业规模与成长之间的关系研究，指出企业规模超过自然存在的最小有效规模时，将具有不变的单位成本，在此前提下，不同规模企业的成长率相同。吉布莱特法则成立。1962 年史蒂芬·海默等人通过对美国 1000 家制造业企业 1946～1955 年规模与成长率的统计研究认为，吉布莱特定律只吻合大小企业的规模分布现实状况，大企业成长率的标准差呈减小势态。霍尔认为，在美国制造业中小企业的成长率要高于大企业；约翰·萨缪尔森则提出了相反的看法。爱德温·曼斯菲尔德在考察过美国钢铁、石油、轮胎制造等行业的 10 个样本企业不同时期的情况后认为，吉布莱特定律在实证中并没有可靠的经验依据；而对于企业成长率存在重要影响作用的创新活动，则是导致吉布莱特定律失效的主要原因。

认为，无论经济的发展还是企业的成长都是一种非连续性的、突发的、迅猛的"创造性毁灭"的动态过程，而并非以很小的、缓慢的幅度变化，只有"创新"才是经济发展的根本动力；创新"就是把生产要素和生产条件的新组合引入生产体系"，即"建立一种新的生产函数"，其目的是获取潜在的利润，实现企业的持续成长。

熊彼特提出"企业家就是创新者"这样的著名思想。他认为"企业家"应是与发明家、技术人员和资本家相区别的、具有眼光、胆略、能力和先见之明的、能够实现"生产要素新组合"的人们。"他们在各方面都必须是出色的"，"有时候他们应当是同时具备多重人格的社会领导者，甚至必须是超凡的天才"，企业成长就是一个以企业家出现及其创新为源泉的、类似"创造性毁灭"的动态非连续过程。更深入地，熊彼特区分了五种类型的创新①并指出，企业成长在本质上是企业家发现市场获利机会并通过生产性活动和资源的重新组合获取潜在利润的过程，当企业家实现利润最大化时，创新行为就会停止直到下一个获利机会的发现。企业家是稀缺的，但也是非永恒的：只有在"生产要素新组合"的特定阶段，"企业家"才是真正意义上的企业家；一旦创新活动公开化，其他企业无成本的模仿将使创新性利润迅速消失，企业经营停滞不前，曾经的"企业家"也就"沦落"为普通的管理者了。因此，任何人都不能垄断企业家的职业，企业想实现持续的创新与成长是相当困难的。

（四）交易成本逻辑视野中的企业成长分析

交易成本经济学是近 20 年来现代经济学最前沿的研究方向之一。尽管这一学派几乎没有正面提到过企业成长的概念，但是其理论视野却重点论及了企业成长的一些基本问题，如企业垂直一体化及其边界的确定等。

1. 科斯的企业成长边界理论

科斯（Coase，1937）注意到在现实中市场价格机制的运作是有摩擦和成本的，市场价格机制的交易成本大于零；而"企业的最显著特征就是作为价格机制的替代物"，其盈利来源于替代市场价格制度而节约的交易成本。科斯写道："在企业之外，价格变动指导生产，而生产由市场上的一系列交易来协调"，"在企业之内，消除了这些市场交易，取代充斥交易的复杂市场结构的是企业家——也就是指导生产的协调者"。"通过建立一个组织并承认某种权威来指挥企业组织各种生产，会节省某些市场成本"，"当企业家组织额外的交易时，企业的规模就会扩大。反之，当企业家放弃组织这些交易时，企业的规模就会缩小"。此外，生产要素价格的下降、交易的异质性和空间分布的增加、管理技术的改进等因素都会导致企业规模的扩张。换句话说，只要交易成本的节约存在，企业的规模就会扩张直到企业内部组

---

① 这五种创新包括：（1）引进新产品或提供某种产品的新质量；（2）采用新的生产方法；（3）开辟新的市场；（4）发掘新的原料或半成品的新的供给来源；（5）建立新的企业组织形式。

织一笔额外交易的成本等同于通过在公开市场上完成同一笔交易的成本或在另一个企业组织同样交易的成本为止，企业成长的动力在于交易成本的节约。

2. 威廉姆森对企业最优规模的讨论

威廉姆森继承了科斯开创的"交易成本"分析视角，发展出"资产专用性"①、"不确定性"和"交易频率"三个刻画交易属性的重要分析维度来解释交易成本的起源进而分析企业的规模与边界的。威氏认为，市场和企业都存在生产成本和组织管理成本，一项交易到底是由市场组织好还是由科层组织好要取决于交易的生产成本和交易成本的综合考虑。基于此，威廉姆森发展出一个基于比较静态分析的企业最优规模边界实用模型。他认为，不论是生产成本与管理成本，还是规模经济与范围经济，都是资产专用性的函数，因此企业的最优规模一定可以用资产专用性表示出来：当最优资产专用性程度很小时，资产倾向于通用化，企业市场外购具有收益优势；当最优资产专用性程度很高时，来自于高度资产专用性的风险使得企业内部生产更具优势；当最优资产专用性水平中等时，外购与内制的成本差很小时，容易出现混合治理。同时他还指出，企业并不会因为相对于市场在生产成本方面总是处于劣势而实行垂直一体化，大企业会由于较易获得内部规模经济而比小企业更多地实行垂直一体化；事业部制的企业会因为比单一制的企业更能减少官僚成本而更强烈地倾向于一体化。总而言之，在威廉姆森那里，企业边界扩张与否以及最优规模的选择是以最大限度节约成本为最根本准则的。

3. 派生于交易成本逻辑的其他企业成长观

迈克尔·迪屈奇是继威廉姆森之后交易成本学派的重要发展者。他认为，交易成本分析在具有理论优势的同时，也存在着忽略管理机构的效益、排斥企业权威特征以及囿于成本的比较静态分析等缺陷，他主张限定交易成本经济学的适用范围并从动态视角分析管理机构的相关问题。在《交易成本经济学——关于公司的新的经济意义》一书中，迪屈奇指出，单纯的交易成本分析不能很好地解释垂直一体化与相关的多元化经营以及跨国公司与非相关的多元化经营等问题，因为即便在市场交易成本高于企业生产管理成本的情况下，企业也很可能出于对不同"效益"目标的考虑而舍弃内部生产代之以市场购买。因此，他主张采用一种把"效益"考虑到其中的交易成本概念，即利用一般的成本—效益管理机构观点来考察独立经济单位间"半结合"的网络化关系等通常所谓的企业界限问题才是可行的。

阿尔奇安和德姆塞茨（2004）是从"团队生产"角度看待企业及企业成长问题的。他们认为，团队生产既能使生产力有净增长又会引发监督成本，如果"扣

---

① 在威廉姆森（2002）看来，"如果资产没有专用性，交易成本经济学就没有了说服力"，只有引入资产专用性，从而使在科斯那里处于静态的交易成本概念动态化，才能比较、衡量企业和市场的交易成本差异，交易成本才能成为可证伪的概念从而逐步摆脱"大而化之"与"难以量化"的诟病。

除维持团队纪律的有关的考核成本后仍有净利，那么就应该依靠团队生产，而不依靠许多分离的个体产出的双边贸易"。而企业的界限也就划定在团队联合生产相对于非联合生产的产出"溢出"部分与组织、管理以及监督团队所耗成本总额的比较之上。这一思想得到了格罗斯曼、哈特等人的继承并从契约的不完全性给予发展。他们认为，垂直一体化发生与否，取决于一体化节约的市场交易成本和带来的合并成本之间的比较；而垂直一体化的程度则要取决于一方或另一方当事人控制专用性资产的程度，这里物质资产专用性和人力资产专用性对于垂直一体化具有不同的意义（格罗斯曼、哈特，2006）。

三、管理学视野下的企业成长问题研究

20 世纪 50、60 年代，随着第三次科技革命的兴起和战后各国经济的迅速复苏与繁荣，世界范围内的企业成长高潮迭起，企业成长理论也在潘罗斯、理查德森、钱德勒等人的贡献下蓬勃焕然，形成了所谓的"现代企业成长理论"。①

（一）潘罗斯等人的企业资源成长论

最早正式地从理论上探寻企业成长问题的是英国籍女性经济学家伊迪丝·潘罗斯。1955 年潘罗斯就在《美国经济评论》上发表了探讨企业规模与成长关系的经典文章，1959 年，《企业成长理论》一书问世，企业成长第一次正式成为理论分析的对象得到全面系统的研究，此书也成为企业成长理论研究的开山奠基之作。

潘罗斯（2007）认为，企业"既是一个管理性组织，也是个生产资源的汇集"，其"总目标就是将企业'自有'资源与从企业外部获取的其他资源组织起来进行生产、销售产品或提供服务以获得利润；它的物质资源为全体员工计划的执行提供了基本服务，而企业管理框架将全体员工的行为活动组织协调到一起"，企业成长就是由于企业有效地协调其资源和管理职能的结果，企业的边界取决于"管理协调"和"权威沟通"的范围。潘罗斯指出，传统经济分析中企业成长仅为在给定条件下的规模的调整，然而，"成长是一种过程，规模是一种状态"，规模扩张并不总能带来竞争优势。她发现，由于资源的不可分割性、分布不平衡性以及理性和能力的有限性等原因，企业总是存在着未被充分利用的资源。"在很大程度上，当企业能够更为有效地利用现有制造资源时，才有机会扩张"，企业使用未用完资源所产生的生产性服务正是企业成长的原因和原动力。为此，潘罗斯主张以

---

① "现代企业成长理论"并不是一个逻辑统一的理论体系，而是作为当代企业理论与战略管理领域内、一系列既密切相关，但事实上又略有差异的相关论著中对于"企业成长"问题所做出的重要理论分析与实证研究的总体称谓概括。

"成长经济"理论代替传统的"规模经济"理论①并进一步地具体分析了管理能力、产品或要素市场以及风险与外部条件的结合三个重要因素对企业成长的制约。总之，潘罗斯认为应该把企业成长看作一个不断地挖掘未利用资源的无限动态变化的经营管理过程，管理资源是企业成长的源泉，资源发挥的效用的范围取决于企业现有的知识水平，突破管理服务供给的限制、释放管理能力对企业成长意义显著。

1984 年，沃纳菲尔特发表了 20 世纪 80 年代最具影响力的企业资源的学术论文"企业资源基础论"，从此，更多的有关企业资源成长的学术研究被统一特指为"企业资源基础论"。② 这一研究理论的基本信条可以简要地概括为：企业是一系列资源的集合体，企业间在资源控制程度上存在的相对稳定的系统性差异造成了企业间的绩效差异；企业最重要的超额利润源泉是企业具有的特殊性而非市场结构和市场优势，企业价值资源的独一无二性是企业成长的源泉，企业要获得持续成长就要最大限度地培育和发展企业独特的资源以及优化配置这种资源的管理能力，使竞争对手难以模仿，实现"理查德租金"。③ 该学派最新的研究还认为资源的动态演变特征对企业成长存在重大影响，比如赫尔法特和皮特拉夫（2003）就宣称，企业持续成长得以实现的根本因素在于企业所拥有资源的异质性和动态特征。

（二）理查德森等人的企业能力成长论

与"企业资源成长论"密切相关的另一个学派是"企业能力成长论"，这一研究传统是在安索夫、理查德森、普拉哈拉德、哈默以及提斯、皮萨罗和肖恩等人的努力下发展起来的。

在 1965 年出版的《公司战略》一书中，战略管理鼻祖安索夫提出了"成长战略四要素"说，认为规划适当的产品—市场范围、根据发展的范围和方向划分与选择战略类型、运用竞争能力的优势以及灵活运用协同效应是影响企业未来成长与发展的关键因素。他还认为，企业成长要向良性的特长领域发展，应尽可能向有关联的经营项目发展以取得较竞争对手有利的位置，这一看法成为后来企业能力成长论的思想原形。

---

① 潘罗斯认为，成长经济是一种来自于"企业所能获得的独一无二的生产性服务的集合"的内部经济，"它使得该企业和其他企业相比，在投放新产品以及改进产品质量上具有无与伦比的优势"；成长经济立足于最有效率地利用企业内部资源，"在某些方向上进行有利可图的扩张"，它与规模经济没有必然的关系，规模扩张只是成长过程中的副产品。

② 比如，沃纳菲尔特（1984）认为"一个企业的资源可以被定义为企业半永久性拥有的（有形和无形）资产。资源的例子有：品牌、内部技术如知识、高技能雇员、合作伙伴、设备、高效流程、资本等"。资源"位势障碍"是企业持续竞争优势的保证。巴尼（1991）认为引发竞争优势的"资源"必然具备价值性、稀缺性、难以完全仿制、无法替代以及以低于其价值的价格为企业获得等五个充分条件，"资源"就是"一个企业所控制的并使其能够制定和执行改进效率和效能的战略的所有资产、能力、组织过程、企业特征、信息、知识等"。迪瑞克斯和库尔（1989）认为能带来竞争优势的企业资产存量只能通过连贯性投资内生积累而来，不能通过公开市场交易获得。

③ 潘罗斯在《企业成长理论》中暗示过企业租金产生的潜力来自于资源："资源产生的效果是使用资源的不同途径的结果，各种资源用作不同的目的、以不同的方式、或与不同类型、数量的其他资源的相结合，都会产生不同的结果或结果组合……在这一区别中，我们找到了单个企业获得特色的源泉"。

　　乔治·理查德森是第一个提出将"企业能力"作为企业边界决定因素的经济学家。在"产业组织"一文中，理查德森首次使用"能力"一词来代称企业的知识、经验和技能并对经济组织协调问题进行了着重剖析。之后，"企业能力"概念得到了众多学者的发展与扩展。1990 年，普哈拉与哈默发表"企业核心能力"一文并提出企业核心能力理论。他们认为企业能力可进一步区分为核心能力与非核心能力，其中企业核心能力是企业持续竞争优势的源泉，最终产品是核心能力的市场表现，核心能力将决定企业的成长。企业只有依靠优于竞争对手的更加卓越的生产经营活动能力，才能获得持续的竞争优势，进而不断成长。"核心能力"概念提出的引发企业能力研究的新高潮，大量有关核心能力的学术论文相继发表，学者们从不同角度对核心能力进行了深入剖析，包括技能网络观、能力组合观、产品平台观、知识载体观、元件构架观、协调观等。蒂斯、皮萨诺和舒恩（Teece，Pisano & Shuen，1997）在《公司能力、资源和战略概念》中首次发展出了"企业动态能力"理论，吸引了来自不同学科领域学者的研究目光。该理论认为，在过度竞争的市场背景下，具有有限动态能力的企业不能够培养持久的竞争优势，只有那些能够及时适应环境变化，有效协调和重新配置内外部竞争性资源和能力的企业才能在长期内不断获得的竞争优势，实现企业的持续成长。

（三）钱德勒的企业管理与技术成长论

　　在运用美国企业演进大量丰富史料专门、详尽地考证过现代大型工商企业的成长历程后，美国著名企业史学家钱德勒得出结论：企业多角化和垂直一体化是现代企业成长的主要策略，现代大型工商企业的诞生是市场和技术发展的必然结果。

　　钱德勒（2001）分析道，"经济活动量的增加是与新技术和市场的扩大同时到来的"，科学技术的发展和市场的扩大引发了企业生产和分配领域的根本性变化，出现了"生产单位和采购及分配单位的管理连接在一起"的"多单位的内部化"，"创造出管理协调的需要和机会"。当管理协调较传统的市场协调能带来更大的生产力、更低的交易成本和更高的商业利润时，管理层级制开始出现并逐渐形成技术性和职业化的支薪经理阶层，企业的管理和所有权开始趋向分离，现代工厂企业出现。因此，在钱德勒（2001）看来，现代工商企业的成长是适应技术革新和市场扩大形势而在管理机构方面出现的反应，伴随企业成长的是一只"看得见的手"，即由经理阶层和相应的组织结构组成的企业管理协调机制。"高效率管理协调是其生命力之源"，"现代工商企业的成熟过程，就是市场内部化的过程，是管理的有形之手取代市场的无形之手的过程"，管理协调的效率优势才是企业成长从古典企业向现代工商企业转变的最深刻原因。

（四）管理理论中的其他企业成长学说

　　伴随着企业的不断成长和发展，企业成长问题研究的视角也在日益拓展和深化，有越来越多的学者在自己的研究领域内为企业成长研究而努力，贡献出许多颇具价值与启发意义的思想和结论。

1. 德鲁克等人的企业成长企业家论

对于企业成长问题，管理学泰斗德鲁克认为，企业成长能力的关键在于本身有成长潜力的人为组织上，企业成长与员工成长是一致的，企业成长程度完全受其员工成长程度的限制，特别是那些作为经营成长控制性因素的中高级管理层。因此，企业中高级管理层的思维、知识、能力和创新精神将决定一个企业成长的速度和方向。他们认为企业的独特本质在于服务于内生性的企业家目标，而非依赖外生的交易成本。企业家的能力是一种包括创新能力、组织能力和领导能力等在内的能力束，它通过能力"杠杆效应"和资源"整合效应"带动企业成长，因此，企业家的创业精神和动机是企业成长的动力源，其特征与属性将深深影响企业成长的路径（王坤、蒋国平，2008）。

2. 爱迪思等人的企业成长生命阶段论

组织管理学家格雷纳（Greiner，1972）认为，企业组织的变化可以分为包含重大动荡的"变革"与不包含重大动荡的"演变"两种形式，企业在演变与变革的交替的波浪式态势中成长，企业家领导、创新、协调以及合作在不同成长阶段都发挥了巨大的作用。进而他提出企业成长分析的五个关键要素：组织年龄、组织规模、演变阶段、变革阶段以及产业成长率。

爱迪思在《企业生命周期》一书中指出，企业是有生命的，其生命周期可以划分为从孕育期到死亡期十个阶段。[①] 虽然企业每个成长阶段的特征不同，但也具备一些共性，可以通过"灵活性"和"可控性"两个指标来描述。企业通过了解自身所处的生命周期阶段，就可以针对阶段特征修正自己的状态，以延长寿命实现成长。持有相同研究路径的学者还有邱吉尔和刘易斯以及弗莱姆兹。弗莱姆兹认为企业的生命周期可划分为新建、扩张、专业化、巩固、多元化、一体化以及衰落或复兴阶段；邱吉尔和刘易斯则认为小企业发展可以分为创业、存活、成功、起飞和资源成熟五个阶段，每个阶段的成长结果可以使用规模大小、地理分布多样性以及复杂性等指标来描述，企业成长的每个阶段都体现了成长所具备的独特条件和因素，"企业成长的阶段性本身就是企业不断成长的标志"。

3. 拜伦等人的企业成长社会资本论[②]

"企业成长—社会资本"研究理论形成于 20 世纪 90 年代后，代表性的有沃克

---

① 这十阶段包括：孕育期、婴儿期、学步期、青春期、成年期、稳定期、贵族期、官僚化早期、官僚期和死亡期。

② 社会资本是一个社会学概念，最早社会学家布厄尔提出，是指"处于网络或更广泛的社会结构中的个人动员稀有资源的能力"，包括权力、地位、财富、机会、信息等。

尔（Walker）、古哥特（Kougut）和山恩（Shan）对企业社会网络稀疏化演进模式的研究；巴伦（Baron）和马克曼（Markman）关于四种社会资本运作技术如何影响企业成长的分析，以及阿贝尔（Abell）、克罗奇力（Crouchley）和米尔斯（Mills）关于企业家社会资本如何影响企业成长成功率的时间序列分析等。

这一研究传统认为，社会资本可以分为企业家社会资本和企业社会资本，在二者的互动和累积过程中企业成长得以实现。在不同的成长阶段，两种资本对于企业成长的贡献作用不同：在创业阶段，由于企业社会资本累积不足相对薄弱，企业成长主要由企业家个人社会资本主导并在成长方向和路径上受其决定性的影响；当企业进入巩固阶段时，企业家个人社会资本的局限性开始显露，应考虑累积发展企业内外社会资本以摆脱对企业家个人社会资本的完全依赖；进入扩张期时，企业已经可以不依赖于企业家个人社会资本以完全独立的品牌形象伫立于市场，此时企业成长的最关键条件转变为能否获得更好的、更能接近社会政治经济活动网络中心的社会资本载体（田伟、赵祺，2006）。

四、一个简短的评论

通过前文的回顾，我们不难看出，企业成长理论产生于、依赖于或从属于广泛的各门类的经济管理理论。相当多的经济学和管理学理论都与企业成长理论保持了高度一致的和谐关系，或者说对企业成长基础理论的研究起到了举足轻重的奠基作用。丰富的思想养料和庞大的理论基础固然是今人从事企业成长研究的一大优势，然而，我们有足够的理由提醒自己不要不加分析地对企业成长理论采取一种多元化的立场和态度。作为一种理论构建，企业成长理论可以自由地在任何一种经济学派别的基础上进行理论抽象，而不是把所有广泛而不同的，甚至是相互冲突的学说派别不加区别地加总到一起。这里，对理论的小心识别、慎重借鉴是至关重要的。

古典企业成长思想起源于古典经济学家对大规模生产规律的探寻，其最大特点在于坚持用分工协作与劳动生产率的提高来解释企业成长问题。在古典经济学家看来，分工的规模收益是企业成长的主要诱因——企业生产分工与专业化带来了劳动生产效率的提高和生产规模的扩大，这又进一步深化了企业的分工协作，如此循环往复，企业通过获得规模经济收益实现成长。企业的成长就表现为分工的、不断深化的过程，而由此可能引发的企业垄断问题却被搁置一旁。新古典主义传统下的企业成长分析的基本论调是，企业成长是环境外生的，企业成长表现为外部环境变化的条件下，企业如何根据生产成本曲线调整生产规模。在新古典主义那里，经济理论的核心任务是从逻辑上证明由自由竞争所形成的市场价格体系在配置稀缺资源方面的有效性，这一特定的研究目的决定了它在企业研究过程中所采取的基本分析立场：企业被处理为一个在一系列既定外生条件下被动追求利润最大化的生产函数，企业成长粗陋地等同与生产规模的扩大，企业的成长不过在利润最大化的追求下，企业被动回应价格变化的产物。虽然产业组织理论的一些分析捕捉到了影响企业成长的部分内部因素，比如波特的阐述，但遗憾的是，该理论的基本立场还是认为外生市场环境是影响企业成长的主要因素，对企业的内部结构未加论及。熊彼特则是通过对创新及企业家在创新中的作用这一角度间接地讨论了企业成长问题。他认为，企业成长是一个以企业家出现及其创新为源泉的、类似"创造性毁灭"的动态非连续过程，以企业家为主导的企业创新行为是企业成长的关键。虽然熊彼特的卓越见解为之后"现代企业理论"的形成提供了丰富的养料和关键性启示，但遗憾的是，熊氏的分析大多散落在其理论著作之中，没有形成专门的独立研究企业成长的体系。交易成本理论对企业成长问题的涉及主要集中于对企业垂直一体化的解释和企业边界的确定两方面。该学派通过对企业—市场边界的深入分析间接地指出，企业成长是出于交易成本的节约动机，当企业将市场交易内部化时，企业的边界也随之扩大。因此，在交易成本分析视野下，交易成本成为决定企业边界的唯一因素，企业成长就是经营规模扩大与企业功能扩展的过程，分析企业成长因素也就等同于探讨决定企业边界的因素。与现实过度剥离的分析范式严重地限制了该理论关于企业成长问题讨论的分析视野。

自潘罗斯开始，正式地探讨企业成长问题的经济理论诞生并逐步发展壮大，学者们从不同角度对影响企业成长的因素进行深入广泛的讨论，形成了众多的理论派别，学界统称其为"现代企业成长理论"。尽管与传统的企业成长分析相比较，现代企业成长理论的研究基调相对一致，但仔细分析并对比每一位学者的研究成果，就会发现现代企业成长理论事实上存在诸多分歧。所以，从这一层意义上讲，认为现代企业成长理论拥有普遍认同的强有力核心，或认为这一理论的研究极具连续性的思维程式，都是不恰当的。更确切地说，企业成长理论是一系列具有特定密切联系的理论集合体，这些理论源于一些共同的基本命题：即与企业外部条件相比，企业内部资源、能力、知识的积累以及相关管理因素的变革是实现企业成长和竞争优势的关键性概念，从而为确立企业成长的一般理论框架提供了理论渊源。

科学的本质在于发现看上去没有联系的现象和理论背后的共性。尽管目前企业成长研究处于纷繁芜杂的理论状态，但如果我们仔细地辨认会发现，在这些形态各异的理论学说之间似乎存在着某种"可感觉得到"的"似曾相识"，从而走向更为现实的理论综合。无须赘言，新的企业成长理论绝不可缺少交易成本理论、信息不对称和委托代理理论等，从而更加贴近现实，但这绝不否定新古典企业成长理论的重要性。萨缪尔森（1992）曾很有见地地指出，"各种具体理论的主要思想之间存在的相似性意味着，这些具体的理论后面还隐含着将这些思想统一起来的一般理论。"能否在这些看似有诸多分歧又似乎存在某种一致性的企业成长观背后，找到一个足以用来对各种不同论点进行归纳的普遍使用的理论框架，将是我们日后研究努力的方向。

参 考 文 献

1. 李政：《企业成长的机理分析》，经济科学出版社 2005 年版。

2. 韩太祥：《企业成长理论综述》，载《经济学动态》2002 年第 5 期。

3. 傅红岩：《吉布莱特定律与西方企业成长理论述评》，载《经济学动态》1998 年第 8 期。

4. 田奋飞：《企业成长的逻辑：理论述评与整合》，载《郑州大学学报》2007 年第 6 期。

5. 田伟、赵祺：《基于社会资本是脚下的企业成长模式研究》，载《现代管理科学》2006 年第 3 期。

6. 丁栋虹：《制度变迁中企业家成长模式研究》，南京大学出版社 1999 年版。

7. 程丽霞、孟繁颖：《企业成长理论的渊源与发展》，载《江汉论坛》2006 年第 2 期。

8. 杨瑞龙、杨其静：《企业理论：现代观点》，中国人民大学出版社 2005 年版。

9. 王珺、姚海林、赵祥：《社会资本结构与民营企业成长》，载《中国工业经济》2003 年第 9 期。

10. 赵晓、贾立杰：《译者的话：企业成长理论及其启示》，载潘罗斯：《企业成长理论》，上海三联书店、上海人民出版社 2007 年版。

11. 小艾尔弗雷德·D·钱德勒：《看得见的手——美国企业的管理革命》，商务印书馆 2001 年版。

12. 亚当·斯密：《国民财富的性质和原因的研究》（上卷），商务印书馆 1997 年版。

13. 阿尔弗雷德·马歇尔：《经济学原理》（上卷），商务印书馆 1964 年版。

14. 马克思：《资本论》（第一卷），人民出版社 1975 年版。

15. 保罗·萨缪尔森：《经济分析基础》，台湾商务印书馆 1992 年版。

16. 尼古莱·J·福斯：《企业万能：面向企业能力理论》，东北财经大学出版社 1998 年版。

17. 潘罗斯：《企业成长理论》，上海三联书店、上海人民出版社 2007 年版。

18. 斯蒂格勒：《产业组织和政府管制》，上海三联书店、上海人民出版社 1996 年版。

19. 迈克尔·波特：《竞争优势》，华夏出版社 1997 年版。

20. 约瑟夫·熊彼特：《经济发展理论》，商务印书馆 1997 年版。

21. 罗纳德·H. 科斯：《企业的性质》，载奥利弗·E·威廉姆森和温特：《企业的性质：起源、演变和发展》，商务印书馆 2007 年版。

22. 阿尔奇安、德姆塞茨：《生产、信息成本和经济组织》，引自盛洪：《新制度经济学》，北京大学出版社 2004 年版。

23. 桑福德·格罗斯曼、奥利弗·哈特：《所有权的成本和收益：垂直一体化和横向一体化的理论》，载陈郁：《企业制度与市场组织——交易费用经济学文选》，上海三联书店、上海人民出版社 2006 年版。

24. 奥利弗·威廉姆森：《资本主义经济制度》，商务印书馆 2002 年版。

25. Babbage, C. , 1883: *On the Economy of Machinery and Manufactures*, London: Charles Knight.

26. Greiner, L. E. , 1972: *Evolution and Revolution as Organization Grow*, Harvard Business Review, Vol. 64, No. 7.

27. Prahalad, C, and Hamel. Gary, 1990: The Core Competence of the Corpo-ration, *Harvard Business Review*, Vol. 81, No. 5.

28. Penrose, Edith. , 1959: *The Theory of the Growth of the Firm*, London: Oxford Uinversity Press.

29. Teece, David J. and Pisano, Gary. , 1994: The Dynamic Capabilities of Firm: An Introduction, *Industrial and Corporate Change*, Vol. 73, No. 3.

A Survey of the Growth of the Firm Theory

Meng Fanying

(School of Economics　Jilin University　Changchun　Jilin　China 130012)

Abstract: The growth of the firm is the key point of national property. However , for a long period the research on the growth of the firm hasn't been the leading issue of economic research. This paper will give a review and integration of researches on firm growth from perspectives of economics and management, and analyzes the limitation of present researches. The further research tendencies of firm growth. will be offered based on the comparison and commentary on the theories of the growth of the firm.

Key Words: Firm Growth　Scale Economy　Transaction Cost　Firm Capability

第1卷第1辑　　　　　　　　国有经济评论　　　　　　　　　Vol. 1　No. 1
2009 年 9 月　　　　　Review of Public Sector Economics　　　September, 2009

〔书　　评〕

《公共部门经济学》 评介[*]

李中义

（吉林大学中国国有经济研究中心　吉林　长春　130012）

斯蒂格利茨的《公共部门经济学（第 3 版）》中译本（Joseph E. Stiglitz Economics of the Public Sector：third Edition）2005 年由中国人民大学出版社出版。斯蒂格利茨与斯彭斯和阿克洛夫因对信息不对称的贡献于 2001 年获得诺贝尔经济学奖。

通观全书，该书的特点主要体现在以下几个方面：

第一，研究方法新颖。该书首次将信息不对称引入公共部门经济学里面，深入探讨市场失灵，为政府干预经济提供了一种新的方法。由于信息不完全和信息不对称，也很容易导致公共部门失灵，为此需要我们在市场失灵和政府失灵之间进行选择，而不能一味地强调市场万能或者政府万能这样的简单思维，为系统认识市场经济提供了一种新的研究方法，对于解释经济现实、揭示经济规律具有重大意义。

第二，研究内容针对性强。该书运用经济学的一般方法，分析传统上的公共支出和公共收入理论与实践，再次将经济学帝国主义贯彻到底。家庭经济学之父加里·贝克尔（1999）曾指出，"经济学之所以成为一门科学，其原因不在于它的研究对象或种种定义，而在于它的研究方法。"因此，"经济分析并不认为所有市场参与者的信息是完备的，并不认为所有参与者的活动不存在交易成本，但是，信息不完全或存在交易成本情况下的行为不应混同于非理性或随意行为"。因此，通过引入信息不完全、有限理性和信息不对称因素，在更为现实的条件下应研究美国公共部门经济，针对较强，同时对我们也具有十分重大的借鉴意义。

第三，研究成果论证体系严谨。该书首先从新古典经济学完全竞争市场假设入手，通过打破假设前提，将公共物品、外部性、公共选择以及政府税收政策引入，从而对传统的公共财政学（Public Finance）转变成公共经济学（Public Econom-

　　* 本文是吉林省社会科学基金项目"公共财政视角下吉林省农村社会保障体系的构建"（批准号 2007006）的阶段性成果。
　　李中义（1962～　　），男，吉林公主岭人，吉林大学中国国有经济研究中心专职研究员，经济学博士，主要从事公共经济学研究。

ics）。实际上，金融领域一般分为家庭金融（Family Finance）、企业或公司金融（Corporate Finance）、公共或政府金融（Public Finance）和国际金融（International Finance）四个领域，从而一点一点纳入经济学的分析框架中，大大拓展公共部门经济学研究领域。

第四，研究成果的实践价值大。斯蒂格利茨通过美国公共部门研究，获得一般性见解，这不仅对美国经济发展的实践意义大。同样对我国具体国情，我们发现，公共部门经济学研究具有十分重大的意义。因为在我国，国有企业、国有银行金融系统，乃至政府干预领域十分广泛，如何通过经济理论引导实践显得十分重要，对于我国经济改革和体制转型都具有重大的指导意义。

该书的基本结构，共分 7 篇 28 章，基本确立了公共部门经济学的基本框架。可以归纳为四部分：

第一部分，公共部门经济学的理论基础。第 1 篇和第 2 篇引入基本经济问题、具体制度，并回顾公共部门作用所隐含的微观经济理论，主要介绍了美国的公共部门和市场失灵理论，为后面的研究奠定了理论基础。

第二部分，公共支出理论与实践。第 3 篇发展了公共支出理论，包括公共物品、公共选择、官僚政治和外部性理论；第 4 篇将理论应用于实践，重点分析了美国公共支出的五大领域：卫生、国防、教育、社会保障与社会福利项目。这样，我们发现，公共支出的领域及其原因，特别指出，卫生、教育和社会保障都成为公共支出的重要项目。

第三部分，公共收入理论与实践。第 5 篇提出税收理论，包括税收归宿、最适课税、税收的经济影响等，第 6 篇分析美国税制，包括个人所得税、公司所得税、如何避税和税制改革等。并且运用微观经济学的基本理论分析了税收政策对经济效率的影响，以及如何增加供给方面的税收政策。

第四部分，政府间财政关系及财政政策。第 7 篇分析两个更进一步的主题；第一问题牵涉州和地方的税收、支出和财政联邦主义，第二个是财政政策问题，特别强调微观经济和宏观经济绩效的关系。从财政政策以及政府间财政关系探讨财政政策对经济绩效的影响。

我国 1978 年改革开放之后，于 20 世纪 90 年代开始引入公共经济学，斯蒂格利茨的《公共部门经济学》被我国学者翻译成不同的版本，其理论体系得到了国内学者的肯定，许多公共经济学教材都围绕该体系编著。

公共经济学起源于西方，是从财政学发展而来的。1928 年庇古出版了《公共财政学研究》（A Study in Public Finance）。1959 年，美国经济学家马斯格雷夫在《财政学原理：公共经济学研究》（The Theory of Public Finance：A Study on Public Economics）中首次引入公共经济学这一概念。1964 年，瑟奇·克里斯多芬·科尔姆的《公共经济学基础——国家经济作用理论概述》首次使用公共经济学为书名。1965 年列夫·约翰森的《公共经济学》（Public Economics）一书出版。这三本著作标志着公共经济学的初步确立。此后，大多数著名的财政学家如费尔德斯坦、斯蒂格利茨、阿特金森和杰克逊等人纷纷将著述中的公共财政学改称为公共经济学或公共部门经济学。20 世纪 80 年代，公共经济学理论被西方经济学界广为接受。

西方传统经济学把社会经济主体分为私人部门和公共部门两大类。私人部门指企业和家庭，公共部门由中央和地方政府及其附属机构、非金融性公共企业和政策性金融机构组成。公共经济学，又称"公共部门经济学"（Public Sector Econom-ics)，由于传统上，公共部门的主体是政府，因此通常又叫做政府经济学。

公共经济学、政府经济学、公共部门经济学、公共财政学、财政学在现代西方属于同一门学科，只是称呼不同而已，都是研究包括政府在内的公共部门的经济行为。中国人民大学财政金融政策研究中心张文春教授（2007)，通过对全球部分经济学家就财政学和公共经济学之间的关系及其发展趋势所做的网络调查表明：第一，财政学和公共经济学是一回事，都是研究政府作用的，只是题目的变化而已，"财政学"和"公共经济学"是相互替换使用的；第二，存在传统财政学和现代财政学的区分，传统财政学主要研究政府收入，特别是税收方面，而现代财政学则更多地以政府开支为研究对象；第三，公共经济学是从财政学演变而来的，并且是在 20 世纪 50 年代到 70 年代创建的。当然，也有学者认为财政学与公共部门经济学研究领域应该有所区别①，虽然研究对象没有变化，但是研究方法突飞猛进，从而使后者研究领域十分广泛，不仅仅局限在财政学中公共支出与公共收入方面，从而囿于使用财政学这一概念。

总之，既然用经济学研究公共部门，那么经济学的发展必然对公共部门的研究有新的收获，斯蒂格利茨的《公共部门经济学》就是一例，实际上主要运用新古典经济学方法。同样，交易成本经济学和委托代理等理论也会对公共部门产生重要影响，也是将来我们研究公共部门的主要研究方向，例如迪克西特（2004)《经济政策的制定：交易成本政治学的视角》，以及新政治经济学，包括诺思（North，1990）的新经济史学派。所以，作为一个研究对象——公共部门，那么任何经济学的进展都会对它产生重大影响，所以，公共部门经济学就是研究以政府为主体的公共部门的经济行为及其对整个经济影响的科学，或者说是从经济学的角度来解释、分析和规范政府（公共部门）的职能和作用的科学。研究和分析它们所从事的经济活动的主要后果及其与社会目标的关系，对于研究不完全市场和不完全政府之间的权衡和变化是非常有理论意义和现实意义的。

参 考 文 献

1. 约瑟夫·斯蒂格利茨：《公共部门经济学》，中国人民大学出版社 2005 年版。

2. 张文春：《财政学与公共经济学的关系及其发展趋势》，载《财贸经济》2007 年第 3 期。

---

① 实际上，金融学与经济学相关概念实际上是不一样的，从经济学家角度看金融投资是一种储蓄行为，往往着眼于所有者通过生产的方式积累的财富和利润，关注财富分配（分蛋糕）；而经济投资是指新增雇佣工人和使用机器设备等行为，往往着眼于我们消费的商品和服务，关注财富增长（做蛋糕）。

3. 加里·贝克尔:《人类行为的经济分析》,上海三联书店、上海人民出版社1999 年版。

4. 阿维纳什·迪克西特:《经济政策的制定:交易成本政治学的视角》,中国人民大学出版社 2004 年版。

5. 阿维纳什·迪克西特:《法律缺失与经济学:可供选择的经济治理方式》,中国人民大学出版社 2007 年版。

6. 世界银行专家组:《公共部门的社会问责:理论探讨及模式分析》,中国人民大学出版社 2007 年版。

7. Atkinson, A. and Stiglitz, J., 1980: *Lectures on Public Economics*, New York: Mc-Graw Hill.

8. Auerbach, A. and Feldstein, M., 1987: *Handbook of Public Economics*, Amsterdam: North-Holland.

9. Boadway, R., 1979: *Public Sector Economics*, Cambridge: Winthrop Publ.

10. Fong, C., 2001: Social Preferences, Self-Interest and the Demand for Redistribution, *Journal of Public Economics*, Vol. 82, No. 2.

11. North, D., 1990: A Transaction Cost Theory of Politics, *Journal of Theoretical Politics*, Vol. 65, No. 2.

12. Pigou, A., 1928: *A Study in Public Finance*, London: Macmillan.

13. Stiglitz, J., 2000: *Economics of the Public Sector*, New York: Norton & Co.

〔诺奖概览〕

1969 年诺奖得主弗里希和丁伯根简介

在 1895 年，按照瑞典实业家阿尔弗雷德·诺贝尔的遗嘱设立了五项数额巨大的奖金，每年授予在生理学或医学、化学、物理学、文学和和平方面给人类带来重大利益的人。只是到了 1968 年瑞典中央银行才正式设立诺贝尔经济学奖。表 1 列出了历届诺贝尔奖经济学奖的情况。

表 1　　　　　　　　　　**历届诺贝尔奖经济学奖得主概览**

获奖年份	获奖者（国籍）	主要贡献
1969 年	拉格纳·弗里希（挪威） 简·丁伯根（荷兰）	经济计量学 经济计量学
1970 年	保罗·萨缪尔森（美国）	数理经济学；凯恩斯经济学
1971 年	西蒙·库兹涅茨（美国）	国民收入账户
1972 年	肯尼斯·阿罗（美国） 约翰·R. 希克斯（英国）	福利经济学 微观经济理论
1973 年	瓦西里·里昂惕夫（美国）	投入—产出分析
1974 年	贡纳尔·缪尔达尔（瑞典） 弗里德里希·冯·哈耶克（英国）	宏观经济学；制度经济学 货币理论；政治经济学
1975 年	列昂尼德·康托罗维奇（苏联） 加林·库普曼斯（美国）	线性规划 线性规划
1976 年	米尔顿·弗里德曼（美国）	货币理论；政治经济学
1977 年	贝蒂·俄林（瑞典） 詹姆斯·米德（英国）	国际贸易经济学 国际贸易政策
1978 年	赫伯特·西蒙（美国）	管理行为；有限理性
1979 年	W. 阿瑟·刘易斯（英国） 西奥多·舒尔茨（美国）	发展经济学 农业；人力资本经济学
1980 年	劳伦斯·克莱因（美国）	经济计量预测
1981 年	詹姆斯·托宾（美国）	宏观经济学；金融经济学

续表

获奖年份9	获奖者（国籍）	主要贡献
1982 年	乔治·斯蒂格勒（美国）	产业组织理论；信息经济学
1983 年	杰拉德·德布鲁（美国）	福利经济学
1984 年	理查德·斯通（英国）	国民收入账户
1985 年	弗朗哥·莫迪格利亚尼（美国）	储蓄理论
1986 年	詹姆斯·布坎南（美国）	公共选择理论
1987 年	罗伯特·索洛（美国）	经济增长理论
1988 年	莫里斯·阿莱（法国）	公共部门定价
1989 年	特里夫·哈维默（挪威）	经济计量学
1990 年	哈里·马科维茨（美国） 威廉·夏普（美国） 莫顿·米勒（美国）	金融经济学 金融经济学 金融经济学
1991 年	罗纳德·科斯（美国）	产权与交易成本；组织理论
1992 年	加里·贝克尔（美国）	人力资本；歧视；家庭经济学
1993 年	罗伯特·福格尔（美国） 道格拉斯·诺思（美国）	经济史；历史计量学 经济史；制度分析
1994 年	约翰·海萨尼（美国） 约翰·纳什（美国） 莱因哈德·泽尔腾（德国）	博弈论 博弈论 博弈论
1995 年	小罗伯特·卢卡斯（美国）	宏观经济学；理性预期
1996 年	詹姆斯·莫里斯（英国） 威廉·维克瑞（美国）	微观经济学 微观经济学
1997 年	罗伯特·莫顿（美国） 迈伦·斯科尔斯（美国）	金融经济学 金融经济学
1998 年	阿马蒂亚·森（印度）	发展经济学；收入分配
1999 年	罗伯特·蒙代尔（美国）	宏观经济学； 最优货币流通区域
2000 年	詹姆斯·赫克曼（美国） 丹尼尔·麦克法登	微观计量经济学 自行选择行为
2001 年	乔治·阿克洛夫（美国） 迈克尔·斯彭斯（美国） 约瑟夫·斯蒂格利茨（美国）	信息不对称经济学 信息不对称经济学 信息不对称经济学
2002 年	丹尼尔·卡尼曼（以色列和美国） 弗农·史密斯（美国）	行为经济学；行为金融学 实验经济学

续表

获奖年份	获奖者（国籍）	主要贡献
2003 年	罗伯特·恩格尔（美国） 克莱夫·格兰杰（英国）	经济计量学 经济计量学
2004 年	芬恩·基德兰德（挪威） 爱德华·普雷斯科特（美国）	真实经济周期 真实经济周期
2005 年	罗伯特·奥曼（以色列和美国） 托马斯·谢林（美国）	博弈论 博弈论；合作与冲突
2006 年	埃德蒙·费尔普斯（美国）	宏观经济学；通货膨胀与预期
2007 年	莱昂尼德·赫维奇（美国） 埃里克·马斯金（美国） 罗杰·迈尔森（美国）	机制设计理论 机制设计理论 机制设计理论
2008 年	保罗·克鲁格曼（美国）	新贸易理论；新经济地理学

1969 年诺奖得主简介

拉格纳·弗里希（Ragnar Frisch，1895～1973），是数理经济学和经济计量学研究领域的先驱者，主要致力于长期经济政策和计划，特别是关于发展中国家的问题，他是经济计量学奠基人，发展了动态模型来分析经济进程，于 1969 年与简·丁伯根共同获得诺贝尔经济学奖。

弗里希教授发展了经济规划的决策模型，设计了设法利用现代计算机技术的数学规划方法，先后出版了《测量边际效用的新方法》（1932）；《动态经济学中扩散问题的冲击问题》（1933）；《运用完全回归系统计合流分析》（1934）；《生产理论》（1965）；《定量、动态政治经济学》（1974）；《经济计划研究论文集》（1976）。他首先提出了经济计量学的定义，并第一个运用经济计量学的方法分析资本主义的经济波动，首创描述资本主义经济周期的数学模型，最早把导致经济波动的因素区分为扩散作用和冲击作用两大类，将两者结合起来解释资本主义经济周期，为当代经济周期理论奠定了重要基础。他在把经济计量学的理论和方法用于社会经济活动方面，也做出了许多贡献。由于其在经济计量学及其应用方面做出的贡献，1969 年他被授予首届诺贝尔经济学奖。

1. 效用、需求分析、指数和生产理论

弗里希的一些早期文献论述了效用理论和指数理论的基本原则。他的早期论文《经济理论中的消费问题》（1926）探讨了消费者选择的一个公理。他假定订购一

种商品转向订购另一种商品是有序的，由此他推导出一种效用函数，这是唯一适合递增线性转换的函数。除了研究效用函数外，他也承担了测算实际效用的开拓工作。这一研究成果在他的《测量边际效用的新方法》（1932）一书中得到体现。后来，经济学家们偏爱效用的普通方法而不是他的基本效用函数。

在 1936 年的一篇著名论文《一般经济理论的年度评述：指数问题》中，弗里希进一步阐述了这样的思想，即在两种不同的情况下，价格指数能够被成本率限定以达到特定的效用水平。

弗里希的另一个早期的重要研究，是在传统微观经济学核心的生产理论领域方面。这一研究最后引导他创立了著名的数学规划，即不必受最小（或最大）限制因素所约束的最优化学科。

2. 经济动态学

弗里希于 1933 年发表的《动态经济学的传播和推动问题》一文中指出，一个经济周期能够通过一个持久性随机振动模型进行解释，他建议最好是一种熊彼特式的模型。这个模型与凯恩斯的经济周期和宏观动态分析有某些相似性。后来，他对此做了更具体的阐述。有关动态经济学方面的其他研究成果还包括：《论解决经济学中出现的混合差和微分方程的技术问题》（1935）、《银行活动中的反周期管理方法》（1936）、《两个经济变量的图示分析》（1937）和《经济周期理论要素的一般分析》（1947）等。

3. 经济周期的动态模型

弗里希的模型有三个关键要素：有关资本启动消费增长的加速机效应；资本启动与资本完成之间的酝酿期；消费与库存现金之间的关系。这三个要素是弗里希能够建立起经济周期的动态模型的基础。这个模型由混合的差分—微分方程构成，这比稍后的动态模型中标准的差分或微分方程更难解决。弗里希没有回避这个技术难题，而是着手把它们处理了。对存在持续性周期的解释方面，弗里希强调经济关系中随机干扰的重要性。

简·丁伯根（Jan Tinbergen，1903 ~ 1994）被誉为经济计量学模式建造者之父，他发展了动态模型来分析经济进程。由于他的科研成就，1969 年被授予诺贝尔经济学奖。

简·丁伯根教授主要从事于把统计应用于动态经济理论。先后出版了《美国商业循环，1919 ~ 1932》（1939）；《英国商业循环，1870 ~ 1914》（1951）；《经济政策的集中和分散》（1954）；《经济政策：原理和设计》（1956）；《发展计划中的影响因素》（1969）等。

简·丁伯根一生都专心致志于使数理经济学同统计分析结合在一起，为创建资产阶级经济计量学而坚持不懈。简·丁伯根的研究活动对西方经济学的贡献，大致可分为三大阶段。在每个阶段都有其独特的开创性的研究成果，开拓了经济理论及政策的新里程碑。

第一个阶段是 1929 年至第二次世界大战期间，他与其他经济及统计学者一起，共同努力使经济计量学成为一门科学。丁伯根在数量经济学理论上有三个贡献：一是提出了现代动态经济分析和"蛛网理论"；二是根据历史统计资料，利用数学和数理统计方法，对各种商业循环理论进行统计检验，这是经济计量学给自己规定的主要任务；三是在《商业循环理论的统计检验》一书中，首次用约 50 个方程式替美国建立了完整的宏观经济计量模型，把通行的统计方法用于宏观经济问题的研究，从而开创了一个全新的经济学分支，即经验宏观经济学。

第二次世界大战结束到 20 世纪 50 年代中期，是丁伯根的学术活动和理论创造的第二个阶段。这一时期，他在现代经济政策理论上的新贡献，就是把他在荷兰中央计划局的经验和在经济政策的广阔领域内参加讨论的结果，提高为系统的经济政策理论，成为规划短期经济政策的基础。这些政策理论主要体现在《经济政策论》、《经济政策的集中和分散》和《经济政策：原理和设计》三本书中。

丁伯根的学术活动的第三个阶段是 20 世纪 50 年代以后。1955 年，他从荷兰中央计划局退休后，仍在许多国际组织中任职或担任一些国家政府的顾问，因而能连续多年全力投身于长期发展计划的方法研究和实践。丁伯根关于发展计划的理论比较集中地反映在《发展计划中的影响因素》一书中，其主要内容是关于发展计划的一般经验总结。书中首先阐述长期计划、中期计划和年度（短期）计划的相互关系；其次是计划的准备工作；再次是编制计划步骤。丁伯根在这一时期的另一贡献是关于国际经济理论。他在《国际经济一体化》一书中系统地阐述独立国家之间的经济关系的实质，指出各国之间的经济交往主要包括产品转移和生产要素的转移两大类。

《国有经济评论》投稿体例

　　《国有经济评论》（Review of Public Sector Economics） 是由吉林大学中国国有经济研究中心主办、中国工业经济学会和吉林大学经济学院协办，经济科学出版社公开出版的国有经济方面的学术文集。《国有经济评论》结合中国国情，以推进中国国有经济科学领域的学术研究现代化和国际化，进一步推动中国国有经济理论发展，在借鉴公共部门经济学的普遍性理论基础上着眼于我国国有经济特殊性研究，为市场经济条件下政府与私人部门，垄断与竞争关系进行探讨，加强中国国有经济领域中海内外学者之间的学术交流与合作为宗旨。

　　《国有经济评论》是专门介绍和发表中国国有经济理论与实践的理论、思想交流平台，广泛动员国内外学者和社会力量，共同关注中国国有经济问题，开展全面、深入细致的研究。倡导规范、严谨的研究方法，鼓励理论创新和经验研究相结合的研究路线。

　　《国有经济评论》欢迎原创性的理论创新、经验和评论性的国有经济方面的论文（含译文），下设"国有经济基础理论"、"国有企业改革与发展"、"国有金融理论"、"产业经济"、"公共财政"、"中外国有企业比较"，以及"文献综述"、"书评"等部分。真诚欢迎大家投稿，以下是的投稿体例说明。

　　1. 除海外学者外，稿件一般使用中文。作者投稿时将打印稿寄至：吉林省长春市前进大街 2699 号，吉林大学中国国有经济研究中心《国有经济评论》编辑部，邮编：130012；或发送电子邮件到 rpse@ jlu. edu. cn。

　　2. 文章首页应包括：

　　（1）中文文章标题；（2）200 字左右的中文摘要；（3）3～5 个关键词。

　　3. 文章的正文标题、表格、图形、公式以及脚注须分别连续编号。大标题居中，编号有一、二、三；小标题左齐，编号有（一）、（二）、（三）；其他用阿拉伯数字。

　　4. 文章末页应包括：

　　（1）参考文献目录，按作者姓名的汉语拼音（或英文名字）顺序排列；（2）英文文章标题；（3）与中文摘要和关键词对应的英文摘要和英文关键词；（4）2～4 个 JEL（Journal of Economic Literature）分类号；（5）作者姓名、通信地址、邮编、联系电话和 E-mail 地址。

　　参考文献格式举例如下：

1. 樊纲：《公有制宏观经济理论大纲》，上海三联书店、上海人民出版社 2003 年版。

2. 约翰·维克斯、乔治·亚罗：《私有化的经济学分析》，重庆出版社 2006 年版。

3. 约瑟夫·斯蒂格利茨：《公共部门经济学》，中国人民大学出版社 2005 年版。

4. 刘怀德：《论国有经济的规模控制》，载《经济研究》2001 年第 6 期。

5. Bos，D.，1986：*The Public Enterprise Economics*，Amsterdam：North-Holland.

6. Faulhaber，Gerald R.，1975：Cross-Subsidization：Pricing in Public Enterprises，*American Economic Review*，Vol. 65，No. 5.

5. 稿件提倡精悍，但不做严格的字数限制，"文献综述"、"论文（含译文）"部分的文章宜在 10000 字左右。

6. 投稿以中文为主，海外学者可用英文投稿，但必须是未发表的稿件。稿件如果录用，将翻译成中文，由作者审查定稿。文章在发表后，作者可以继续在中国以外以英文发表。

7. 在收到您的稿件后，即认定您已授权使用。在收到稿件后 3 个月内给予作者是否录用的答复。因工作量大，所收稿件恕不退还，请作者自留底稿。

《国有经济评论》的成长与提高离不开各位同仁的鼎力支持！我们诚挚地邀请海内外经济学界的同仁踊跃投稿。我们的愿望是：经过各位同仁的共同努力，使中国国有经济研究能够结出更丰硕的果实，为经济学研究做出贡献！